가르침의 윤리학

Kenneth A. Strike · Jonas F. Soltis 저

조동섭 · 김성기 · 김왕준 역

THE ETHICS OF TEACHING

박영story

역자 서문

이 책은 미국 코넬대학의 스트라이크(Kenneth A. Strike) 교수와 컬럼비아대학의 솔티스(Jonas F. Soltis) 교수가 공동으로 집필한 The Ethics of Teaching(Teachers College, Columbia University, 2009)을 완역한 것이다.

이미 제목에도 나타나 있듯이, 이 책은 교직에 종사하고 있는 교원들이 교육활동을 수행하는 과정에서 직면하게 되는 윤리적 문제들을 다루고 있다. 직업윤리와 관련된 대부분의 책들이 그러하듯이, 이 책은 교사가 교직이라는 직업에 종사하면서 직접적 또는 간접적으로 처리해야 되는 문제를 교육윤리학적 측면에서 분석·검토하고 있다. 그러나 그러한 문제를 취급함에 있어 이 책이 다른 여러 책들과 의미 있게 다른 점은, 문제되는 상황을 모형으로 제시하고 그들에 대해 이론적으로 분석·설명하는 대신에 독자들로 하여금 그 문제와 관련된 윤리적 문제들을 스스로 심도있게 검토해 보도록 하고 있는 점이다. 이는 '심각한' 윤리적 문제는 언제나 가치갈등적 상황에 있고, 그러한 상황 속에서 합리적인 의사결정을 할 수 있는 유일한 방법은 의사결정 당사자가 그러한 문제를 어느 정도 심각하게 생각해 보았느냐에 달려 있다는 저자들의 윤리학적 견해에 따른 것이다.

이러한 생각을 반영하여, 저자들은 우선 교육에서의 윤리적 질문들이 어떠한 성격을 가지고 있는가를 논의한다. 윤리적 질문은 사실적 진술처럼 기술하고 설명하는 것이 아니라 규정하고 처방하는 것임을 밝히면서 그 탐구의 내용과 방식이 어떠한 것이어야 하는가를 논의하고 있다. 후반부에는 교육에서 흔히 발생할 수 있는 중요한 윤리적 문제들, 즉 학생의 처벌과 관련된 문제, 교수학습과 관련된 지적 자유의 범위와 한계, 학생에 대한 대우 문제 등을 참고사례로 제시하고 그 사례들을 윤리학적 측면에서 성찰할 때 필요한 개념과 분석방법, 그리고 의미있는 해결방식을 구체적으로 논의한다.

그러나 저자들은 사례에 대한 예시적 검토에서 확정적 결론을 도출해 내려고 하지 않는다. 오히려 윤리적 문제에 대한 판단은 항상 이해가 상충되는 딜레마의 상황에서 내려야 하는 난해하고 모호한 결정이라는 사실만을 보여줄 뿐이다. 그럼에도 불구하고 그들은 합리적인 도덕적 판단은 가능하며, 균형적인 도덕적 추론을 통해 객관화될 수 있음을 전제하면서, 교사들은 도덕적 추론능력을 배양함으로써 도덕적 행위자로서 의미있는 판단을 할 수 있도록 노력해야 한다는 점을 강조하고 있다.

제8장은 그러한 합리적인 판단능력을 배양하기 위한 일종의 사고훈련과정으로서, 다양한 문제 상황을 예시하고 독자들로 하여금 합리적 결정을 위한 단서들과 그것을 스스로의 논리로 정당화해 보도록 꾸며져 있다. 교육현장에서의 문제 상황들을 사례로 제시하여 독자 스스로 합리적 결정을 위한 사례연구를 해 보도록 하는 부분과 교육의 중요한 이슈들에 대한 서로 다른 관점들을 가상적인 토론 상황으로 구성하여 독자들 스스로 그 어떤 관점이나 혹은 특정한 입장을 지지하고 그를 위한 정당화를 모색해 보도록 하는 부분으로 나누어져 있다. 이러한 구성은 학급이나 소집단 모임에서 집단학습을 위한 토론 자료의 성격을 가진 글이라고도 볼 수 있다.

따라서 이 책은 교직윤리와 관련된 이론적 지식을 제공하는 교육윤리학적 저술이라기보다는 실제로 교육적 문제 상황에 직면하여 합리적인 판단을 내리고 그러한 판단을 기초로 윤리적으로 행동할 수 있는 도덕적 행위자가 될 수 있도록 하기 위한 실제적 저술이라고 볼 수 있다. 이는 물론 이 책이 윤리 이론적 지식과 무관한 내용을 담고 있다는 것은 아니다. 이 책은 윤리학적 질문으로 시작하여 윤리학적 질문으로 끝을 맺는, 정말로 교육에 대한 어느 윤리학적 저술보다도 윤리학적 지식체계에 입문하는 데 효과적인 책이라고 단언할 수 있다. 다만 그러기 위해서는 먼저 독자들은 윤리적 지식이 사실적 정보와 관련된 지식이라기보다는 처방적 판단과 관련된 지식이라는 점을 받아들여야 한다.

이런 이유로 해서 우리는 저자들과 함께 독자들에게 이 책을 공부하는 과정에서 항상 사고하기를 요구하고자 한다. 일찍이 소크라테스는 '성찰 없는 삶은 살 가치가 없다'고 말한 바 있다. 이는 어떻게 살아갈 것인가에 대해 생각해 보지 않는 사람은 자신을 도덕적 행위자로서 인식하지 않는 것이고 그것은 결국 스스로 인간이기를 포기하는 것과 같다는 말일 것이다. 교사는 누구보다도 도덕적 행위자로서 살아가고 살아가야 할 사람이다. 따라서 교사 혹은 교사가 되고자 하는 사람들은 언제 어디서나 교사로서의 자질과 자세에 대해 질문하고 대답하려고 노력해야 한다. 그리고 인류의 문화유산의 전달자 혹은 인간세계로의 안내자라는 엄청난 일을 감당하기 위해 어떻게 살아야 할 것인가를 끊임없이 생각해야 한다.

이 책은 그러한 질문과 사색을 하는 사람들에게는 정말 유용한 자료와 지침을 제공할 수 있을 것이다. 그러나 이 책을 통해 어떤 윤리학적 지식의 편린이나 정보를 구하는 사람들은 답답함을 호소하고 심지어는 지겹다는 생각까지 갖게 될 것이다. 따라서 이 책을 가장 효과적으로 활용하는 방법은 교원양성이나 연수를 위한 교육의 과정에서 토론학습의 자료로 활용하는 것이라고 할 수 있다. 물론 교육에서의 삶을 반추하고 성찰해 보려는 사람들에게도 이 책은 의미 있는 사고의 단서를 제공해 줄 수 있을 것이다.

이 책을 번역해 내기까지 역자들은 오랜 시일을 씨름했다. 역자들 사이의 만남을 의미 있게 하기 위한 작업의 일환으로 시작한 공부가 이렇게 결실을 맺을 수 있게 된 것에 대해 정말 감사를 드릴 뿐이다. 또한 이 책의 번역본 교정 작업에 참여하여 교육자로서 그리고 독자로서 문장의 이해를 높일 수 있도록 좋은 의견과 교정을 위해

바쁜 시간을 내준 경인교육대학교 박사과정의 장귀덕, 민경용, 김민규, 이상신 선생님에게 감사의 마음을 전한다.

번역본을 낼 수 있도록 기회를 주신 박영사 직원 여러분께 진심으로 고마움을 전한다. 아울러 이번 기회를 빌어 우리에게 참된 가르침으로 지식과 교육의 아름다움에 대해 눈 뜨게 해 주신 서울대학교의 여러 은사님들과 우리의 인연을 맺을 수 있는 계기를 마련해 주고 여러 도움을 주신 여러분들께도 심심한 감사를 올린다.

2016년 6월

조동섭 · 김성기 · 김왕준

저자 서문

1981년 10월에 열린 세미나(교육에서의 전문가적 윤리)에 저자들을 초청하여 가르침의 윤리학에 대해 연구할 수 있는 기회를 준 Hasting Center Institute of Society, Ethics, and the Life Science에 감사드린다. 코넬대학과 컬럼비아대학에서 저자들의 수업을 수강하면서 이 책에 소개된 접근방법과 사례를 검토하고 발전할 수 있도록 도와준 학생들에게 감사한다. Randy Berger, Tim Counihan, Ann Maire Kelley, Meg Lavigne, Karley Meltzer, Barbara Reynolds, Scott Smith, 그리고 Steve Tobolsky 등의 학생들은 자신들이 만든 사례들을 이 책에서 이용할 수 있도록 허락하여 주었다. 저자들은 도덕적 협상(Moral Negotiation)에 관한 Ohio State 연구과제에서 개발된 사례를 참조하는 혜택을 얻었다. 이와 관련하여 Bernard Rosen, Gerald Reagan, 그리고 Jo Ann Freiberg에게 감사한다.

특히 연구조교로서 출처를 확인하고, 편집을 하고, 여러 가지 제안을 해준 Andrew Alexander, Paul Green, and Tim Counihan에게 특별한 감사를 드린다. Tim Counihan은 이 책의 저작과정에서 처음부터 끝까지 참여하였으며, Teachers College에서 윤리학 수업을 도와주었고, 사례들을 개발하고 편집하였으며, 이중 일부는 이 책에 포함되었다. Jo Ellen Thomas와 Berni Oltz는 원고 정리를 도와주고, 매우 좋은 질문을 제기하고, 유용한 제안을 하였다. 많은 사람들이 원고를 읽고 조언을 하였다. 이 중에 Barry Bull, Scott Bilow, Martha Cummings, James Galt, Emil Haller, John Decker, Charles Love, Naomi Mascarenhas, Margaret McCasland, Karley Meltzer, David Monk, George Posner, Vern Rockcastle, Merrill Stevenson,

Abebetch Tadesse, Craig Thurtell, 그리고 Michael Weinstock 등이 있다.

저자들은 Teachers College Press의 전임 국장인 Tom Rotell 그리고 현재 국장인 Carole Saltz에게 감사한다. 이들은 "Thinking about Education" 시리즈의 저술을 지원하고 독려하였다. 또한 전임 수석편집자인 Sarah Biondello는 2판의 저술을 독려하고 윤리학과 교육에 대한 다른 책들을 Teachers College Press에서 출간할 수 있도록 도와주었다. 마지막으로 이 시리즈의 후속 작업을 책임지고 도와 준 Teachers College Press의 Peter Sieger와 Susan Liddicoat에게 감사를 드린다.

차 례

1975년 미국교육학회(NEA) 대의원 대회에서 채택된

교 원 윤 리 강 령[1]

전 문

인간의 가치와 존엄을 믿는 우리 교육자는 진리와 수월성, 그리고 민주적 원리의 추구를 교육의 궁극적인 목적으로 인식한다. 이러한 목적을 성취하기 위해서는 교수-학습의 자유가 보장되어야 하며 모든 사람에게 공평한 교육의 기회가 보장되어야 한다. 이에 우리 교육자는 최고의 윤리적 기준을 수립하고 이를 견지해야 할 책임감을 공유하고자 한다.

우리 교육자는 가르치는 과정에 항상 수반되는 막중한 책임을 인식한다. 교육관계자와 학생, 학부모, 그리고 일반 국민들로부터 존경과 신뢰를 얻기 위해 우리 교육자들은 높은 윤리적 기준을 세우고 이를 실천해야 할 것이다. 이에 우리는 모든 교육자들의 염원을 구현하고 우리들의 행위를 판단하기 위한 행위규범을 정하고 이를 **교원윤리강령**으로 제정·공포한다.

이 윤리강령을 위반하는 경우 미국교육학회와 소속단체는 내규에 따라 그에 상응하는 조치를 취할 것이며, 그 외 어떠한 다른 형식의 조항도 구속력을 갖지 못할 것이다.

---

1 NEA, *NEA Handbook, 1977−78* (Washington, D.C.: National Education Association).

제 1 장 학생에 대한 자세

우리 교육자는 모든 학생이 가치 있고 유용한 사회성원으로서의 잠재력을 실현할 수 있도록 최대한의 노력을 경주할 것이다. 그러므로 우리 교육자는 학생이 탐구정신을 고취시키고 지식과 기능을 습득하도록 도와주며 가치로운 목적을 추구할 수 있도록 노력할 것이다. 학생에 대한 이러한 의무를 완수하기 위해 우리는 다음과 같은 사항을 다짐하고자 한다.

1. 학습의 과정에서 학생들의 자발적인 활동을 장려한다.
2. 학생들이 다양한 관점에서 문제를 볼 수 있도록 지도한다.
3. 교과를 지도함에 있어 학생의 발달을 최대한 도울 수 있는 방향으로 지도한다.
4. 학습이나 건강, 안전에 바람직하지 못한 환경으로부터 학생들을 보호하기 위해 최대한 노력한다.
5. 학생을 괴롭히거나 인격을 무시하지 않는다.
6. 인종, 피부색, 종교, 성, 국적, 혼인여부, 정치적·종교적 신념, 가문, 사회 문화적 배경, 성격 등에 따라
   a. 어떤 학생을 특정한 활동에서 배제하거나,
   b. 어떤 학생에게는 불이익을 주고,
   c. 어떤 학생에게는 특혜를 부여하는 등의 불공정한 행위를 하지 않는다.
7. 학생과의 관계를 이용하여 개인적 이익을 취하지 않는다.
8. 교육적 목적이나 법에 따른 부득이한 경우를 제외하고는 학생에 대해 직무상 획득한 정보를 누설치 않는다.

제 2 장 교직에 대한 자세

교직에는 최상의 전문적 봉사를 해야 할 책임이 있다. 교육활동이 국가와 국민들의 삶의 질에 직접적으로 영향을 미친다는 점에서 교육자는 전문성을 향상시키고, 그것을 발휘할 수 있는 자율적인 풍토를 조성하며, 우수한 인사들을 교직에 유인하는 조건을 마련하고, 비전문가에 의한 통제를 배제하는 데 모든 노력을 기울여야 할 것이다. 이러한 사명을 완수하기 위해 우리는 다음과 같은 사항을 다짐하고자 한다.

1. 교직 임용시 허위진술을 하거나 능력과 자격에 관련된 사실자료를 은폐하지 않는다.
2. 자격을 허위로 신고하지 않는다.
3. 성격, 학력, 여타의 관련 특성에 있어 교직에 부적격인 사람이 교직에 진출하지 못하도록 노력한다.
4. 교원임용 후보자에 대해 공개적으로 비난을 하지 않는다.
5. 무자격자의 불법적인 교수행위를 막는다.
6. 교육적 목적이나 법에 따른 부득이한 경우를 제외하고는 다른 교원에 대해 직무상 획득한 정보를 누설치 않는다.
7. 다른 교원에 대하여 모함을 하지 않는다.
8. 교육적 목적이나 법에 따른 부득이한 경우를 제외하고는 학생에 대해 직무상 획득한 정보를 누설치 않는다.

THE ETHICS OF TEACHING

제 1 장

개 관

1. 윤리학적 탐구의 성격
2. 사 례
3. 윤리에 관한 두 가지 사고방식
4. 윤리 이론의 활용
5. 다른 사례

제 1 장

개 관

이 책에서 우리는 교육에서의 윤리적 문제를 논의하고자 한다. 여러분들도 알고 있듯이, 우리는 앞서 제시한 NEA의 강령과 같은 교원윤리강령을 가지고 있다. 그러나 교육행위에 있어서의 윤리적 문제는 윤리강령이 있다는 것만으로 해결되는 것은 아니다. 그것은 교수행위와 그에 관한 윤리적 문제에 대해 신중하게 생각해 보는 것을 필요로 한다. 윤리적 사고와 판단은 단지 규칙을 따르는 것 이상을 의미하기 때문이다.

학교현장에서 흔히 발생할 수 있는 상황을 한 가지 실례로 하여 여러분이 어떠한 태도를 가지고 이 책을 공부해야 할 것인지를 생각해 보자. 우선 여러분 자신을 다음에 소개하는 신시아 앨런 선생님이라고 생각하고, 만약 여러분이 그녀라면 어떻게 할 것인가를 생각해 보기로 하자.

신시아 앨런은 영문학과의 새로운 선생님이다. 그녀는 자기와 비슷한 연령의 학생들에게 ＜영문학개론＞과 ＜작문＞ 강좌를 가르치고 있다. 그녀는 열성적으로, 그리고 많은 시간을 들여 수업을 준비해 가르치고 있다. 그러나 다른 대부분의 신임 선생님들처럼, 그렇게 열정과 노력을 기울여 수업을 준비해도 수업이 항상 잘되는 것은 아니었다. 어떤 학생들은 똑똑해서 수업을 잘 소화하지만, 그것이 결코 그녀 자신의 노력 때문만은 아님을 그녀는 잘 알고 있다. 그들은 어느 선생님의 수업이나 항상 그렇기 때문이다. 반면 어떤 학생들은 아무리 열심히 가르쳐도 제대로 알아듣지 못한다. 그들은 학업성취도가 평균 이하인 학생들로 수업시간에 거의 말을 하지 않는 학생들이다. 그녀는 그들의 학업성취를 향상시켜야만 만족감을 얻고 훌륭한 교수로서 인정받을 수 있다는 것을 알고 있었다. 그러나 그녀는 그들이 왜 다른 생각에 몰두해 있는지, 지루해 하는지, 혹은 수업 내용을 전혀 이해를 못하는지에 대해서 거의 모르고 있었다.

강좌에서는 4편의 짧은 과제물과 기말보고서를 제출하기로 되어 있었다. 그녀는 학생들의 학업성취를 평가하는 데 그 정도면 괜찮을 것이라고 확신하였다. 기말보고서는 마지막 수업시간에 제출하기로 되어 있었고 모든 학생들이 빠짐없이 제때에 제출하였다. 그리고 학생들은 방학을 맞아 각자의 집으로 떠났다. 학생들을 떠나보낸 후 그녀는 성적채점 결과를 기한 내에 제출하기 위해 곧바로 기말보고서를 읽고 채점하였다.

기말보고서를 읽어 나가다가 그녀는 상당히 놀랐다. 대학 농구팀에 새로 들어온 주전 선수인 헨리가 괄목할만한 학업성취를 보였기 때문이다. 그가 학기 내내 열심히 수업에 임해온 것은 사실이지만 농구 팀의 전지훈련과 연습 일정을 생각하면 그가 수업을 제대로 따라간다는 것은 매우 어려운 것이었다. D, D^{+}, C^{-}, C였던 이

전 학기의 성적들이 이를 말해 준다. 그러나 이번 학기에 적어도 C 학점 이상을 받지 못한다면 그는 학교대항경기의 출전자격을 상실하게 되고 장학금을 받을 수가 없었다. 그래서 그녀는 관심과 기대를 가지고 그의 기말보고서를 읽어 나갔다. 다 읽은 후 그녀는 기쁨과 놀라움을 감출 수 없었다. 그것은 분명 A학점을 받을만한 우수한 글이었다.

그러나 기말보고서에 코멘트를 해주기 위해 그 주제에 관한 참고문헌을 찾아보던 그녀는 다시 한번 크게 놀랐다. 헨리가 과제물을 작성하면서 대부분 그 책의 내용을 베꼈던 것이다. 그것은 명백한 표절이었다. 슬픔과 분노, 실망감에 이어 그녀는 이 사실이 학교당국에 알려 학칙에 따라 처리해야 할 사안임을 깨닫게 되었다. 학칙에 나타나 있는 부정행위에 대한 방침은 명백했다.

> 부정행위를 저지른 학생의 해당과목 성적은 F학점으로 처리하며, 수강취소를 인정하지 않는다. 부정행위를 발각한 교사는 이를 서면으로 해당 학생과 지도교수, 학과장에게 통보한다. 통보사항은 학생관리카드에 기재하되, 외부에 공개하지는 않는다.

부정행위에 대한 학교방침은 분명했지만, 그녀는 몇 가지 상념에 휩싸였다. 이런 경우에 그러한 엄격한 조치가 적절한 것인지, 그리고 그러한 조치가 바람직한 교육적 목적을 달성할지에 대해 확신이 서지 않았던 것이다. 규정에 따른 조치를 하는 것은 매우 치명적인 결과를 낳을 것이다. 만약 부정행위가 알려진다면 헨리는 장학금을 받을 수 없게 되고 급기야는 학교를 떠나야 될지도 모르며 그렇게 되면 농구 팀은 학교대항경기에 꼭 필요한 선수를 잃게 될 것이다.

다른 학생에게는 F학점이 그렇게 큰 부담이 안 될지도 모르지만 헨리에게는 치명적일 것이다. 여러분이 신시아 선생님이라면 어떻게 하겠는가?

여기서 잠시, 이 난처한 상황에서 어떻게 해야 할 것인지를 생각해 보자. 다른 사람들과 토론해 보라. 그것에 대해 조금만 토론해 보면 거기에 많은 윤리적 원리와 가치 문제가 개재되어 있음을 알게 될 것이다. 즉, 학생으로서 혹은 교육자로서의 정직의 문제, 학생으로서 혹은 교육자로서 준수해야 할 제도적 의무, 학생에 대한 배려와 학생의 장래에 대한 책임의 문제 등등…….

여기에는 해결해야 할 많은 쟁점과 실천의 문제가 있다. NEA강령은 이러한 사태를 해결하는 데 뚜렷한 지침을 주지 못하고 있기 때문에 별다른 도움이 되지 못한다. 그것은 교사들이 일차적으로 학생의 복지에 관심을 가지고 행동해야 한다는 입장을 취하고 있다. 아울러 교사가 정직하고 성실하게 그 직무를 수행해야 한다는 점을 강조하고 있다. 사실 정직성과 학생의 복지가 중요한 가치라는 것은 누구도 부인할 수 없다. 그러나 이 사례에서 보는 바와 같이, 그러한 가치들이 서로 충돌할 때, 윤리강령을 참고한다든지 혹은 '특정한 가치들이 중요하다.'고 말하는 것만으로는 '우리가 어떻게 행동해야 하는가'라는 문제를 해결하는 데에 별다른 도움을 얻지 못한다. 그보다는 오히려 체계적인 윤리적 사고가 보다 효과적일 것이다. 이 책은 그러한 윤리적 사고의 방식을 이해시키는 데 목적이 있다.

이 사례를 좀 더 검토해 보자. 만약에 신시아가 헨리를 학칙대로 처벌하는 것은 너무 가혹하다고 생각해서 학점을 주고 처벌하지 않는다면 그것은 그녀가 학칙준수의 의무보다는 그러한 조치의 악영향에 대해 더 관심을 기울인 결과라 볼 수 있다. 이 책에서는 이러한 윤리적 사고를 '결과주의'(consequentialist)라고 부르고자 한다. 반대로, 정직성이나 학칙준수의 의무를 보다 중시하여 그에게 처벌을 내리는 경우, 그러한 윤리적 사고를 '원칙주의'(nonconsequentialist)라고 부르고자 한다. 그것은 그녀가 결과나 영향보다 의무나 원칙을 더 고려한 결정이라고 할 것이다.

이와 같은 사례들을 활용하여 우리는 학생의 처벌, 학문의 자유, 평등의 문제 등 교육에서의 윤리적 문제들을 검토할 것이다. 그러한 사례들을 검토하면서, 여러분은 최대한 상상력을 동원해야 할 것이다. 어느 때는 교사의 입장이 되어 봐야 할 것이다. 그러면서 부단히 윤리적 사고를 해야 한다. 또한 여러분은 학생의 입장이 되어 보는 것이 필요하다. 일반적으로 같은 상황에 처해 있는 사람들 간에도 윤리적 관점은 서로 다를 수 있다. 앞서 사례에서 여러분이 프로농구 선수가 되는 것을 인생의 목표로 삼았고 재능도 있으나 가난한 소수민족의 자녀라는 핸디캡을 가진 학생인 헨리라고 생각해 보자. 헨리에게 있어 이 상황은 그가 학교에 남아 농구스타가 되어 앞으로 화려한 생활을 하느냐 혹은 빈민가로 돌아가 비참한 노동자나 만성실업자로 전락하느냐 하는 중대한 갈림길을 의미한다. 그에게는 병환으로 고생하시는 홀어머니도 계신다. 실력대로 기말보고서를 제출한다면 평점을 D^+나 C^-밖에 받을 수 없을 것이다. 학교에 남아 농구를 계속하기 위해서는 보다 높은 평점이 필요하다. 참고문헌을 그대로 베끼는 것이 잘못이라는 것은 알고 있지만 그렇게 하지 않으면 필요한 성적을 받을 수 없다. 여러분이라면 어떻게 할 것인가?

사례를 활용하는 것은 사고활동을 보다 풍부하게 해 줄 것이다. 이 책에서는 두 가지 방식으로 사례를 활용할 것이다. 즉, 윤리에 관한 이론이나 사고방식을 보다 체계적으로 설명하기 위해 예시하는 방식과 스스로 윤리적 문제를 해결하기 위한 실례를 제공하는 방식이 그것이다. 2장부터 4장까지의 사례는 징계, 자유, 평등에 관한 윤리학자들의 접근방식을 이해하는 데 도움이 된다. 5장과 6장에서는 민주주의와 문화적 다양성과 관련된 윤리적 문제를 다룬다.

여러분들에게 필요한 정보를 제공하고 사고를 촉진할 수 있도록 각 장들은 다음과 같이 동일한 형식으로 구성되었다. 첫째, 윤리적 딜레마를 가진 사례를 소개한다. 둘째, 사례에 나타나는 윤리적 문제를 직관적인 방법으로 드러내는 가상 논쟁이 소개된다. 이러한 논쟁은 윤리적인 문제가 개입되어 있는 사례에 대해서 학생들이 기숙사에서 논쟁하거나 교사들이 휴게실에서 논쟁하는 것과 비슷할 것이다. 셋째, 사례에 나타나는 딜레마에 대해서 여러분이 윤리학자들이 분석하는 방식으로 접근할 수 있도록 주요 이론을 제시한다. 이 이론들은 올바른 것(right)과 그른 것(wrong)뿐만 아니라, 옳고 그름을 판단할 수 있는 방법을 다루고 있다. 주요 윤리학자의 사고방식을 이해할 때, 여러분이 윤리적인 문제에 대해서 분석할 때 무엇을 고려해야 하는지 알 수 있다. 넷째, 인간에 대한 존중과 효용극대화의 원칙에 따라서 그리고 비결과주의자(원칙주의자)와 결과주의자의 관점에서 사례를 분석한 결과를 보여준다. 또한 윤리적 사고 그 자체에 대해서도 검토한다. 마지막으로 수업 중에 토론의 주제로 삼을 만한 사례를 제시한다.

여러분들이 먼저 알아야 할 것은 이 책이 교직윤리뿐만 아니라 윤리학 일반에 관한 최신의 이론적 주제들도 다루고 있다는 점이다. 어떤 사람들은 대체로 교사들이 윤리적으로 행동해야만 한다고 생각할 것이다. 반면에 다른 사람들은 윤리적 행위의 문제가 객관적으로 판단될 수 있는 것은 아니라고 생각할 것이다. 여러분도 그렇게 생각할지 모른다. "윤리적 문제는 결국 개인이나 그 개인이 속한 집단의 가치 문제가 아닌가? 인간사에 있어서 정말 객관적으로 옳고 그른 것이 있는가? 결국 그것은 어떤 한 사람이 옳거나 그르다고 믿는 것이 아닌가? 그렇다면 어떤 사람이 다른 사람에게 자신의 가치관을 강요하는 것은 과연 옳은 것인가?"

주관주의와 상대주의는 오늘날 상당한 관심을 끌고 있다. 어떤 것이 옳기 때문에 그렇게 해야 한다는 주장은 오늘날의 지적 풍토에서는 쉽게 용인될 수 없는 독단적인 것이다. 왜 다른 사람의 의견이 우리 자신의 의견보다 더 옳은 것인가? 견해의 차이를 인정할 수는 없는 것인가? 확신할 수 없는 것을 어떻게 객관적이라고 할 수 있는가? 이러한 질문들은 혼란스럽지만 중요한 것이며, 현대 윤리학의 중요한 주제들이다.

우리는 어떤 윤리적 질문 또는 행위에 대하여 객관적으로 토론하고 도덕적으로 정당화할 수 있는 과정을 보여줌으로써, 여러분들이 교직윤리에 대해 보다 효과적으로 사고할 수 있도록 할 것이다. 개인적 신념과 가치관에 제약받지 않는, 합리적인 윤리적 사고는 교직윤리와 도덕교육에 필수적이다. 교사는 학생들이 도덕적으로 살아갈 수 있도록 윤리적 사고의 객관성과 합리성을 이해시키고 내면화시킬 특별한 책임을 가지고 있다고 할 것이다. 이 책의 목적은 바로 거기에 있다.

1. 윤리학적 탐구의 성격

NEA의 윤리강령에는 "교과를 지도함에 있어 학생의 발달을 최대한 도울 수 있는 방향으로 지도한다."는 원칙이 제시되어 있다. 교과를 지도함에 있어 학생들의 발달을 도모한다는 명목하에 학생을 기만하거나 속이는 것은 올바르지 못하다. 물론 다음과 같이 강변할 사람도 있을 것이다. "학생을 속이는 것이 항상 잘못된 것인가? 어떤 것이 학생의 발달에 유익하고 유익하지 않은지를 어떻게 알 수 있는가?" 그러나 어떻게 항변하든지 간에 학생을 속이는 것 자체를 옳다고 말할 사람은 없을 것이다.

그러나 그러한 윤리강령의 원칙에 대해 다음과 같은 생각을 가진 사람들도 있을 것이다. 즉, "윤리강령은 사실적 진술이 아니라 윤리적 진술이다. 그것은 사실이나 현상에 대한 기술이 아니라 우리가 무엇을 해야 하는가에 관한 규범적 진술이다. 따라서 그것은 어떤 사람이 구체적으로 어떠한 행위를 하고 있는가에 대한 사실적 진술이라기보다 어떻게 해야 한다는 당위적인 윤리적 진술로 이해되어야 한다."

NEA강령의 원칙에 대한 이러한 생각들은 두 가지 의문을 떠오르게 한다. 첫째, 이러한 진술을 윤리적 진술로 만드는 것은 무엇인가? 둘째, 우리는 어떻게 그것이 진실임을 알 수 있는가?

첫 번째 의문부터 살펴보도록 하자. 윤리적 진술의 요건은 무엇인가? 이에 답하기 위해 우리는 우선 윤리학이 무엇에 관한 학문인지를 알 필요가 있다. 쉽게 말해, 윤리학은 어떤 행위가 좋은 행위인지, 어떤 삶이 좋은 삶인지, 어떤 사람이 좋은 사람인지에 관심을 기울이는 학문이다. 이러한 질문들은 분명히 윤리적 진술로 보인다. 그러나 우리의 사고를 보다 진전시키기 위해서는 윤리적 진술과 다른 진술들을 구별할 수 있어야 한다.

우선 윤리적 진술은 사실적 진술과 구별된다. 사실은 세계에 관한 것이며 세계를 기술한 것이다. 사실적 진술은 세계를 그대로 묘사할 때 진실이고 그렇지 않다면 허위이다. "지구가 둥글다."는 진술은 지구가 실제로 둥글기 때문에 참이고 "지구가 평평하다."는 진술은 지구가 둥글기 때문에 거짓이 된다.

그러나 윤리적 진술은 이런 방식으로 기술되지 않는다. 윤리적 진술은 그것이 세계의 어떤 부분을 정확히 기술했다고 해서 진실이 되는 것은 아니다. 그것은 결코 기술하는 것이 아니다. 그것은 세상이 어떻다는 것을 말하는 것이 아니라 어떻게 되어야 한다는 것을 말한다. 따라서 윤리적 진술은 기술하는(describe) 것이 아니라 규정하는(prescribe) 것이다. 어떤 사람이 행동규범에 어긋나게 행동했다면, 그것은 명백하게 윤리적 준칙을 어긴 것이다. 그러나 사람들이 그 준칙을 어겼다는 사실이 명백하다고 해서 그 준칙 자체가 거짓이 되는 것은 아니다. 사람들이 때때로 거짓말도 하고 도둑질도 한다는 사실이 정직해야 한다는 행동규범 자체를 거짓으로 만들지는 않는 것이다.

도덕적 진술이 사실에 관한 것이 아니라고 해서 그것이 참이나 거짓이라고 말할 수 없는 것은 아니다. 그것은 단지 사실적 진술과 동일한 방식에 의해 참이나 거짓으로 판단되는 것은 아니라는 점을 의미한다. 윤리적 문제의 경우 실제와 그대로 상응하는지를 확인함으로써 그것을 참이나 거짓으로 판단하지는 않는다. 그것이 참이나 거짓인지를 어떻게 결정할 것인가는 후술할 것이다.

윤리적 진술은 평가 혹은 선호의 진술과도 구별된다. 이러한 구별이 꼭 필요한가라는 생각을 가질지도 모른다. 우리들 대부분은 윤리적 판단, 평가, 선호를 동일한 '가치' 문제로 생각하는 경향이 있다. 그러나 다음의 예에서 우리는 왜 윤리적 진술을 이러한 다른 종류의 '가치' 문제들과 구별하는 것이 필요한가를 알게 될 것이다.

나에게는 훌륭한 스키선수인 친구가 있다. 어느 날 나는 활공하는 그의 모습을 보며 "훌륭한(good) 스키선수야."라고 경탄하였다. 그 때 만약 내가 "그는 인격적으로 훌륭한(good) 사람이다."라는 의미로 그런 말을 했다면 매우 이상하게 들렸을 것이다. '훌륭한'(good)이란 단어는 일반적으로 평가에 쓰이는 말이다. 또한 때때로 윤리적 의미로 사람의 선량한 행위나 도덕적 성품을 칭찬할 때 이 말을 사용하기도 한다. 예를 들어, 우리는 선행을 많이 베푸는 사람이나 용기 있게 행동하는 사람들을 '훌륭한'(good) 사람들이라 말한다. 그러나 우리는 도덕적 측면에서 비난받아 마땅한 행위를 한 사람의 경우에도 그 방면에서 탁월한 능력을 가지고 있다면 그에게 '훌륭한'(즉, 뛰어난 good)이란 말을 사용할 수 있다. "그는 뛰어난(good) 도박꾼이다."라는 말은 도박을 도덕적 측면에서 인정하거나 칭찬할 만하다는 것을 나타내는 것이 아니라 단지 그 사람이 도박에서만큼은 솜씨가 좋다는 것을 나타내는 것이다.[2]

윤리적 진술과 구별해야 할 또 다른 것은 선호에 관한 진술이다. 그것은 우리가 좋아하거나 좋아해야 할 것 혹은 원하거나 원해야 하는 것에 관한 판단이다. 이러한 판단은 선호와 관련된다. 다음의 예에서 우리는 선호에 관한 판단이 윤리적 판단과 분명히 구별된다는 것을 알게 될 것이다.

어떤 사람이 아이스크림을 좋아한다고 말하는 것을 도덕적 진술이라고 하는 것은 어리석은 일이다. 그러나 도덕적 행위에 대해서는 불쾌감이나 혐오감을 가질 수도 있다. 예컨대, 우리는 소득의 일정 부분을 세금으로 내야 할 도덕적 의무를 가지고 있다고 느끼면서도 실제로 그것을 낼 때는 상당히 불쾌해 한다. 또한 교수들은 학업성

---

2 대체로 우리말에서 '훌륭한'이라는 말은 규범적인 상황에서 평가적인 용어로 사용되기 때문에 '훌륭한 도박꾼'이라는 말은 성립되지 않는다. 여기서는 영어의 'good'의 번역어임을 이해하기 바란다(역자주).

취에 따라 학생들의 성적을 공정하게 부여할 도덕적 의무를 느끼고는 있지만, 사실 모두에게 A학점을 주었으면 하는 마음이 있다. 그러므로 도덕적 판단은 선호나 취향과는 다르다.

도덕적 판단은 어떤 종류의 판단인가? 그것은 기본적으로 의무에 관한 진술이다. 도덕적 판단은 우리가 무엇을 해야 하며 무엇을 하지 말아야 하는지에 관한 것이다. 즉, 그것은 우리의 의무가 무엇인지를 말해준다. 윤리적 진술이 어떤 종류의 행위를 선호하거나 평가하거나 판단하는 진술이 아니라는 점은 앞서 언급하였다.

윤리적 판단을 일반적인 가치판단으로 환원하여 똑같이 취급하는 경향은 윤리적 판단에 혼란을 가져오는 요인이 된다. 사람들은 가치판단을 주관적인 문제라고 생각하는 경향이 있다. 물론 가치판단의 문제는 자유선택의 문제이기 때문에, 자신의 가치관을 다른 사람들에게 강요해서는 안된다고 생각할 수도 있다. 그러나 이러한 생각이 반드시 옳은 것은 아니다.

주관성이나 자유선택에 대한 그러한 생각은 때때로 선호의 문제에도 적용될 수 있다. 사과를 좋아하는 것은 옳고, 오렌지를 좋아하는 것은 잘못된 것이라고 주장하는 것은 분명 어리석은 일이다. 그러한 것에 대해서는 옳고 그른 것이 있을 수 없다. 사과를 좋아하는 사람이 다른 사람에게 자기 입맛을 따르도록 강요한다면 그것은 명백하게 다른 사람의 권리를 침해하는 것이다. 한편, 사람이 정직해야 하는가?라는 것을 사과를 좋아해야 하는가?라는 것과 동일한 성격의 문제로 생각하는 것은 어리석은 일이다. 정직해야 한다는 의식이 없는 사람에게 정직하게 행동하는 것이 의무라고 말하는 것은 매우 의미가 있는 일이다. 나아가 정직하지 못한 사람에게 정직하게 행동하도록 타이르는 것은 합리적인 일로까지 볼 수 있다.

이러한 점은 모든 '가치' 판단을 자의적인 선택의 문제로 보거나 그러한 문제에 있어 옳고 그른 것을 판단할 수 없다고 생각해서는 안된다는 것을 말해준다. 이러한 생각이 사실일 수도 있고 그렇지 않을 수도 있다. 우리는 모든 도덕적 가치가 정당화될 수 있다는 것을 증명할 수 없을지도 모른다. 그러나 처음부터 도덕적 판단과 선호를 혼동하여 어떠한 도덕적 가치도 정당화될 수 없다는 생각을 무비판적으로 받아들여서는 안된다.

윤리적 판단의 객관성에 대해 강한 의구심을 나타내는 사람들도 있다. 영국의 철학자 흄(David Hume, 1711~1776)은 '당위(is to ought)의 오류'라는 개념을 통해 그에 관한 설득력 있는 주장을 펴고 있다.[3] 흄은 타당한 추론에는 흥미로운 점이 있다고 말한다. 그것은 타당한 추론의 결론 부분에 나타나는 모든 용어들이 그 추론의 전제에 들어 있다는 것이다. 우리는 다음과 같은 전형적인 추론을 통해 그것이 왜 그런가를 볼 수 있다.

> 모든 사람은 죽는다.
> 소크라테스는 사람이다.
> 그러므로, 소크라테스는 죽는다.

이 추론을 조금만 변형시켜도 그 결론이 결코 전제에서 귀결되지 않은 것임을 알게 될 것이다(그 결론이 비록 참이더라도 타당한 결론은 아니다).

---

3 David Hume, *An Inquiry Concerning Human Understanding*(N.Y.: Liberal Arts Press, 1957).

모든 사람은 죽는다.
소크라테스는 죽는다.
그러므로, 소크라테스의 개는 죽는다.

전제에서 '개'를 언급하지 않은 이상 우리는 소크라테스의 개에 대해서 타당한 결론을 내릴 수 없다. 결국, 우리는 타당한 추론은 그 전제로부터 나오는 것임을 알 수 있다. 어떠한 명제도 그 명제와 관련된 사태를 전제로 하지 않으면 안된다. 그렇지만, 이러한 사실을 말하면서 흄은 사태에 대한 전제만을 포함하고 있는 주장으로부터 무엇을 해야 한다는 당위적 결론을 이끌어낼 수는 없다는 점을 지적한다. 그러한 주장은 전제 속에 없었던 새로운 생각, 즉 의무에 관한 관념을 결론에 포함하기 때문이다. 요컨대, 흄에 따르면 '해야 한다'라는 당위적 결론(*'ought'* conclusions)은 절대로 '이다'라는 사실적 전제(*'is'* premises)로부터 나올 수 없다는 것이다.

이러한 흄의 주장에 대해 분명히 해 두어야 할 것이 있다. 흄은 결코 윤리적 지식이 성립할 수 없다고 주장하는 것은 아니라는 점이다. 그는 단지 윤리적 지식이 사실적 지식에 기초를 두고 있지 않다는 점만을 말하고 있을 뿐이다. 그렇다면 지식에는 다른 어떤 것이 있는가?

어떤 철학자들은 윤리적 논의는 선험적인 윤리적 전제를 받아들인 후에야 가능하다고 주장해 왔다. 일단 어떤 윤리적 전제를 받아들인 후에 우리는 사실적 자료를 언급함으로써 다른 윤리적 결론을 추론할 수 있다. 예를 들어, '남을 경멸하는 것은 나쁘다.'라는 윤리적 주장을 하는 경우를 생각해 보자. 그 때 우리는 '남을 괴롭히는 것은 나쁘다.'라는 윤리적 전제를 받아들인 후 경멸하는 것이 고통을 준다는 사실적 진술을 이용하여 '남을 경멸하는 것은 나쁘다.'라는 결론을 추론할 수 있다.

모든 윤리적 주장은 자의적이고 증명불가능한 전제에서 시작한다. 어떤 사람이 그 최초의 전제, 즉 '남을 괴롭히는 것은 나쁘다.'라는 윤리적 전제를 받아들이지 않는다면 더 이상 논의는 불가능하다. 이는 가학주의자(sadist)의 경우를 생각해 보면 쉽게 알 수 있을 것이다.

이러한 생각이 매우 불만족스럽게 느껴질지 모른다. 윤리적 결론이 전제보다 진전된 것이라 할 수 있는가? 결론도 최초의 가정만큼이나 자의적인 것이 아닌가? 이러한 생각을 하기 시작하면 우리는 완전히 회의주의에 빠질지도 모른다. 즉, 윤리적인 것에 관한 한, 우리는 아무 것도 알 수 없게 된다. 다만 우리는 최초의 전제에 동의한 사람들과 더불어 무엇이 옳고 그른지에 대해 논의를 진전시킬 수 있을 뿐이다. 이렇게 보면, 결국 윤리적 판단은 개인적 선호의 문제가 된다.

그러나 이러한 견해에 동조하기 전에 우리는 그것이 무엇을 의미하는지에 대해 좀 더 신중하게 생각해 보아야 한다. 극악한 행위를 단지 취향의 차이라고 취급해 그대로 넘어갈 수 있는지 자문해 보라. 어린 아이를 살해하거나 약병에 독극물을 투입하는 것은 명백하게 사악한 짓이다. 그것이 우리들만의 자의적인 윤리적 전제라고 말할 수 있는가? 우리의 그러한 생각이 잘못된 것인가? 우리는 결코 그러한 판단이 잘못된 것이라고 생각할 수 없다. 히틀러 같은 사람들과 지성적인 사람들의 차이가 단지 취향의 차이라고 치부해 버릴 수 있는가?

이러한 회의주의의 입장을 받아들이기 힘들기 때문에 우리는 다른 관점을 모색해 보아야 한다. 그러한 이론적·철학적 입장을 견지하고 있는 회의주의자와 윤리적 상대주의자들조차도 무엇을 해야 하는가를 결정하는 데 있어서는 윤리적 논의를 회피할 수 없다는 사실은 흥미로운 일이다. 그 때 그들은 어떠한 논의를 하게 될 것인가? 우리나 그들이나 일상적 사태에서 윤리적 문제를 생각할 때, 그것을 자의적인 것으로 생각하지는 않는다. 우리 모두는 무엇이 옳고 무엇을 해야 하는가라는 것을 결정하기 위해 상당히 노력을 기울이며, 때때로 그에 관한 의미있는 결론을 얻기도 한다. 그러한 것들이 단지 우리들의 착각인가?

여기서는 윤리학이 가능한지에 관한 논의를 일단 뒤로 미루고 몇 가지 실제 상황의 윤리적 문제를 살펴보고자 한다. 이러한 문제들을 논의하는 가운데 우리는 때때로 그 문제들이 실제로 어떻게 처리되는가를 보여 줄 것이다. 우리가 그것에 대해 어떻게 사고하는지 그리고 현실에서 나타나고 있는 윤리적 논의의 속성은 무엇인지를 기술할 것이다. 그리고 나서, 윤리적 문제를 객관적으로 사고하는 것이 가능한지를 살펴볼 것이다. 물론 그것은 쉽게 해결될 수 있는 문제가 아니다. 그것은 부단한 사고와 숙고를 요구한다. 그렇다고 해서 그 문제를 회피하거나 논의 자체를 무의미한 것이라고 단정해서는 안된다. 그 문제를 어떻게 바라보느냐 하는 것은 우리가 교사로서 그리고 한 인간으로서 윤리적 문제 상황에 직면하여 어떻게 사고하고 행동하는가를 결정하는 데 중요한 차이를 낳기 때문이다.

2. 사 례

존스 선생님은 지금까지 쟈니의 아버지를 직접 만난 적이 없었다. 그녀는 전에 그와 몇 차례 통화를 했었다. 바로 30분 전에도 그와 통화를 했다. 그녀는 쟈니가 싸움을 자주 한다는 것을 이야기하고 그 문제로 그와 의논하고 싶다고 말했다.

쟈니는 자주 싸운다. 그렇다고 해서 그가 나쁜 아이라는 것은 아니다. 그는 다른 아이들을 괴롭히지도 않고 일부러 싸움을 걸지도 않는다. 그는 단지 흥분을 잘할 뿐이다. 남이 자기를 비웃거나 욕을 하면 그는 일단 주먹을 휘두르곤 한다. 그러나 어느 누구도 다치게 한 적은 없다. 그는 체구가 작은 아이였고 싸움에서 이긴 적이 거의 없다. 존스 선생님은 누가 때려도 달려들지만 않으면 덜 맞을 것이라고 그에게 말해 주었으나, 그는 단지 쓴 웃음을 지으면서 "맞는 데는 이골이 났어요."라고 말할 뿐이었다.

그의 아버지가 교무실로 들어왔을 때 선생님은 비로소 "맞는 데는 이골이 났어요."라는 그의 말을 이해할 수 있었다. 그의 아버지는 교무실 문 앞에서 혁대를 풀어 손으로 움켜쥐고 서 있었다. 그 커다란 체구를 흔들면서 화난 목소리로 자기의 아들을 넘겨달라고 요구하는 것이었다. "내가 이 망나니 같은 녀석의 버릇을 단단히 고쳐놓겠습니다." 그는 금방이라도 달려들 기세였다. "그 녀석 어디 있습니까?"

선생님은 그에게 쟈니를 때려 달라고 부른 것이 아니라 단지 쟈니의 문제에 대해 의논하고자 부른 것이라고 말하였다. "의논할 게 뭐 있습니까? 두들겨 패면 다 해결됩니다." 술 냄새까지 풍기며 이런 말을 하고 있는 그가 쟈니에게 절제를 가르칠 수 있는 사람이라고는 도저히 생각할 수 없었다. "쟈니가 먼저 싸움을 건 것은 아니에요." 선생님은 불쑥 말했다. "어떤 애가 아무 이유도 없이 쟈니를 때렸는데, 방과 후에도 괴롭힐까봐 그를 집으로 데려가라고 부른 것뿐이에요."

이 말은 쟈니의 아버지 울프 씨에게 새로운 과제를 제공한 셈이 되었다. 그는 혁대를 채우면서 다시 그의 아들을 보자고 요구했다. 쟈니의 교실로 발길을 옮기면서 울프 씨는 그가 자기 자식에게 "사나이답게" 싸우도록 어떻게 가르칠 것인지를 말하기 시작했다. 쟈니가 누구에게도 놀림을 받지 않도록 사내답게 만들겠다는 것이었다.

선생님은 다른 애들이 먼저 싸움을 걸었다는 얘기를 왜 그에게 말했을까 하고 후회했다. 사실 이번 싸움은 전적으로 쟈니의 잘못이었다. 쟈니가 교실에 들어왔을 때 몇몇 아이들이 한 구석에서 농담을 하고 있었는데, 그가 이 모습을 보고는 자기에 대해 얘기하는 것이라고 오해했던 것이다. 아이들이 웃음을 터트리자 그는 "그래, 어디 한번 비웃어 봐라."하며 고함을 지르고 그들에게 달려들어 주먹을 휘두르기 시작했다. 아이들이 우악스럽게 반격은 했지만 싸움을 먼저 시작한 것은 아니었다. 그들이 쟈니를 심하게 때리기는 했지만 원래 그들이 먼저 싸움을 건 것은 아니기 때문에 그들만을 비난하는 것은 무리였다.

선생님은 울프 씨에게 거짓말을 했다는 사실 때문에 매우 괴로웠다. 자신은 정직한 사람이라 생각하고 있었고 거짓말은 나쁜 것이라고 믿고 있었으며 실제로 지금까지 학생들에게 거짓말은 어떤 이유로도 정당화될 수 없는 것이라고 늘 말해 왔다. 그러나 그녀는 쟈니가 매를 맞지 않도록 하기 위해서 거짓말을 한 것이다. 울프 씨에게 사실대로 말했다면 훨씬 더 나쁜 결과를 낳았을 것이다. 거짓말 때문에 모든 사람이 고통을 피할 수 있다면 좋은 게 아닌가? 쟈니는 맞지 않았고 선생님은 폭력적인 술주정뱅이 아버지를 상대하지 않아도 되었다. 확실히 선생님의 거짓말은 좋은 결과를 낳았다. 선생님이 그렇게 하지 않고 달리 무엇을 할 수 있었겠는가? 선생님은 이제 쟈니를 위해서 무엇을 할 수 있을까?

3. 윤리에 관한 두 가지 사고방식

존스 선생님이 울프 씨에게 거짓말을 한 것은 옳은 일이었는가? 몇 가지를 생각해 보자. 선생님의 행동은 사실적 결과에 있어서는 옳은 일이었다. 선생님의 거짓말 덕분에 쟈니는 아버지로부터 매를 맞지 않을 수 있었다. 뿐만 아니라 선생님도 울프 씨와 불쾌한 시간을 갖지 않을 수 있었다. 분명히 선생님의 행동은 바람직스럽지 못한 결과를 미연에 방지했다. 그러나 사실이 그렇다고 해서 논쟁이 끝나는 것은 아니다. 나쁜 결과를 방지하고 좋은 결과를 이끌어내는 행위만이 올바른 행위인가? 아니면, 결과와는 무관하게 거짓말하는 것은 항상 잘못된 것인가? 선생님은 정직한 학생에게는 칭찬을 하지만 거짓말하는 학생에게는 심하게 화를 낸다. 다른 사람이 거짓말하는 것에 대해서는 그렇게 못마땅하게 생각하면서 어떻게 선생님은 울프 씨에게 거짓말을 할 수 있는가? 거짓말은 아무리 의도가 좋더라도 잘못된 것이 아닌가? 도대체 우리는 어떤 결론을 내려야 하겠는가?

이러한 딜레마 상황을 제시하는 것은 윤리에 관한 두 개의 이론, 즉 결과의 측면에서 행위의 옳고 그름을 판단하는 이론과 결과와는 무관하게 행위의 옳고 그름을 판단하는 이론을 보여주기 위한 것이다. 우리는 이를 각각 결과주의 이론과 원칙주의 이론이라 부를 것이다. 각각의 기본적 특징을 살펴보자.

결과주의 이론과 효용극대화

결과주의 윤리 이론은 어떤 행위가 선인지 악인지의 판단은 그 결과에 의해 결정되어야 한다고 본다. 결과주의 이론은 우리가 흔히 "효용극대화"라고 말하는 원리를 뒷받침한다. 효용극대화 원리는 선택의 상황에서 최선의 그리고 정당한 선택은 가장 많은 사람들에게 가장 좋은 또는 가장 큰 효용을 주는 것으로 가정한다. 따라서 효용극대화 원리는 행동의 결과에 따라서 도덕성을 판단한다. 가장 좋은 행동은 가장 좋은 결과를 가져온 행동이다. 그러나 이 이론은 우리에게 무엇이 효용이고 옳은 것인지에 대한 논의를 결여하고 있기 때문에 이에 대한 생각을 필요로 한다. 이 이론은 우리가 무엇이 좋은 것인지 알고 있을 때, 최선의 결정은 그것을 극대화하는 것이라는 제한적인 정보를 준다. 따라서 존스 선생님의 거짓말을 결과주의 이론에 터해서 평가하기 위해서는 거짓말이 초래하는 이익 또는 손해와 거짓말을 하지 않았을 때의 이익 또는 손해 등을 종합적으로 검토해야 한다. 종합적 검토 결과를 통해 가장 효용이 큰 행동을 하게 된다. 그러나 무엇을 효용으로 보았는가는 질문으로 남는다.

선이란 내재적으로 가치 있는 것을 말한다. 어떤 것을 그 자체로서 가치 있게 만드는 것은 무엇인가? 매일 12시에 동료들과 함께 달리기 운동을 하는 친구가 있다. 사실 그는 달리기가 재미있어서 즐기는 것은 아니다. 그런데 왜 하는 것일까? 여기에는 다른 이유가 있다. 그는 운동을 필요로 하며 동료들과 같이 달리기하는 것을 즐거워하기 때문이다. 그런데 왜 그가 운동에 가치를 부여하는가? 다른 사람들과 어울리는 것은 왜 가치 있다고 생각하는가? 첫 번째 질문에 대해서 그는 자기가 정말로 가치 있다고 생각하는 것은 건강이라고 말할 것이다. 건강은 카누나 스키와 같이 정말로 즐거움을 주는 활동을 할 수 있게 해주기 때문에 가치가 있는 것이다. 이처럼 달리기와 운동은 도구적 가치를 갖는다. 그것을 해야 그가 원하는 것들을 얻을 수 있으며 바로 그것이 그가 가치 있다고 생각하는 이유이다.

다른 사람들과 어울리는 것은 무엇 때문에 가치가 있는 것인가? 그는 그저 그렇게 할 뿐이며, 그것이 전부라고 말할 것이다. 동료들과 함께 어울리는 것이 다른 어떤 목적을 위한 수단이기 때문에 그렇게 하는 것이 아니다. 승진을 하기 위해서라든가 무엇을 팔기 위해서가 아니다. 단지 다른 사람과 어울리는 것을 즐길 뿐이다. 그 자체를 위한 교제, 스키, 카누는 그 행위 자체가 바로 궁극적 이유이다. 여기에는 "무엇을 위하여"라는 것이 없다. 그것들은 내재적 선(intrinsic goods)이다. 즉, 그것들은 그 자체로서 가치 있는 것이다.

결과주의자들은 그 자체로 가치 있는 것보다는 좋은 결과를 낳는 것에 관심을 갖는다. 그러나 결과 그 자체보다는 선을 극대화하는 것, 곧 지고의 선을 만드는 것에 더 관심을 쏟는다. 사실 좋은 결과를 낳는 것은 수없이 많다. 아무리 궂은 일이라도 어느 정도 좋은 측면이 있는 법이다. 오히려 좋지 못한 결과를 낳는 것을 찾기가 더 어렵다. 따라서 중요한 점은 그저 결과보다는 그 중에서 가장 최선의 결과를 낳는 것을 선택하는 일이다. 정오에 달리기하는 것을 정당화하기 위해서는 그것이 어떤 좋은 결과를 만든다는 것뿐만 아니라 그 결과가 어떠한 다른 활동의 결과보다 더 좋다는 것을 보여야 한다. 즉, 다른 어떤 것보다 선을 극대화할 수 있는 것임을 보여야 하는 것이다.

결과주의 이론에는 여러 측면에서 서로 다른 견해들이 있다. 예를 들어 선(효용)이 무엇인가에 대한 두 가지 다른 견해를 살펴보자. 가장 대표적인 결과주의라 할 수 있는 쾌락주의(hedonism)에서는 선을 곧 즐거움이나 행복으로 보고 있다. 반면 성공회의 교리문답서에는 "인생의 목적은 무엇인가?"라는 질문에 대하여 "인생의 궁극적 목적은 신에게 영광을 돌리고 그를 찬양하는 것이다."라는 답을 제시하고 있다. 위의 두 가지 답은 모두 결과주의적인 견해이지만 선이 무엇인가에 대해서는 서로 다른 견해를 나타내고 있다.

결과주의 이론의 대표적인 철학사조는 공리주의(utilitarianism)라고 불리는 쾌락주의이다. 이는 영국의 철학자 벤담(Jeremy Bentham, 1748~1832)과 밀(John Stuart Mill, 1806~1873)에 의해 발전된 것으로, 최대 다수의 최대 행복(효용)을 사회적 정책결정의 핵심적 원리로 삼고 있는 사회정의론이다.

우리는 최대 다수의 최대 행복을 어떻게 측정할 수 있는가? 그것은 기쁨은 좋은 것이고 고통은 나쁜 것이라는 가정에서 출발한다. 그러므로 한 개인이 얼마나 행복한 상태에 있는지를 알아보기 위해서는 기쁨과 고통의 총량을 계산하여 기쁨의 총량에서 고통의 총량을 감하면 된다. 그 산출결과가 바로 개인의 최대 행복(utility)이다. 또한 한 사회가 얼마나 행복한 사회인지를 알아보기 위해서는 (물론, 측정가능하다는 전제하에) 사회구성원 각자의 효용을 모두 합해 구성원 수로 나눈 평균 행복의 수준을 알아보면 된다. 즉, 개인 효용의 평균치, 곧 평균 효용(average utility)이 사회복지의 일반적 지표가 되는 것이다.

특정한 정책의 효과는 평균 효용에 미친 효과에 의해서 결정된다. 가장 높은 평균 효용을 산출하는 행위 준칙이 가장 좋은 것이다. 이러한 시각에서 도덕 문제를 생각하는 것은 모든 사람의 효용을 고려할 수 있다는 장점을 가진다. 만일 울프 씨에게 거짓말하는 것이 도덕적으로 온당한 것인지 아닌지에 대해 존스 선생님이 '신중하게' 숙고하여 자신의 행동방침을 결정하려 한다면, 선생님은 거짓말이 이와 관련된 모든 사람들에게 미치는 영향을 반드시 고려해야 한다. 선생님의 결정이 자신과 쟈니에게 어떤 결과를 초래할지에 대해서만 생각해서는 안된다. 정직한 사람이라는 선생님의 평판에 어떤 영향을 줄 수도 있으며, 그로 인해 학생들에게 위선자라는 비난을 받게 되고 선생님의 말이 더 이상 통하지 않게 될 수도 있다는 점 등을 생각해야 한다. 물론 자기 반 학생들뿐만 아니라 다른 반 학생들에게 미치는 영향도 고려해야 한다. 공리주의에 따르자면 모든 사람의 복지에 미치는 모든 결과를 고려해야 하는 것이다.

공리주의자들 사이에서도 효용극대화 원칙을 개인의 행동이나 도덕률의 결정에 적용할 수 있는지에 대해서는 이견이 있다. 앞에 제시된 사례에서 존스 선생님은 다음과 같이 생각했을 수도 있다. '이 상황에서 울프 씨에게 거짓말을 하는 것이 옳은 행위인지 아닌지를 결정하는 문제는 그것이 어떤 결과를 초래할지를 내가 정확히 모른다는 점이다. 내가 거짓말을 하면 쟈니는 몽둥이질을 모면할지 모른다. 그러나 결국 울프 씨가 그 사실을 알게 될 수도 있으며, 그렇게 되면 그는 쟈니를 더 심하게 때릴 것이고 나도 더 이상 신뢰를 얻지 못할 것이다. 어쨌든 나는 대부분의 경우에 거짓말한 결과가 솔직한 행동의 결과보다 바람직하지 않다는 것을 알고 있다. 일반적으로 정직은 최선의 원칙이다. 이번의 특수한 경우처럼 거짓말한 결과가 무엇일지 확신할 수 없기 때문에 일반적으로 가장 좋은 원칙을 행해야 한다고 생각한다.'

존스 선생님이 이렇게 생각한 것은 개별적 행위에 대한 도덕적 판단보다는 일반적 행위 준칙에 대한 도덕적 판단을 할 때 결과주의 윤리 이론을 따르는 것이 더 좋다고 보았기 때문이다. 사실 우리는 모든 경우마다 거짓말을 해야 할지 말아야 할지를 결정할 필요는 없을 것이다. 대신에, 일반적으로 거짓말이 좋은지 정직이 좋은지에 대해 생각해 보는 것이 훨씬 합리적이다. 선생님도 각 행위의 특정한 결과보다는 그 행위들의 일반적 결과를 아는 것이 더 쉽고 바람직하다고 생각했을 것이다. 또 어떠한 일반적인 행위규칙을 무시하고 각 상황에 따라 제각기 다르게 결정하는 것은 위험하다고 생각했을지도 모른다. 인간은 무력한 존재이다. 도덕적 규범이 없다면 옳은 행동보다는 편리한 것만을 선택하려고 할 것이다. 모든 일에 대해서 각각의 경우마다 별도의 결정을 내려야 한다면 우리는 법이나 규칙을 가질 필요가 없었을 것이다. 이제 우리는 개별적 행위보다는 도덕적 규칙 혹은 행위 준칙 그 자체에 대해 관심을 기울이는 것이 훨씬 합리적이라는 사실을 이해하게 될 것이다.

그러나 결과주의의 주장에는 다음과 같은 문제점이 내재되어 있다. 첫째, 결과주의, 특히 공리주의는 획득하기 어렵거나 불가능한 일련의 정보를 우리에게 요구한다는 것이다. 기쁨 혹은 고통의 정도를 비교하는 것이 얼마나 어려운 것인지를 생각해 보라. 예를 들어, 맛있는 음식과 좋은 친구 중에 어느 것이 즐거움을 더 주거나 덜 준다고 말할 수 있는가? 하고 싶은 일을 못하는 것과 그것을 하다가 신랄하게 비난을 듣는 것 중에서 어느 쪽이 더 불쾌하겠는가? 공리주의는 우리에게 그러한 질문에 대한 단순한 대답을 넘어서 양화(量化)하여 비교하기를 요구한다. 나아가 그것은 우리에게 행위나 방침의 모든 결과에 대해 알기를 요구할 뿐만 아니라 영향을 받는 모든 사람들에게 어느 정도의 기쁨과 고통을 주게 될지를 판단할 것을 요구한다. 이는 우리가 도덕적으로 행동하기 위해서는 신처럼 전지전능해야 한다고 주장하는 것처럼 보인다.

둘째, 공리주의는 자칫 잘못하면 도덕적으로 용납할 수 없는 결과를 낳을 수도 있다는 점이다. 열 명의 성도착자들이 한 명의 여자를 납치하였다. 그들은 그녀를 폭행하면서 밤새 즐기는 것이 옳은 것인지 아닌지를 토론하고 있었다. 그 중 한 사람이 다음과 같이 공리주의적인 주장을 편다. "이 여자를 괴롭히는 것이 그녀에게 고통을 준다는 것은 나도 인정해. 그러나 그 덕분에 우리가 얼마나 많은 즐거움을 만끽할 수 있는지 생각해 봐라. 더군다나 우리는 열 명이나 되잖아. 이 여자가 겪게 될 고통이 우리들 각각이 가지는 즐거움보다 더 클지는 모르지만 우리 모두의 즐거움을 합한 것보다는 클 수가 없어. 따라서 평균적인 행복은 이 여자를 괴롭힘으로써 더 많아지게 되는 것이지. 그래서 우리는 이 여자를 폭행해도 되는 거야." 폭행의 결과에 대한 이러한 판단이 옳다고 한다면 도덕적 결론은 자연스럽게 나오는 것인가? 공리주의를 받아들인다면 그럴 수 있다. 그러나 우리의 도덕적 감성에 비추어 본다면 이것은 도저히 용인할 수 없는 주장이다. 공리주의가 그러한 행위를 정당화할 수 있다면, 우리는 그 자체를 재검토해 보아야 한다.

원칙주의 이론과 인간존중

존스 선생님의 행동에 대해 생각할 수 있는 두 번째 방식은 선생님의 또 다른 생각에 나타나 있다. 존스 선생님은 누가 자기에게 거짓말하는 것을 매우 싫어한다. 그렇다면 선생님도 울프 씨에게 거짓말을 해서는 안되지 않는가?

이러한 생각은 일반적인 도덕적 관념을 표현한다. "남이 자기에게 행하기를 바라는 바대로 남에게 행하라."라고 하는 황금률이 바로 가장 좋은 예이다. 이러한 생각이 위와 같은 문제를 이해하는 데 어떤 도움을 주는 것일까?

독일의 철학자 칸트(Immanuel Kant, 1724~1804)가 표현한 방식에 비추어 황금률(Golden Rule)이 어떠한 관념들을 내포하고 있는 것인지를 살펴보자.[4] 칸트의 핵심적인 도덕률은 이른바 '정언명령'(categorical imperative)이라 불리는 것이다: '항상 네 의지의 준칙이 동시에 보편적 입법의 원칙이 되게 하라.' 비록 어려운 용어들을 사용하여 난해한 것처럼 보이지만, 이 구절은 황금률의 내용을 표현하고 있는 비교적 명확한 도덕적 관념들을 포함하고 있다. 이 점에 대해 좀 더 쉽게 설명해 보겠다. 칸트에 있어서 격언이나 원칙은 도덕률을 의미하고 있다. "살인하지 말라."라는 십계명의 하나가 그 예이다.

칸트는 어떤 개인의 행위 준칙이 보편적 법칙이 될 수 있는지 아닌지를 알아보기 위한 간단한 검증방식을 제안하고 있다. 여러분이 타인에게 적용하려고 하는 도덕적 원칙을 똑같이 자신에게도 적용하는가? 당신은 타인에게 거짓말을 하면서 타인이 거짓말을 하는 것에 대해 비난하고 있지는 않는가? 당신은 도둑질을 하면서 다른 사람이 당신의 재산을 강탈하는 것에 대해 욕하지는 않는가? 만약 당신이 그렇게 모순된 행동을 한다면, 그것은 당신이 자신의 행동준칙을 인간행위의 보편적 규칙으로서 취급하고 있지 않다는 증거이다. 타인이 자기를 대우해 주기를 바라는 것처럼 울프 씨를 대우했어야 한다는 존스 선생님의 반성은 칸트의 그러한 생각을 구체적으로 표현하고 있는 것이다.

도덕률이 보편적이어야 한다는 것은 무엇을 의미하는 것인가? 보편성의 관념은 적어도 다음과 같은 세 가지 관념을 내포하고 있다. 첫째, 보편적 도덕률은 어떠한 예외도 인정하지 않는다는 것이다. 살인은 언제나 나쁜 것이다. 그것이 전시상황일지라도 용납될 수 없는 잘못된 행동이라는 것이다. 둘째, 보편성의 관념은 불편부

---

4 Immanuel Kant, *Critique of Practical Reason*(Indianapolis, Ind.: Bobbs—Merrill, 1956).

당성의 관념을 포함하고 있다. 즉, 모든 사람에게 동일하게 적용되어야 한다는 것이다. 어떤 사람도 특수한 경우로 취급해서는 안되는 것이다. 셋째, 도덕적 판단에는 일관성이 요구된다. 어떤 하나의 도덕률을 상황에 따라 적용해서는 안된다는 것이다. 자신이 그 상황과 어떠한 관련을 맺고 있든지 간에 똑같은 판단에 도달해야 하는 것이다.

칸트는 자신의 견해에 몇 가지 가정들이 있음을 지적한다. 그 중에서 가장 중요한 것은 사람을 수단이 아니라 목적으로 대우해야 한다는 것이다. 사람은 누구나 본유의 가치를 가지고 있기 때문에 우리는 다른 사람을 존중해야 한다. 이것은 인간에 대한 평등한 존중의 원칙이고, 이 원칙은 다음과 같이 세 가지 사상을 포함하고 있다.

첫째, 사람을 수단이 아니라 목적으로 대하여야 한다. 자신의 목적을 달성하기 위해서 다른 사람을 수단으로 취급해서는 안된다. 우리는 다른 사람의 목적 역시 존중해야 한다. 다른 사람을 마치 자신의 목적 달성에 도움이 되는 한 가치가 있는 물건으로 대하여서는 안된다. 우리는 다른 사람의 행복 역시 고려해야 한다.

둘째, 사람을 자유롭고, 이성적이며, 책임의식이 있는 도덕적인 존재로 보아야 한다. 이것은 사람들이 자신이 원하는 것을 선택할 수 있는 자유가 있다는 것을 의미한다. 다른 사람들이 우리가 동의하지 않는 것을 선택하더라도 그 선택을 존중해야 한다. 사람들이 책임감 있게 선택할 수 있도록 하는 것을 주요한 가치로 여겨야 한다. 사람들이 자유로운 도덕적 존재로서 삶을 영위할 수 있도록 필요한 정보를 제공하고 교육을 하는 것이 중요하다.

셋째, 사람들이 얼마나 다른지에 관계없이, 사람은 도덕적 존재로서 동등한 가치를 가지고 있다. 이것은 사람들이 능력이나 역량이 동일한 만큼만 평등하다는 것을 의미하지 않는다. 이것이 사람들을 어떻게 대우할지 결정하는데 사람들 사이의 차이를 고려해서는 안 된다는 것을 의미하지는 않는다. 예를 들어, 어떤 사람이 더 열심히 일하고 더 많은 기여를 하였기 때문에 그 사람에게 더 많은 보상을 주는 것은 평등의 원칙에 위배되지 않는다. 도덕적인 존재로서 사람이 평등하다는 것은 사람들이 동일한 기본권을 가지고 있으며 각자의 이해관계가 동일한 가치를 지닌 것으로 보는 것이다. 민주 사회에서 모든 사람은 각자 한 표를 가지고 있으며, 그 표의 가치는 동일하여야 한다. 어떠한 사람도 자신의 행복이 다른 사람의 행복보다 중요한 것처럼 행동할 수 있는 권한을 부여받지 않았다. 인간으로서 모든 사람은 동일한 가치를 가지고 있다.

존스 선생님이 거짓말을 할 것이냐 말 것이냐를 결정하는 상황에 황금률을 적용한다면, 어떤 결정이 가장 좋은 결과를 가져올지를 검토하지 않을 것이다. 대신에 그녀는 어떤 행동이 인간의 존중 원칙에 부합하는지를 검토할 것이다. 효용극대화보다는 인간에 대한 평등한 존중을 우선시하는 이론들은 비결과주의 이론(원칙주의)으로 불린다.

칸트에 따르면, 모든 결과주의 윤리 이론들은 사람들이 다른 사람에게 유용한 수단이 되는 것으로 간주한다. 우리가 사회의 평균 효용을 최대한 높이려고 할 때, 사회의 평균 효용을 높일 수 있다면 사람들 사이에서 효용을 교환할 수 있다는 것을 가정하는 것이다. 이러한 가정은 일부 사람들을 보다 행복하게 하기 위해서 다른 사람을 덜 행복하게 할 수 있다는 것이다.

이러한 칸트의 견해를 통해 존스 선생님은 울프 씨에게 거짓말을 해야 할지 말아야 할지를 결정하기 위한 또 하나의 다른 관점을 갖게 된 셈이다. 선생님은 어떤 행위가 가장 좋은 결과를 가져올 것인지에 대해서 신경을 쓸 필요가 전혀 없다. 단지 선생님의 행동이 도덕률을 따르고 있는 것인지, 즉 인간행동의 보편적 규칙을 일관되게 따르고 있는지를 판단하면 된다. 선생님은 울프 씨를 다른 사람의 행복을 위한 수단이 아니라 목적으로서 대우해야 하며, 그런 관점에서 자신이 해야 할 일을 하면 된다. 이러한 존스 선생님의 사고방식이 원칙주의적 사고방식이다.

이러한 사고방식에도 난점은 있다. 첫째, 거짓말을 하지 않는 것이 보편적 행위규칙인지 아닌지를 어떻게 판단할 수 있는가? 왜 존스 선생님은 거짓말하는 사람을 혐오하는가? 가령 어떤 사람들이 자신들은 거짓말하는 것을 보편적 행위규칙으로 삼고 있고 다른 사람들이 자신들에게 거짓말을 하는 것에 대해서도 전혀 개의치 않는다고 말한다면, 우리는 그들에게 어떤 말을 할 것인가? 그러한 질문에 대해 답하려는 사람들은 아마 거짓말의 바람직하지 못한 결과를 생각할 것이다. 거짓말은 바람직하지 못한 결과를 가져오고, 우리들 대부분이 항상 거리낌 없이 거짓말을 한다면 우리가 한시도 평화롭게 살 수 없을 것이기 때문에 분명히 보편적 규칙으로서 받아들일 수 없다는 것이다. 그러나 이러한 대답 속에서 우리는 원칙주의 이론의 딜레마를 발견할 수 있다. 앞의 대답과 같이, 행위의 결과를 도덕적 평가의 기준으로 삼는다면, 그것이 결과주의 이론과 어떻게 다른지를 설명해야 할 것이다. 한편 결과를 도덕적 판단의 기준에서 배제한다면, 어떤 도덕률이 보편적으로 받아들여지고 어떤 것은 그렇지 않은 것인지를 분명하게 설명해야 할 것이다.

둘째, 어떤 행위의 근저에 있는 도덕률을 어느 정도까지 보편적인 것으로 받아들여야 하는가 하는 것이다. 거짓말하는 것이 보편적 행위규칙이 될 수 없다는 것은 분명하지만 연약한 아이를 보호하기 위해 거짓말하는 것조차도 보편적 행위규칙이 될 수 없다고 해야 하는가? 그렇다면 우리는 어느 정도까지 구체적으로 도덕률을 규정해야 하는가? 우리가 도덕률을 지나치게 보편적으로 규정한다면, 행위가 이루어지는 구체적인 상황의 차이를 무시하게 되어 행동규범으로서의 의미를 잃지는 않겠는가? 그러나 구체적인 상황에 따라 규정을 한다 해도, 우리가 실제로 선택을 할 때에는, 비록 도덕적 지상명령에서와는 다른 형태이기는 하지만, 여전히 행동규범으로서의 모호성에 직면하게 될 것이다. 따라서 어떠한 윤리 이론의 타당성은 그것의 보편성 정도에 의해 평가할 수는 없다. 그것은 어떠한 윤리 이론의 입장을 견지하느냐에 따라 달라질 수밖에 없는 자의적인 문제인 것이다.

요컨대, 자신의 행동에 대한 평가는 존스 선생님이 윤리적 문제에 대한 대립된 두 가지 사고방식 중 어느 쪽을 선택하느냐에 달려 있다고 말할 수 있다. 둘 다 나름대로 타당한 측면이 있다. 그러나 그 어느 것도 충분치는 않다. 그 견해들을 어떻게 합리적으로 통합할 수 있는가? 그러한 문제를 해결하기 위해 다음 장들에서 우리는 교육현장에서 발생할 수 있는 도덕적 딜레마를 살펴볼 것이다. 즉, 각 이론의 시각에서 그러한 딜레마들을 어떠한 방식으로 해결하는지를 살펴볼 것이다. 아마도 그러한 과정을 거치면 교육에서의 윤리적 문제를 다루는 객관적 방식이 정말로 존재할 수 있는지를 발견하게 될 것이다.

4. 윤리 이론의 활용

윤리적인 상황을 분석하고 합리적으로 사고하기 위한 개념적 틀로 사용할 수 있도록 결과주의와 원칙주의의 차이점을 간단히 소개한다. 이 책 전체에서 제시된 사례를 두 원칙의 차이를 적용하여 분석한다. 우리가 이러한 윤리적 사고방식을 설명해 나가는 동안 여러분들도 자기 나름대로의 독특한 사고를 게을리 하지 않기를 바란다. 이 부분에서 소개하는 차이점은 다른 장에서 보다 자세히 설명되고, 여러분의 이해도 깊어질 것이다.

숙고할 필요가 있는 첫 번째 질문은 윤리적 문제 분석에 활용할 수 있는 다른 이론은 없는가?이다. 이에 대한 대답은 "여러 이론이 있다."이다. 예를 들어, 최근 수십 년 사이에 여성학자들은 배려의 윤리(ethic of care)의 개념을 발전시켰다. 이 관점은 도덕적인 삶에서 배려를 중심으로 삼고 있으며 때로는 관계의 윤리(ethic of relationship)로도 지칭된다. 다른 학자들은 덕의 윤리(ethic of virtue)를 발전시키고, 이를 공동체의 윤리(ethic of community)로 설명하였다.

이상에서 보는 바와 같이 결과주의와 원칙주의 이외의 대안적 관점이 있다. 그러나 결과주의/원칙주의와 대안적 관점 사이의 차이점은 명확하지 않다. 이에 대한 우리의 분석은 다음과 같다. 첫째, 모든 윤리 이론은 덕의 개념을 전제로 한다. 바람직한 행동은 전형적으로 좋은 성품으로부터 나온다. 성품은 습관적으로 행동하는 것과 관련된다. 덕을 가지고 있는 것은 합리적인 습관을 가지고 있다는 것이다. 결과주의든 원칙주의든 이러한 덕의 중요성을 배제하지 않는다.

이와 유사하게 배려 역시 바람직한 인간의 한 속성으로 간주되며, 배려의 관계가 중심이 된다. 배려의 윤리는 결과주의 윤리의 하나로 간주될 수 있다는 주장이 있다. 동시에 배려를 원칙주의 윤리의 하나로 간주할 수 있다는 주장도 있다. 그러나 배려의 윤리에 대한 어떠한 해석도 본질을 설명하지 못한다.

이 책에서 배려에 대해서 많은 논의를 하지는 않지만, 배려가 바람직한 삶과 교육의 질에 있어서 중요하다는 것에 대해서는 공감한다. 그러나 이 책에서 우리는 정의의 관점에서 주요 개념에 관심을 둔다. 지식의 자유, 기회의 균등, 그리고 정당한 절차의 개념들이 학교와 같은 공공기관에서 일하는 사람들을 위한 관계의 윤리에서 중요하다.

배려의 윤리는 콜버그의 도덕성 발달이론에 대한 비판으로 나타났다. 콜버그의 이론이 정의의 윤리이기 때문에, 배려의 윤리와 정의의 윤리를 경쟁관계로 보는 저술들이 있다. 그러나 우리가 보기에 도덕적인 삶의 기준으로 배려와 정의를 배타적으로 보는 것은 오류이다. 배려와 정의를 구분하는 것은 부분을 전체로 보는 오류를 범하는 것이다. 이 책에서는 도덕적인 삶 전체를 조망하는 것에 대해서는 관심이 없다. 대신에 학교에서의 공적인 삶에서 중요한 일련의 개념들을 설명하는 데 관심이 있다.

결과주의와 원칙주의를 배타적인 관계로 보는 관점 역시 오류이다. 우리는 윤리 이론을 매우 추상적인 것이며, 윤리적인 문제에서 중요한 주제를 인식하고 일반화한 것으로 본다. 추상적인 윤리 이론이 중요한 사상을 담고 있기 때문에 강조할 수 있으나, 적합하지 않은 상황에서도 이러한 이론을 적용하려고 한다면 우리의 윤리적 사고가 왜곡될 수 있다.

대부분의 경우에 사람들은 추상적인 철학 이론의 도움 없이도 바람직한 윤리적 결정을 할 수 있다. 우리는 거짓말을 하거나 살인을 저지르는 것이 잘못되었다는 것을 안다. 이러한 판단을 위해 철학자나 철학이론이 필요하지는 않다. 또한 이 판단을 정당화하기 위해서 이 판단이 추상적인 철학이론으로부터 나왔다는 것을 보여줄 필요가 없다. 실제에서 정당화는 반대방향으로 진행된다. 우리의 판단을 정당화하는 것이 아니라 윤리 이론이 구체적인 문제에 대해서 윤리적인 문제를 설명하는 데 도움이 된다는 것을 보여줌으로서 윤리 이론을 정당화한다.

추상적인 윤리 이론의 가치는 우리가 결정이 어려운 사례에 대해서 이해하고 고려할 사항이 무엇인지를 생각할 수 있도록 해주는 데 있다. 존스 선생님은 결정하기 어려운 상황에 직면하고 있다. 존스 선생님이 결과주의 또는 원칙주의 사고방식에 따라 분석하고 결정할 수 있기 때문에 더 이상 어려운 상황은 아니다. 그러나 원칙대로 사실을 말하는 것보다는 거짓말을 하는 것이 여러 가지로 효용이 있는 상황에서 자신의 거짓말을 정당화할 수 있는지에 대해서는 의문이 생긴다. 결과적인 효용성과 원칙대로 행동하는 것 사이의 갈등은 보편적이다. "목적이 수단을 정당화시키지는 못한다."라는 격언은 이러한 상황을 잘 표현한다. 결과주의와 원칙주의의 구분은 이러한 긴장을 보다 명확히 하도록 도와준다.

결과주의와 원칙주의의 차이를 명확히 하는 것은 결정이 어려운 상황에서 제기하여야 할 질문이 무엇인지를 알게 한다. 이 질문들은 사례와 관련된 사항들을 명확히 이해하도록 도와준다. 결과주의 관점에서 볼 때, 우리는 다음과 같은 질문을 하게 된다. 우리가 바라는 이익은 무엇인가? 예상되는 이익이 정말로 가치가 있는가? 우리가 반드시 고려해야 할 예상치 못한 결과는 무엇이 있을까? 누가 이익을 얻는가? 이 결정에 누가 영향을 받는가?

원칙주의 관점에서는 다음과 같은 질문들이 제기된다. 우리가 일관되게 결정하고 행동하는가? 다른 사람들이 우리에게 이런 식으로 대할 때 우리는 어떠한 느낌일까? 우리와 관계가 있는 사람들을 존중하고 있는가? 우리는 사람을 수단이 아닌 목적으로 대하고 있는가?

이러한 모든 질문들은 제기할 만한 가치가 있다. 또한 다른 이론에서 제안하고 있는 질문들도 제기할 필요가 있다. 이러한 행동이 상대방과의 관계에 어떠한 영향을 주는가? 공동체에는 어떠한 영향을 주는가? 윤리적인 문제 상황에서의 일관된 선택은 결국 우리의 성격이 되기 때문에, 이러한 결정으로 형성되는 성격이 우리가 바라는 바와 일치하는가?

다른 윤리 이론과 더불어 결과주의와 원칙주의는 윤리적 딜레마나 결정이 어려운 상황을 분석하는 데 활용될 필요가 있다. 여러 이론 사이에서 하나를 선택해서 이를 고집할 필요는 없다. 이 책에서 결과주의와 원칙주의를 강조하는 것은 이 이론들이 철학에서 그동안 정통으로 인정받아왔고 우리와 친숙하기 때문이다.

결과주의와 원칙주의는 시민윤리의 주요 개념들을 보여주는 데에도 유용하다. 정당한 처벌, 지적 자유, 종교의 자유, 기회의 균등 등은 시민 사회의 유산이며, 학교의 윤리 문제에서 핵심적인 사항들이다. 물론 이것들이 윤리와 관련된 모든 문제를 해결할 수는 없지만, 이 책에서는 지면의 제한으로 모두 다루지는 못한다.

결정이 어려운 사안에 대해서 적절한 질문을 하는 것이 우리가 무엇을 할지 결정하는 데 어떻게 도움을 줄 수 있을까? 이에 대한 간단한 대답은 없다. 결론적으로 어려운 문제에는 서로 상충하는 원칙이나 효용성 사이의 선택이 개입된다. 어려운 문제에 대해서 적절한 질문을 제기함으로써 우리는 그 문제에 개입되어 있는 여러 가지 고려 사항들을 파악할 수 있게 된다. 이렇게 보면 결국 딜레마가 해소되는 경우도 있다.

그러나 때로는 이렇게 해서 딜레마가 더욱 분명히 드러나는 경우도 있다. 그런 상황에서 무엇을 해야 하는가? 여러 대안 중에서 보다 나은 대안이 있는 것이 보편적이지만 반드시 그렇지는 않다는 것을 유의할 필요가 있다. 경쟁하는 원칙이나 효용성들이 서로 상충하는 상황에서 우리에게 주어진 대안을 보다 잘 이해하게 된다면 일부 대안들을 제외할 수도 있다. 그러나 여전히 가장 좋은 대안이 드러나지 않는 경우도 있다. 이 경우에는 자신의 판단을 믿어야 한다. 때로는 합리적인 사람들이 동의하지 않는 경우도 있으며, 사실상 서로를 설득하는 명확한 방법이 없는 경우도 있다. 객관적인 윤리적인 논쟁은 가능하나, 윤리학이 엄밀한 과학이 될 수는 없다. 우리는 그저 최선을 다할 뿐이다. 우리가 요구할 수 있는 것은 윤리 이론들이 제공할 수 있는 범위 내에서의 추론이다.

윤리적 문제 상황을 특정한 원칙으로부터 도출되는 규칙으로 접근해서는 안된다는 것을 알아야 한다. 윤리학은 기하학이 아니다. 윤리적인 추론은 종종 무엇이 옳은지 또는 그른지에 대한 직관으로부터 출발한다. 우리는 우리가 느끼는 것을 설명할 수 있는 원칙들을 구성하려고 한다. 우리는 그 원칙들이 다른 상황에서 적용될 수 있는지를 검증한다. 때로는 우리의 원칙들이 우리가 처음에 가졌던 직관을 수정하기도 한다. 이러한 과정은 단방향이지 않고 양방향적이다.

윤리적 추론을 통해서 우리는 원칙과 직관 사이의 잠정적인 균형을 추구한다. 다른 상황이 동일하다면, 여러 가지 고려 사항들이 균형을 이룰 때 잠정적인 결론에 도달한다. 다음에서 보여주는 사례를 이론적 관점을 활용하여 분석하여 보자.

5. 다른 사례

진실 또는 효용성

베이뷰고등학교는 인종이 다양하게 구성되어 있는 도심학교이며, 학생지도와 관련한 문제가 거의 없는 학교이다. 교장선생님은 학교를 자랑스러워하며 선생님들 사이에 협력이 잘되고 위험한 상황을 인지하고 대응할 수 있는 의사소통 체계를 갖추고 있다고 평가한다.

그런데 최근 이 학교의 학생회에서 인종 문제와 관련한 싸움이 발생하였다. 이러한 상황을 감지하고 교직원들은 학생들이 무기나 위험한 물건을 소지하고 있는지를 검사하고 있다. 월요일 점심에 밀러 선생님은 교직원 식당에서 식사하면서 다른 선생님들에게 자신의 가방에서 20달러가 든 지갑을 잃어버렸다고 말했다.

이 학교 학생인 치코는 방과후 학교가 끝난 후 집에 가기 전에 학교 매점에 들렀다. 그는 자신의 외투를 벗고 지갑을 확인하고 책상 위에 두었다. 치코는 학교 티셔츠, 공책, 필기구 등을 구입하고 20달러를 지불하였다. 매점을 관리하는 버너 선생님은 20달러를 보고 의심하였다. 버너 선생님은 책상 위에 놓인 치코의 셔츠에 밀러 선생님의 지갑이 있을 것으로 생각하고 치코의 셔츠를 뒤져보았다. 그러나 그가 발견한 것은 칼이었다. 셔츠를 원래대로 놓고 학생부장인 마르코니 선생님을 불러서 보고하였다.

마르코니 선생님은 치코에게 주머니를 보여줄 것을 요구하였고, 현장에서 칼을 발견하였다. 마르코니 선생님은 엄격한 편이었고, 교장선생님인 로페즈에게 이를 보고하였다. 치코에게는 즉시 하교하도록 조치하고, 내일 아침에 학교운영위원회에서 이 문제에 대한 청문회를 개최하고 결과에 따라 정학처분이 내려질 수 있다는 것을 알렸다.

교장선생님은 버너 선생님에게 청문회에 출석하여 그때의 상황에 대해 진술하여 줄 것을 요청하였다. 버너 선생님은 교장선생님에게 자신이 치코의 옷을 조사한 것은 칼 때문이 아니라 도난 사건 때문을 의심하였기 때문이라고 대답하였다. 옷을 검색하기 전에 칼은 전혀 보이지 않았다. 교장선생님은 치코가 버너 선생님이 옷을 검색하는 것을 보았는지 물었고, 버너 선생님은 이에 대해 그렇지 않다고 대답하였다. 그러자 교장선생님은 버너 선생님에게 내일 아침 청문회에서 위원들이 엄격한 결정을 하도록 유도하기 위해서 치코의 주머니에서 나와 있는 칼을 보았다고 진술해달라고 요청하였다.

권리장전(인권법)은 학교의 정문에서 멈추지 않는다는 격언이 있다. 교장선생님의 요청대로 할 경우에 치코는 정당한 절차에 따라 처분이 되는 것이 아니며, 버너 선생님의 옷 수색 또한 적법하지 않은 행위일 가능성이 있다. 치코에게는 다른 국민에게 동일하게 적용되는 사생활의 자유가 있으며, 그에 대한 조치는 공정하지 못한 것으로 보인다. 그러나 교사와 관리자에게는 학교를 평온하게 관리하고 학생들의 안전을 보장해야 할 책무가 있다. 이런 의미에서 일반적인 학생들의 안전에 대한 호소는 치코가 받게 되는 대우를 정당화하기 위해 동원된다. 결론은 그가 칼을 소지하였다는 것이다.

버너 선생님은 이번 일에 대해 죄책감을 갖는다. 그녀는 자신이 치코의 옷을 뒤져보았던 것이 올바른 일인지에 대해 의문을 가지고 있다. 그리고 자신의 상관인 교장선생님으로부터 청문회에서 거짓 진술을 요청받고 있다. 치코는 결코 불량 학생이 아니었다. 버너 선생님은 정학 처분이 정당하지 않으며, 예기치 않은 결과를 가져올 수 있다고 생각한다.

당신이 버너 선생님이라면 어떻게 하겠는가?

논의 주제

1. 당신이 버너 선생님이라면 거짓 진술을 하겠는가? 긍정이든 부정이든 그 이유는 무엇인가? 이 사례가 존스 선생님의 거짓말과 유사한 점은 무엇이고 다른 점은 무엇인가?
2. 이 사례를 결과주의와 원칙주의 관점에서 분석하라. 어느 관점이 더 정당한 것으로 보이는가?
3. 효용의 극대화와 인간에 대한 존중 중 어떤 원칙이 여기에서 중요한가? 그 이유는 무엇인가?

학생에 대한 추천서 작성

이스트고등학교는 통합학교로 비교적 넓은 지역의 학생을 수용한다. 30km 이상 떨어진 곳에서 통학하는 학생들도 있다. 작은 학교여서 충분한 지원인력이 없기 때문에 선생님들은 여러 가지 업무를 수행한다. 헨리 선생님은 영어교사이지만 풋볼과 육상코치도 겸하고 있다. 2년 전에 진로상담교사가 퇴직하였을 때, 교장선생님은 헨리 선생님에게 작문수업을 빼주는 조건으로 이 일을 맡겼다. 그는 작문지도보다는 학생들이 대학에 진학하거나 지역에서 직장을 얻는 것을 도와주는 것이 낫다고 생각하였다. 이 사건이 발생하기 전까지 그는 이 일에 만족하고 있었다.

헨리 선생님은 팀의 추천서를 작성하면서 어려운 결정을 해야 했다. 팀은 우수한 학생이 아니었다. 사실 그는 다음 달에 있을 졸업의 최소 요건을 충족할 수 있을지조차 확실하지 않다. 그는 보통 수준의 지능을 가지고 있었지만, 학업에는 관심이 없었다. 그는 헨리 선생님의 영어수업을 수강하면서 과제를 늦게 제출하거나 제출하지 않은 적도 있었다. 그의 영어 작문 실력은 형편없어서 그의 모국어가 영어라는 것이 믿기지 않을 정도였다. 그가 영어수업을 성공적으로 이수하고 졸업을 할 수 있을지 확실하지 않은 상황이다.

팀의 가정환경은 불우했다. 그의 아버지는 자주 실직을 하였고 술을 먹으면 자주 소란을 피웠고 아내에게 폭력을 행사하기도 하여 감옥에도 자주 갔었다. 그의 어머니는 낮에는 작은 가게에서 점원을 하고, 밤에는 식당 종업원으로 일하면서 가족을 부양하고 있다. 팀은 가정에서 지원과 격려를 거의 받지 못하였다. 팀이 학교에서 말썽을 부려, 집으로 전화하거나 통지문을 보내도 거의 효과가 없었다.

팀이 전기기사조합에 견습공 원서를 제출하였고 이와 관련하여 학교에 추천서를 보내달라는 공문을 보고 헨리 선생님은 놀라면서도 기뻤다. 팀은 곧 취업이 될 것 같았다. 공문은 팀이 제때에 졸업할 수 있는지와 전기 기사로서 적합한지에 대한 추천서를 요청하였다.

헨리 선생님은 큰 문제에 직면하였다. 이 기회가 팀에게 일을 배우고 생산적인 삶을 영위할 수 있는 유일한 기회일지 모른다. 그런데 만일 그가 이 기회를 잡지 못한다면, 그는 취업하기 어렵고 그의 아버지처럼 실업자가 될지 모르는 상황이었다. 반면에 그의 고민은 팀이 수업을 정상적으로 이수하고 졸업할 수 있을지에 대한 확신이 없다는 것이다. 또한 팀의 평소 품행으로 보아 전기기사로 일하면서 실수했을 때 화재나 감전 등의 사고가 날 수 있는 일에 적합한지에 대한 확신이 없다. 그는 어떻게 해야 할까?

논의 주제

1. 당신이 헨리 선생님이라면 전기기사조합의 추천서 요청에 어떻게 대응할 것인가? 팀의 직업 적성에 대해서 거짓말을 할 것인가? 당신이 전기기사 조합에 팀의 품성에 대해서 알고 있는 것을 고지하지 않는다면 이것은 진실하게 행동하지 않은 것인가? 졸업 가능성에 대해서는 어떻게 응답할 것인가?
2. 추천서는 대학, 취업추천회사, 조직, 잠정적인 고용주로부터 항상 요구된다. 학생의 학교생활기록과 교사와 진로상담교사의 추천서는 요청하는 사람들에게 제공되어야 하는가? 이 과정에서 추천서의 진실성은 중요한 전제가 된다. 이 전제가 현실에서 적용되는가?
3. 이익극대화의 원칙과 인간에 대한 존중의 원칙이 이 사례에서 어떻게 적용되는가?

심화학습 자료

Bok, Sissela. Lying: Moral Choice in Public and Private Life. New York: Vintage, 1979.

진실을 감추는 것의 결과와 정당화에 대한 논의를 담고 있다.

Gilligan, Carol. In a Different Voice. Cambridge, MA: Harvard University Press, 1982.

배려와 관계의 중요성을 고려하지 않는 Kolhberg의 관점에 대한 비판을 소개하고 있다.

Kant, Immanuel. Critique of Practical Reason, trans. Lewis W. Beck. Indianapolis, IN: Bobbs-Merrill, 1956.

원칙주의 윤리에 대한 고전으로 난해하나 충분한 가치가 있는 책이다.

Kohlber, Lawrence. "From Is to ought: How to Commit the Naturalistic Fallacy and Get away with It in the Study of Moral Development." In Cognitive Development and Epistemology. New York: Academic Press, 1971.

Kohlberg의 도덕성 발달에 대한 탁월한 논문이다.

MacIntyre, Alasdair. After Virtue. South Bend, IN: University of Norte Dame Press, 1982.

의사소통과 품성의 윤리학에 대한 영향력 있는 저서이다.

Mill, John Stuart. Utilitarianism. Reprinted in the Utilitarian. New York: Doubleday, 1961.

공리주의에 대해 간결하면서도 탁월하게 정리되어 있다.

NEA. "Code of Ethics of the Education Profession." National Education Association, http://www.nea.org/aboutnea/code.html

교사를 위한 여러 정보와 더불어 교직윤리헌장을 볼 수 있다.

Noddings, Nel. the Challenge to Care in Schools: An Alternative Approach to Education. New York: Teachers College Press, 1992.

학교의 맥락에서 배려의 윤리학에 대한 논의를 담고 있다.

Strike, Kenneth A. "Justice, Caring, and Universality: In Defense of Moral Pluralism." In Justice and Caring: The Search for Common Ground in Education, edited by Michael Katz, Nel Noddings, and Kenneth Strike, 21-36. New York: Teachers College Press, 1999.

정의와 배려의 논쟁을 소개한다.

Strike, Kenneth A. "The Ethics of Teaching." In A Companion to the Philosophy of Education, edited by Randall Curren, pp. 509-24. Oxford: Blackwell, 2003.

가르침의 윤리학에 대해 고려해야 할 것을 보여준다.

THE ETHICS OF TEACHING

제 2 장

처벌과 적정절차

1. 사 례
2. 가상 논쟁
3. 관련 개념
4. 분 석
5. 새로운 해결 방법의 모색
6. 다른 사례

제 2 장

처벌과 적정절차

NEA의 윤리강령에는 다음과 같은 조항이 있다.

> 학생에 대한 의무를 완수하기 위해 우리는 다음과 같은 사항을 다짐하고자 한다.
> 4. 학습, 건강, 안전에 바람직하지 못한 환경으로부터 학생들을 보호하기 위해 최대한 노력한다.
> 5. 학생을 괴롭히거나 인격을 무시하지 않는다.

이러한 강령은 우리로 하여금 다시 한번 처벌이라는 문제를 생각하게 한다. 처벌은 적절히 질서를 유지시키고 바람직한 학습의 과정과 환경을 조성하는 수단이 될 수 있다. 그러나 다른 한편으로 처벌은 학생들을 곤혹케 하거나 그들의 인격을 무시하는 결과를 낳을 수도 있다. 처벌과 관련된 사례에 대하여 의미 있게 토론하기 위해서는 어떠한 도덕적 개념이 필요한가?

1. 사 례

허드슨 씨는 고등학교 화학교사이다. 허드슨 선생님은 어느 날 화학시간에 실험실에서 실험실습을 지도하고 있었는데, 집에서 급한 전화가 왔으니 교무실로 와서 전화를 받으라는 전갈을 받았다. 선생님은 학생들에게 이번 실험에서는 위험물질을 사용하지 않고 유해물질도 모두 보관함에 넣어 열쇠를 채워 놓았으니 염려 말고 계속해서 실험하라는 지시를 하고 전화를 받으러 교무실로 갔다.

그 날에 있었던 일에 대해서 선생님은 두 가지 사실을 기억하고 있다. 하나는 집에서 온 전화가 대단한 것이 아니어서 안심했다는 것이고 또 하나는 실험실에서 들려온 폭발음을 듣고 깜짝 놀라 충격을 받았던 기억이다.

폭발음을 듣고 황급히 실험실로 돌아왔을 때 실험실은 연기로 가득 차 있었다. 선생님은 우선 누가 다치지는 않았는지를 확인하였다. 아무도 다친 학생은 없었다. 학생들은 마냥 재미있어 하고 있었다. 사실 사건을 일으킨 학생이 폭발 물질을 쓰레기통에서 폭발시켰기 때문에 누구도 다칠 염려는 없었다.

허드슨 선생님은 자물쇠를 채워 놓았던 보관함 하나가 열려있다는 것을 발견했다. 선생님은 분명 그것을 자물쇠로 채워 놓았었다. 결국 누군가 열쇠를 가지고 있거나 자물쇠를 부수고 연 것이라고 밖에는 생각할 수 없었다.

선생님은 이 상황을 매우 심각하게 받아들였다. 폭발을 일으킨 학생은 별 생각 없이 그런 행동을 했을지도 모른다. 그러나 그것은 자칫 잘못하였다면 학교를 반쯤 날려 보냈을지도 모르는 대단히 위험한 행동이었다. 더구나 보관함에는 잘못 다루면 치명적인 결과를 가져올 수 있는 약품들이 들어 있다. 허드슨 선생님은 학생들에게 누가 보관함을 건드렸는지를 물어 보았다. 그렇지만 학생들은 실험에 열중하고 있었기 때문에 모른다고 대답하였다. 선생님은 학생들이 그 폭발 사건을 일으킨 학생을 확실히 알고 있으면서도 모른 척 한다는 것 때문에 더욱 화가 치밀었다.

허드슨 선생님은 학생 전체에게 벌을 주기로 했다. 학생들에게 부과된 벌은 한 달 동안 매일 방과 후에도 학교에 남아 자습을 해야 한다는 것과 폭발의 화학적 원리에 관한 30페이지 분량의 논문을 써오는 것이었다. 선생님은 학생들에게 숙제를 제출하지 못하는 학생에게는 영점 처리를 할 것이라고도 말했다. 그러나 범인만 밝혀지면 방과 후 자습은 취소하겠다고 말했다.

다음날 아침 허드슨 선생님의 책상 위에는 알렉스가 범인이라고 밝힌 익명의 쪽지가 있었다. 그것을 보는 순간 선생님은 알렉스가 능히 그럴 녀석이라고 생각했다. 알렉스는 머리가 비상한 학생이다. 뿐만 아니라 학교에서 가장 튀는 녀석이었다. 그의 평판이나 체격 그리고 호전적이고 강한 성격을 생각하면 왜 아무도 범인이 알렉스라고 공개적으로 말하지 않았는지를 쉽게 이해할 수 있었다.

문제는 알렉스가 이 사실을 부인한다는 것이었다. 허드슨 선생님은 머리끝까지 화가 났다. 그러나 상황 증거만을 가지고 있고 그것이 결정적인 증거라고는 할 수 없었다. 그럼에도 불구하고 선생님은 알렉스에게 벌을 주기로 결심했다. 다음날 선생님은 범인이 밝혀졌기 때문에 방과 후 자습은 취소하고 알렉스만 학기가 끝날 때까지 방과 후에 학교에 남아 있어야 한다고 공표했다. 물론 알렉스의 화학점수는 영점으로 처리될 것이라고도 말했다. 선생님은 알렉스를 본보기로 삼아 학생들에게 실험실에서는 경거망동하면 안된다는 것을 인식시키려고 한 것이다. 한편으로 폭발을 일으킨 것이 심각한 문제라는 것을 알렉스에게 주지시키려고 했다. 그에게 다소 엄한 벌을 내린 것은 보다 큰 사고를 예방하기 위한 작은 대가일 뿐이다. 알렉스가 엄한 벌을 받는 것을 보고 이후로는 어떤 학생도 감히 화학약품에 함부로 손을 대거나 폭발사고를 일으키는 위험한 장난을 할 생각을 못하게끔 하려고 한 것이다.

허드슨 선생님은 공정하고 올바르게 행동했는가? 먼저 간단하게 상반된 주장을 살펴보자. 교사의 우선적 책임은 전체 학생들의 안전을 보장하는 것이라고 주장함으로써 우리는 허드슨 선생님의 입장을 옹호할 수 있다. 누군가가 실험도구를 가지고 장난을 해서 위험한 상황이 발생하였다. 학생들은 그 문제의 심각성을 인식하지 못하고 있었으며, 오히려 그것을 매우 재미있다고 생각했다. 따라서 어떤 조치를 취하지 않으면 또다시 그런 문제가 발생할 수도 있다고 생각하는 것은 당연한 것이다. 실험에 쓰이는 화학약품들 중에는 잘못 다루면 생명까지 위협하는 물질들이 있기 때문에 허드슨 선생님은 약품들을 안전하게 보관하고 학생들을 보호하기 위해서 어떠한 조치라도 취해야만 했다. 선생님의 행동은 바로 그러한 선의에서 비롯된 것이었다. 그러한 조치를 통해 그 사건이 얼마나 심각한 것인지를 확실히 주지시켰으며, 위험한 행동을 하는 학생은 엄한 벌을 받을 것이라는 것을 보여 주었다.

한편, 허드슨 선생님은 알렉스와 전체 학생들을 부당하게 다루었다는 점에서 비난받을 수도 있다. 우선 선생님은 알렉스가 범인인지를 확증할 수 없음에도 불구하고 처벌을 함으로써 정당하지 못한 행동을 하였다. 또한 알렉스에게 내려진 처벌도 그 위반 행위에 대한 처벌로는 적합하지 않은 것 같다. 알렉스는 화학과목에서 영점을 받게 되었는데, 성적은 교과목의 학업성취도에 따라 부여해야 한다는 점에서 부당한 것으로 볼 수 있다. 혹시 나중에 알렉스의 성적표를 보는 사람은 그가 처벌 때문에 영점 처리되었다는 사실을 모르고 단지 그가 화학공부를 전혀 안한 것으로 생각할 것이다. 마지막으로 선생님은 잘못한 것이 없는 학생들에게도 벌을 주는 잘못을 범하였다. 선생님은 대부분의 학생은 아무런 죄가 없다는 것을 알았으며, 실제로 어떤 학생들은 누가 범인인지도 모른다는 것을 알면서도 학급 전체를 벌하였다. 따라서 허드슨 선생님은 이러한 몇 가지 부당한 행위에 대해서 비난받을 수 있다.

2. 가상 논쟁

A: 교사로서 나는 처벌의 효과를 믿지 않는다. 이 세상에서 처벌이 필요할지 모른지만, 학교에서는 교육적 효과가 없다.

B: 물론 그렇다. 그러나 교실에 질서나 안정이 없다면 교육이 될 수 없다. 학생들의 행동과 관련된 규칙이 없는 교실을 상상할 수 있는가? 그럴 수 없다. 규칙이 있으면, 이따금 규칙을 어기는 일이 발생한다. 만일 규칙이 있는데 위반하는 경우 아무런 처벌이 없다면 학생들이 그 규칙을 따르겠는가?

A: 그러면 당신은 학생들이 처벌을 피하기 위해서 규칙을 준수한다고 생각하는 것이다. 그러나 그렇지 않다. 아무리 처벌이 중하다고 하더라도 규칙을 위반하는 일은 생긴다. 처벌에 대한 두려움은 학생들이 바르게 행동하도록 교육하는데 좋은 방법이 아니다. 처벌에 대한 두려움이 규칙위반행동을 막지 못한다면, 학생을 처벌하는 것이 무슨 의미가 있겠는가?

B: 글쎄, 규칙위반자들에게 그에 상응하는 처벌을 해야 한다. 그것이 정의롭지 않은가? 의도적으로 비행 행위를 한다면, 그에

따른 결과를 받아들여야 하지 않은가? 학생들이 삶에 대해 배우는 것이 중요하고 그것이 처벌의 목적(정의에 대해 배우는 것)이다.

A: 한 명 또는 서너 명이 잘못했는데, 전체 학생들에게 벌을 주는 것이 정의인가? 교사들은 자주 그렇게 생각한다. 학생들에게 규칙을 지켜야 하는 다른 이유들이 있고, 다른 이유들이 보다 정의롭다고 가르치는 것이 더 교육적이지 않은가? 규칙이나 법을 준수하는 것은 사회의 구성원들에게 요구되는 것을 하는 것이라고 가르치는 것이 처벌에 대한 두려움 때문에 규칙을 지켜야 한다는 것보다 윤리적이다. 학교의 규칙들은 처벌을 위해 존재하는 것이 아니라, 학습과 안전을 위해 필요한 조건을 유지하기 위해서 필요하고 학생들은 이것을 배워야 한다.

B: 모든 규칙이 그러한 것은 아니다. 예를 들어 학교의 복장에 대한 규칙은 안전, 학습, 정의와 무슨 관련이 있나? 모든 규칙이 교육에 필요한 것인가? 일부 규칙은 성인세대가 임의로 학생들에게 부과하는 것은 아닌가? 부당한 규칙을 어떻게 적용시킬 것인가?

잘못을 저지르지 않은 학생들이 변명할 기회도 없이 처벌을 받게 된다면 어떻게 정의에 대해서 배울 수 있겠는가? 학생들에게는 재심을 요청하거나, 제3의 심판을 요청하거나, 권위에 도전하거나, 자신의 결백을 주장할 수 있는 증거를 제시할 수 있는 기회가 주어지지 않는다. 처벌이 즉시에 그리고 임의적으로 주어지는 경우가 많다. 이러한 부당한 권위는 도전받지 않게 되고, 정의는 힘을 가진 사람이 공표하고 결정하는 것이 되게 된다.

A: 이제는 당신이 내 편에 있는 것 같다. 학교에 비교육적이거나 부작용이 있는 처벌이 있을 수 있는지 보자. 보다 인간적인 방법으로 처벌이 시행되지 않으면 결코 교육적으로 바람직하지 않다. 이제 처벌을 그만하고 바른 행동에 대한 윤리적 근거를 교육하자.

3. 관련 개념

이 사례를 토론함에 있어 핵심적인 개념 중의 하나는 적정절차(due process)라는 것이다. 일반적으로 적정절차란 어떤 사람의 행위에 대해 어떻게 대응할 것인가를 결정하는 데 있어 그 절차가 자의적(arbitrary)이거나 무원칙한(capricious) 것이어서는 안된다는 원리를 말한다. 여기서 '자의적'이라는 말은 증거 없이 어떤 결정이 이루어지는 것을 의미한다. 범죄를 확증할 만한 충분한 증거를 확보하지 못한 상태에서 어떤 사람에게 유죄 결정을 내리는 것이 바로 자의적인 행동이다. 또 '무원칙하다'는 말은 어떤 결정이 비체계적이거나 부적합한 근거에서 이루어지는 경우를 의미한다. 동일한 죄를 지은 사람들에게 서로 다른 형량을 선고한다거나, 피부생김새 등과 같이 범죄와 무관한 요인을 고려하여 선고를 내리는 것이 바로 무원칙한 행동이다.

자유주의 사회에서는 그러한 자의적이거나 무원칙한 판단을 막기 위해 타인에 대한 어떤 결정을 내릴 때는 반드시 신빙성 있는 증거를 제시하고 그에 근거해서 결정을 내리는 적절한 절차를 따라야 한다는 점이 강조된다. 그러한 절차는 통상적으로 형사법원에서 요구되는 것이기는 하지만 사실 어떤 사람이 타인에 대한 결정권을 행사하는 곳이면 어디에서든지 중요하다고 할 수 있다. 만약 교사가 학생의 진급 또는 유급 여부를 결정하는 데 있어 과제물을 주의 깊게 읽지 않거나 학생의 학업성취도를 정확하게 측정할 수 없는 시험을 치른다거나 학습과 무관한 것을 근거로 등급을 매긴다거나 한다면 그것은 적정절차의 중요한 규칙을 어기는 것이다.

앞서 사례에서 허드슨 선생님은 절차요건을 제대로 따르지 않아 적정절차를 위반했다는 비판을 받을 수 있다. 선생님은 알렉스에게 변호할 기회를 주지 않았을 뿐만 아니라 왜 알렉스를 범인이라고 믿는지에 대해 전혀 설명하지 않았다. 더군다나 선생님은 누가 썼는지도 확실치 않고 신빙성도 없는 익명의 쪽지에 근거하여 판단하였다. 이로 인해 알렉스는 그를 고발한 사람과 대면할 기회를 철저하게 박탈당했다. 마지막으로 선생님은 그 사건을 철저히 조사해 보지도 않고 너무 쉽게 종결시켰다. 쪽지를 누가 썼는지도 알아보려 하지도 않았고 다른 학생들을 통해서 그 사건에 대해 더 자세히 알아보려 하지도 않았다. 대신 신빙성 없는 정황증거만으로 알렉스를 범인으로 단정하고 처벌하였던 것이다.

또한 허드슨 선생님은 알렉스에게 적절치 않은 처벌을 내렸다. 우선, 알렉스에게 내려진 벌은 '처벌은 범법행위의 심각성 정도에 비례해야 한다.'는 원칙에 따라 이루어진 것이 아니다. 원칙을 무시한 채 단지 억제효과를 위해서 처벌이 취해졌을 뿐이다. 선생님은 어떤 벌이 알렉스의 행동에 적절한 것인지를 생각해 보지도 않고 단지 어떤 벌이 일벌백계의 효과가 있는지를 생각하였다. 또, 선생님은 성적을 처벌수단으로 사용하였다. 성적은 학업성취도에 기초해서 부여해야 한다. 그것은 결코 처벌수단으로서는 적절치 않은 것이다.

마지막으로, 문제가 되는 것은 허드슨 선생님이 무고한 많은 학생들을 처벌하였다는 사실이다. 이후에 발생할 수 있는 사건을 방지하기 위해 선생님은 폭발사건을 일으키지도 않은 학생과 심지어 범인이 누구인지 모르는 학생들에게까지도 과중한 숙제를 내고 방과후 자습이라는 구류조치를 내렸다. 사건의 심각성을 인지시키고 그러한 나쁜 행동을 하는 사람은 엄중한 벌을 받게 될 것임을 각인시키기 위해 무고한 학생들을 아무런 거리낌 없이 벌한 것이다.

이러한 비난에 대해 허드슨 선생님은 어떻게 변호할 수 있을까? 자신의 행위 중에는 물론 잘못된 것도 있지만 어쩔 수 없는 조치들이었다고 주장할지도 모른다. 알렉스가 범인이라는 것을 확증하기 위해 사건을 더 철저히 조사하려면 며칠을 낭비하게 될 것이다. 그러나 그보다는 또 다른 사건이 발생하기 전에 그리고 사건이 아직 학생들의 머릿속에 생생히 남아있을 때 알렉스를 본보기로 해서 학생들을 각성시키는 것이 중요하다고 보았다. 그와 같은 위험한 사건의 발생가능성을 미연에 방지하기 위해서 당시 유력한 용의자였던 알렉스를 벌하는 것은 그만한 가치가 있는 것이라는 주장은 일면 타당성이 있는 것이다.

다른 측면에서의 비판도 비슷하게 반박할 수 있다. 성적을 이용하는 것이 가장 적절한 처벌수단은 아니라는 비판이나 전체 학급을 대상으로 처벌하는 것이 결코 바람직하지 않다는 비판 등이 있을 수 있다. 그렇지만 그 경우에도 수단 자체에는 약간의 문제가 있지만 폭발사건이 호락호락 넘어갈 일이 아니라는 것을 전체 학급에 각인시키기 위해서는 필요한 조치였다고 반박할 수 있다. 같은 문제가 충분히 재발할 수 있는 상황에서 취해진, 차선책으로 가장 효과적인 계도수단이었다는 것이다. 허드슨 선생님은 학생들의 안전에 대한 책임을 다른 무엇보다도 심각하게 받아들이고 있었다. 만약 선생님이 공정한 절차에 집착한 나머지 시의적절하게 학생들을 통제하지 못해 한 명의 학생이라도 죽게 된다면 그 심적 고통은 얼마나 크겠는가?

4. 분 석

우선 결과주의의 시각에서 이러한 주장들을 살펴보자. 결과주의자들도 기본적으로 적정절차에 대해서는 어느 정도 관심을 가지고 있을 것이다. 상식적으로 생각해 볼 때, 주의 깊게 이루어진 합리적 결정은 자의적이거나 무원칙적인 결정보다 더 바람직한 결과를 가져온다고 할 수 있기 때문이다. 그러나 결과주의에서는 적정절차라는 원칙을 절대적인 것으로 생각하지 않는다. 대부분의 원칙이 그러하듯이, 적정절차라는 원칙도 상황적 맥락에 따라 다른 결과를 낳을 수 있다. 그 원칙을 보류해야 할 경우도 있을 수 있다. 그 원칙을 따를 경우 위험한 상황이 야기되거나 상당한 비효율이 초래될 수 있다면 그것을 변용하거나 보류해야 한다. 적정절차를 이행하기 위해 공적 절차에만 매달려 긴박한 일을 제대로 처리하지 못하는 경우도 비일비재하다. 또한 피고인에 대한 과잉적인 보호조항 때문에 명백히 죄를 지은 범인이 무죄판결을 받게 되는 경우도 있다. 결국, 우리는 적정절차를 따르지 않는 부당한 결정이 초래하는 결과와 적정절차에 연연함으로써 초래될 수 있는 결과를 비교 평가함으로써 어떻게 적정절차를 적용할 것인가를 결정해야 한다.

처벌시 어떠한 적정절차를 밟을 것인가를 결정하려면 처벌이 의도하는 바람직한 결과가 무엇인가에 대해 생각해 보아야 한다. 결과주의의 입장에서는 세 가지 관점에서 처벌의 목적을 제시한다. 첫째, 벌을 받은 사람이나 다른 사람으로 하여금 똑같은 행위를 범하지 않도록 하는 것이다. 둘째, 범죄자를 교도하여 온전한 사회인으로 갱생시키는 것이다. 셋째, 잠재적 위험인물을 사회에서 격리시키는 것이다. 세 번째 관점은 앞의 허드슨-알렉스 사건과는 무관하다. 아무도 알렉스를 정학시켜야 한다고 하는 사람은 없기 때문이다. 그러므로 이 사건에서 세 번째 관점은 아무런 의미도 갖지 않는다. 그렇다고 선생님이 알렉스를 새 사람으로 만들려고 한다는 두 번째 관점을 견지하고 있는 것도 아니다. 단지 선생님의 의도는 차후 사건의 가능성을 억제하려 한다는 첫 번째 관점에 있다. 이것은 허드슨 선생님의 행동에 대한 정당한 이유가 될 수 있는가?

여기서, 제1장에서 제시했던 결과주의에 대한 두 가지 반론을 적용해 보자. 첫째로, 허드슨 선생님은 자신의 행위가 야기할 결과를 어떻게 확신할 수 있는가? 분명히 선생님이 생각하는 것과는 다른 상황이 전개될 수도 있을 것이다. 만약 알렉스가 진범이 아니라면 진범은 또다시 그런 짓을 할지도 모른다. 또한 죄를 범해도 잡힐 가능성이 적다는 생각이 확산되어 다른 학생들도 두려움 없이 죄를 짓게 될지도 모른다. 알렉스가 부당하게 취급받는 것을 보면서 어떤 학생들은 학교를 혐오하게 되고 급기야 파괴적인 행동까지 보일는지도 모른다.

이러한 결과는 알렉스가 진범이라 하더라도 마찬가지로 예상될 수 있는 것이다. 알렉스가 제정신을 잃고 위협적이며 위험한 행동을 할 수도 있다는 것이다. 사실 우리가 허드슨 선생님의 행위가 낳을 결과에 대해 아무리 정확히 예상한다 해도 그것은 단지 생각에 불과할 뿐 실제로 어떻게 될 것인가는 아무도 알 수 없는 것이다. 따라서 결과주의의 주장대로 어떤 처벌과 다른 처벌의 결과를 정확히 알고 그들을 비교해야만 그 처벌의 정당성 여부가 판단될 수 있다고 한다면, 우리는 허드슨 선생님이 한 처벌의 정당성을 도저히 판단할 수 없을 것이다.

둘째로, 죄를 지은 사람을 처벌하는 것은 옳고 죄가 없는 사람을 처벌하는 것은 나쁘다는 것에 대해 결과주의의 주장은 설득력 있는 이유를 제시하기가 어렵다. 알렉스가 실제로 그런 나쁜 행동을 했는지 안했는지를 떠나서 그를 벌하는 것은 잠재적 사건을 억제하는 효과를 가질 수 있다. 따라서 결과에 전적으로 의존해서 처벌의 정당성 여부를 따질 경우, 알렉스를 벌하는 것이 다른 학생들로 하여금 또다시 그런 행동을 못하도록 각성시키는 효과를 가질 것이기 때문에 알렉스가 실제로 그런 짓을 했는지 안했는지는 그다지 고려를 할 필요가 없을 것이다. 그런데 왜 알렉스가 죄인인지 아닌지에 대해 논의를 해야 하는가? 이에 대한 한 가지 대답은, 어떤 죄를 저질러도 발각만 되지 않으면 처벌을 모면할 수 있다는 생각을 학생들이 갖게 되는 경우 처벌은 억제효과를 발휘하지 못할 것이기 때문에 우선 명백히 알렉스가 죄인인지 아닌지를 밝혀야 한다는 것이다. 그러나 이러한 주장은 논점을 벗어난 것이다. 그 주장의 요지는 죄인이 벌을 받아야 한다는 것에 관한 것이 아니라 사람들로 하여금 죄인은 벌을 받게 될 것이라고 믿게 만들 것이냐 아니냐에 관한 것이다. 무고한 사람이 아니라 죄인을 벌하는 것이 근본적으로 옳은 것이라고 믿을 만한 충분한 근거가 무엇이냐에 대해서는 아무 것도 말해주고 있지 않다.

유사한 난점이 처벌의 성격과 관련해서도 대두된다. 처벌의 본래 의도는 불량행위를 억제하는 것이기 때문에 중요한 것은 그것이 실제로 그러한 효과를 발휘하는가 하는 점이다. 그러나 그 말은 처벌이 불량행위의 정도에 상응해야 한다는 것을 의미하지는 않는다. 범죄의 재발을 억제하기 위해서는 아무리 경미한 범죄행위라도 엄한 벌로 다스려야 한다는 주장이 설득력이 있을 때가 있다. 그러나 여기서 그 타당성 여부를 논하는 것은 '죄인에게 벌을 주고 무고한 사람에게는 벌을 주어서는 왜 안 되는가'라는 우리의 논점과는 벗어나 있기 때문에 여기서 논의할 필요는 없을 것이다. 실제로 결과주의는 벌이 범죄행위에 상응해야 한다는 것의 설득력 있는 이유를 제시하지 못한다. 오히려 때로는 처벌이 범죄행위에 상응해서는 안된다는 것을 보여주곤 한다.

그렇다면 이제는 원칙주의의 입장에서 처벌에 대해 살펴보기로 하자. 원칙주의의 가장 일반적인 견해에 따르면, 처벌의 기본목적은 균형적 정의, 즉 '눈에는 눈으로'라는 인과응보적 정의를 실현하는 것(to balance the scales of justice)이다. 나쁜 짓을 한 사람에게 고통을 줌으로써 그 악행을 제거하고자 하는 것이다. 즉, 원칙주의의 관점에서 정의란 악행이 반드시 처벌되는 상태를 의미한다. 따라서 미래의 악을 억제하는 것이 벌의 부가적인 이점이긴 하지만 그것이 처벌의 일차적인 목적은 아니다. 처벌은 단지 죄의 대가로서의 응보를 위한 조치이다.

처벌을 응보라는 관점에서 보게 되면, 왜 죄인은 벌해야 하고 무고한 사람은 벌해서는 안되는지가 쉽게 설명된다. 죄인이 벌을 받지 않는다면 죄에 대한 응분의 조치가 이루어지지 않았음을 의미하기 때문이다. 또 응보이론의 측면에서 보면 왜 처벌이 범행의 정도에 상응해야 하는가를 이해할 수 있게 된다. 범행의 정도보다 과도하게 처벌이 이루어진다면 정의의 형평성을 깨는 것이다. 죄인에 대하여 죄에 상응한 처벌을 내리는 것의 중요성은 그것이 적정절차와 관련되어 있기 때문이다. 요컨대, 실제로 우리가 죄인을 적절한 방식으로 벌하고 있는지를 가늠하는 척도는 적정절차이다.

처벌에 대한 이러한 관점은 원칙주의의 심사 준거인 보편성(universality), 일관성(consistency), 불편부당성(impartiality)이라는 기준을 충족시키는 것이다. 누구를 막론하고 동일한 죄를 지은 사람은 동일한 처벌을 받아야 한다는 것이 이 관점의 핵심적 원리인 것이다.

마지막으로, 원칙주의의 주장은 적정절차를 절대적인 준거로 삼고 있다. 처벌의 취지는 일차적으로 범죄에 대한 응보이기 때문에 적정절차가 범죄를 예방하지 못하거나 오히려 범죄의 예방에 장애가 된다 할지라도 원칙주의자는 결코 적정절차를 무시하지는 않을 것이다.

이와 같은 관점에서 보면, 허드슨 선생님이 결과주의의 견지에서 자신의 행위를 변호하는 것이 훨씬 유리하다고 생각할 수 있을지도 모른다. 물론 결과주의의 입장도 설득력이 없는 것은 아니지만, 그의 행위의 정당성에 대해 반대논리를 펴는 원칙주의의 입장이 더 설득력이 있는 것 같다. 그러나 이러한 결론을 내리기에 앞서 우리는 원칙주의가 가지고 있는 잠재적 문제점을 살펴볼 필요가 있다.

처벌에 대한 응보이론의 가장 큰 약점은 어떤 사람이 타인에게 나쁜 짓을 했다면 타인이 입은 고통과 상응하는 처벌을 받아야 한다고 주장한다는 점이다. 우리가 그것을 받아들여야 하는가? 한 걸음 더 나아가 생각할 수는 없는가? 응보이론의 주장은 결국 '악에는 악으로' 대응할 것을 요구하는 것처럼 보인다. 그러나 보복을 통해 이 세상을 개선시킬 수 있는가? 모두에게 고통을 주지 않으면서 좋은 결과를 낼 수 있는 처벌은 없는가? 고통을 주지 않는 처벌은 없는 것인가?

그러면 이제 원칙주의의 가치체계에 비추어 이러한 점을 생각해 보자. 근본적으로 원칙주의의 도덕적 요구는 타인을 존중함으로써 인간의 가치를 그 자체의 목적인 것으로 받아들여야 한다는 것이다. 좋은 결과도 만들지 못하면서 고통만을 주는 것이 인간의 가치를 존중하는 것이라 할 수 있는가? 물론, 처벌을 통해 악인이 개과천선 한다거나 혹은 그의 처벌을 통해 선량한 사람들을 보호할 수 있다면 인간의 가치를 존중하는 것이 아니겠냐고 주장할 수도 있다. 그러나 그 경우 죄인들에게 고통을 어느 정도로 주는 것이 인간의 가치를 존중하는 것인지는 확정하기 어려운 일이다.

이러한 점은 결국 어떠한 행위가 윤리적인지 아닌지를 판단하기 위해서는 원칙주의 입장에서도 행위의 결과에 관심을 가져야 한다는 점을 말해준다. 왜냐하면 어떤 좋은 결과가 생길지 알 수 없는 상황에서 죄인을 벌할 것인지 말 것인지를 결정하기란 대단히 어려운 것이기 때문이다.

5. 새로운 해결 방법의 모색

이제는 사례에 내포되어 있는 난점이나 철학적 주장에 대한 논의는 접어두고 우리의 문제를 해결할 수 있는 방법에 대해 고찰해 보자. 그러나 일단 다른 쟁점으로 넘어가기 전에 이러한 논의의 결론에 관해 먼저 생각해 보자.

지금까지 우리가 논의를 전개해 오면서 잠정적으로 내린 결론은 순수한 결과주의나 순수한 원칙주의 어느 것도 완전한 설득력을 가지지 못한다는 것이다. 결과주의의 견해는 좋은 결과를 만들 수만 있다면 비도덕적 행위도 정당화할 수 있는 맹점을 가지고 있다. 반면 원칙주의의 견해는 결과를 고려해야만 행위의 타당성 여부를 논의할 수 있다는 한계를 가지고 있다. 따라서 이제 우리는 이 두 가지 견해에서 장점들을 통합할 수 있는 다른 사고방식이 있는지를 알아볼 필요가 있다.

객관적인 윤리적 지식을 가질 수 있는가에 관해서는 희망적인 답변과 절망적인 답변이 있을 수 있다. 우선 우리가 의미있는 윤리적 논의를 전개할 수 있다는 것 자체가 대단히 희망적인 것이다. 우리는 어떤 윤리적 명제에 대해서 객관적인 이유를 제시하여 옹호하거나 반대할 수 있다. 즉, 윤리적 주장은 단지 취향의 문제가 아니라는 것이다. 사실 윤리적 문제를 전적으로 개인적인 취향의 문제라고 하면 결코 객관적인 논의가 불가능할 것이다. 윤리적 문제는 단순한 주관적인 취향의 문제가 아니라 객관적인 논의를 할 수 있는 문제인 것이다.

절망적인 것이란, 우리가 제기한 어떠한 논쟁들도 성공적으로 해결한 적이 없었다는 점이다. 우리가 윤리적 문제를 객관적인 문제라고 주장하기 위해서는 그 문제들에 대해서 토론이 가능하다고 말하는 것만으로는 부족하다. 적어도 그것이 합리적으로 해결될 수 있다는 것을 보여주어야 한다.

그렇다고 실망할 필요는 없다. 앞서 살펴본 사례가 해결하기 곤란한 것처럼 보였던 것은 우리가 의도적으로 그것을 애매모호한 윤리적 문제로 만들어 놓았기 때문이다. 의도적으로 애매모호하게 한 것은 논의를 좀 더 흥미롭게 하기 위한 교수전략상의 고려였다. 해결하는 과정이 어렵다고 해서 어떠한 윤리적 문제도 해결될 수 없다거나 윤리적 사고는 우리에게 전혀 무익한 것이라고 말해서는 안된다. 허드슨 선생님이 당시 복잡한 상황을 충분히 고려하지 않고 무고한 학생을 처벌하였다면 대부분의 사람들은 선생님이 부당하게 행동하였다고 평가할 것이다. 우리가 생각하기에 이러한 결론은 결과주의적 관점이나 원칙주의적 관점 중 어느 입장에서도 충분히 이끌어낼 수 있는 것이다. 어떤 행위가 도덕적으로 나쁜 것이라는 점을 보여주기 위해 우리는 학교에서 흔히 볼 수 있는 훈육조치들(예컨대, 소수학생들의 행위 때문에 학급 전체를 처벌하는 것과 같은 조치들)을 논의의 사례로 활용할 수 있다. 앞서 제시한 사례와 후술될 많은 사례들은 중요한 윤리적 원리들이 서로 갈등을 일으키는 미묘한 상황을 가상한 것이기 때문에 해결하기가 쉽지 않을 것이다. 그러나 모든 사례가 다 어려운 것은 아니다. 사실, 일상적 생활을 통해 알 수 있는 바와 같이, 우리가 생활 속에서 직면하는 많은 도덕적 딜레마는 도덕적 성찰을 통해 해결될 수 있다.

또한 행위의 옳고 그름을 판단할 때 여기에 제시된 많은 주장들은 이성적 추론뿐만 아니라 직관에도 의존하고 있다. 좋은 결과를 낳는다고 하더라도 무고한 사람을 처벌하는 것에 대해서 대부분의 사람들은 직관적으로 나쁜 것이라고 느낀다. 아무런 이득을 가져오지 못함에도 불구하고 무작정 죄인을 처벌하는 것 역시 직관적으로 나쁜 것이라 느낀다. 실제로 직관은 윤리적 이론을 정당화하는 근거의 하나로 활용되어 왔다.

그것이 타당하다고 볼 수 있는가? 이 질문에 답하기 위해서는 윤리적 직관의 원천이 무엇인지를 아는 것이 중요하다. 우리가 본유적인 정의감을 가지고 있다고 명확하게 말할 수 있는가? 어떤 용어에 대해 정의는 할 수 없더라도 그 용어를 적절히 사용할 줄 아는 것과 마찬가지로, 어떤 것이 옳은 일인가에 대해 도덕적 원리로 표현할 수는 없지만 그것이 무엇인지를 알 수 있다고 말할 수 있는가? 다행스럽게도 우리는 옳은 행위의 본질에 대한 통찰력을 가지고 타고난 것 같다. 그렇지 않다면 적어도 우리의 도덕적 직관은 오랫동안 문명에의 입문을 통해 자연스럽게 형성된 훈련의 결과라고 보아야 할 것이다.

이러한 생각들이 우리의 논의에 크게 도움을 주는 것은 아니다. 그러나 다음 사례로 넘어가기에 앞서 그러한 생각들을 염두에 둘 필요가 있다. 이러한 민감한 문제들에 대한 또 다른 새로운 시각을 얻기 위해 여러분은 처벌과 적정절차에 관한 다른 사례를 공부해 보고 싶을 것이다.

6. 다른 사례

어떤 졸업반 학생의 처리

낸시 스미스는 동북부에 위치한 유명 사립학교의 졸업반 학생이다. 그녀는 부유층 자녀로서 이미 아이비리그 대학에 입학이 결정된 상태이다. 낸시는 본래 그렇게 나쁜 학생은 아니었으나 부모의 극성으로 점차 뻔뻔스럽고 야비하기까지 한 학생으로 변했다. 그녀는 학교를 다니는 동안 교사들로부터 부정직하고 교활한 학생이라는 평가를 받았다. 그래서 교사들 누구도 그녀의 대학 진학을 위해 추천서를 써주려고 하지 않았다. 그럼에도 불구하고 그녀는 어쨌거나 원하는 대학에 진학할 수 있었다. 그녀는 종종 성적에 대해 불평했고 교사들의 평가에 의문을 제기하기도 하였다.

낸시는 마지막 학기에 선택과목으로 영어교과를 수강했으나, 거의 공부를 하지 않았다. 담당교사인 디안 선생님은 낸시가 수업에 자주 빠져서 불쾌했지만 여러 가지 이유를 들어 용서를 구하는 그녀의 어머니 때문에 제재를 가하지는 않았다. 실제로 낸시는 그 수업의 교과서나 다름없는 <오만과 편견>이라는 책조차 제대로 읽지 않았다고 생각이 들 정도로 수업에 무성의했다. 그러나 낸시는 그 <오만과 편견>을 단테(Dante, 1265~1321)의 <신곡> 중 ‘지옥’편에 비유하여, 모든 영어교사들이 졸업발표회에 내놓을 만한 수준 높은 작품이라고 평가한 훌륭한 기말보고서를 제출하였다. 디안 선생님은 낸시가 그 논문을 직접 쓰지 않았을 것이라고 확신했다. 다른 사람의 도움으로 작성했거나 남의 글을 일부 혹은 전부를 베낀 것임에 틀림없다고 생각하였다. 다른 모든 영어교사들도 그 논문이 낸시가 직접 쓴 것은 아닐 것이라는 데 동의하였다. 다른 강좌를 담당했던 영어교사들은 과거에도 몇 번 그녀의 표절행위를 적발한 적이 있었다고 말했다. 낸시의 논문에는 <오만과 편견>과 단테의 <신곡>과 관련된 많은 각주가 포함되어 있었지만, 그밖에 다른 저서에 대한 인용은 없었다.

디안 선생님은 여러 차례 낸시를 만났다. 한번은 그 논문에 관해서 시험을 치르기도 하였다. 디안 선생님은 그녀에게 그 논문의 몇 문장을 설명하게 했고, 또한 <오만과 편견>에 대한 단순한 몇 가지 사실을 물어보기도 하였다. 그러나 낸시는 제대로 답변을 하지 못했다. 시험이나 질문을 통해 디안 선생님은 그녀가 직접 논문을 쓰지도 않았다는 심증을 굳히게 되었다. 그녀는 그 책을 읽지도 않았고, 단테의 <신곡>조차 읽지도 않은 게 분명하였다. 논문의 참고자료에 대해 물어 보았을 때도, 기껏해야 그녀는 대학생인 언니의 약혼자와 몇 번 토론한 것을 제시하였다. 그렇지만 그녀는 다른 사람의 도움을 받은 것에 대해 전혀 인정하려 하지 않았다.

디안 선생님과 영어 교사들은 그 문제를 교장선생님과 협의했다. 교사들은 자초지종을 상세하게 설명하고 어떤 조치를 취해줄 것을 요구하였다. 교장선생님은 이 문제에 직면해서 당혹감을 떨쳐 버릴 수가 없었다. 낸시는 13년 동안 이 학교를 다닌 학생이었다. 더구나 최근 그녀의 어머니가 이사회 임원으로 선출되어 그녀의 가정은 학교에 재정적으로 큰 기여를 할 집안이었다. 교장선생님은 할 수만 있다면 그런 위치에 있는 그녀와 적대적인 관계를 만들고 싶지 않았다. 그러나 그것은 교사들의 의견을 무시하는 것이었다. 교장선생님은 교사들에 대해서도 신경 쓰지 않을 수 없었다. 교장선생님은 어떻게 해야 할 것인가?

논의 주제

1. 이 사례에서 적정 절차가 준수되었다고 생각하는가?
2. 논의되고 있는 처벌이 낸시의 비행에 비추어 적합하다고 생각하는가? 다른 학생들이 낸시의 사례를 알고 있다고 가정하자. 교장선생님이 결정할 때 이 사실을 고려해야 할까?
3. 현실에서 돈이 있고 영향력이 있는 사람들은 특별한 대우를 받는다. 비록 공평하지 않지만, 이것이 이 사례처럼 학교 전체의 이익에 부합하는 경우가 있다. 현실적으로 이러한 특별 대우가 윤리적으로 정당화될 수 있다고 생각하는가? 이러한 주장이 설득력 있게 적용될 수 있는 사례를 생각해 볼 수 있는가? 가장 설득력 있게 보이는 사례에서 그러한 주장을 어떤 근거로 반대할 수 있을까?

총기휴대 무관용 원칙

어느 날, 제임스는 학교에 진짜 총을 가져왔다. 헷슨 선생님은 이를 믿을 수가 없었다. 제임스는 모든 학생들과 어울리며 소심한 학생이었다. 그가 갱단의 조직원이거나 마약상이라는 것은 상상조차 할 수 없다. 그저 평범한 4학년 학생이라는 것 이외에 다른 것을 상상하기 어려웠다. 그는 총으로 무엇을 하고 싶었을까? 헷슨 선생님은 제임스의 재킷 속에 불룩하게 튀어나온 것을 보고, 재킷을 벗어보라고 했으나 그는 거부하였다. 그녀는 그에게 무엇을 감추고 있는지 물어보았다. 그러자 그는 총을 꺼내서 책상 위에 올려놓았다. 진짜 총이었다. 그는 아버지의 옷장 서랍에서 총을 꺼내 왔다고 하였다.

다행히 총이 장전되어 있지는 않았다. 제임스는 누군가를 쏘려고 생각하지는 않았다. 사실 그는 학교에 총을 가져오기 전에 총알을 모두 제거하였다. 그러나 분명히 그는 누군가를 위협하려고 하였다. 제임스는 조금씩 이야기를 꺼내 놓았다. 매일 하교 후에 덩치 큰 두 학생이 제임스를 막아서서 돈을 요구하고 있었다. 제임스가 거부해도 돈을 빼앗아 갔다. 돈이 없을 때는 그를 구타하거나 밀치곤 하였다. 제임스는 점심값만 가지고 학교에 오는데, 돈을 마련하기 위해서 종종 점심을 거르기도 하였다. 헷슨 선생님이 왜 진작 이런 사실을 말하지 않았냐고 묻자, 선생님이 아무것도 할 수 없을 것이라고 생각했다고 대답하였다. 선생님이 나서면 그들이 나중에 자기를 더 괴롭힐 것이라고 하였다. 그리고 선생님이 늘 자기를 지켜줄 수 없을 것이라고 하였다. 그들을 감방에 보낼 수도 없을 것이다. 그의 말이 틀린 것은 아니다. 이 학교에서는 폭력을 제대로 통제하지 못하고 있었다.

제임스는 교육청의 무관용 정책을 알지 못하고 있었다. 헷슨 선생님이나 교장선생님 모두 제임스의 사건에 대해서 재량의 여지가 없다. 만일 선생님이 교장선생님에게 보고하면 교장선생님은 경찰을 부르게 되어 있다. 제임스는 청소년 법정에서 심문을 받고, 학교에서 퇴학당하고 대안교육 시설로 옮겨가게 될 것이다. 헷슨 선생님은 청소년 법정이 제임스의 사정을 고려하여 관용을 베풀 것인지 아닌지 알 수 없었다. 어떤 결정이든 학교에서는 따를 수밖에 없다. 상황을 고려하거나 재량권을 사용하지 않는 것이 무관용 정책의 의미이다. 제임스에 필요한 최선의 조치가 무엇인지 그리고 내려진 조치에 대한 교육적 의미에 대해서도 부모와 상의도 하지 않는다. 무관용 원칙은 연방법에 의거한 주법에 규정된 것이다. 제임스는 곤란을 겪을 것이다.

그렇다고 해서 헷슨 선생님이 이 사실을 모른 척하고 넘어가거나 교장선생님에게 이 사건을 묵인해달라고 요청할 수도 없는 상황이다. 왜냐하면 총기 휴대를 묵인하는 것은 불법이기 때문이다. 만약 무관용 원칙을 준수하지 않으면, 헷슨 선생님이 이에 대한 책임을 져야하는 상황이 발생한다. 헷슨 선생님, 교장선생님, 부모가 함께 모여 어떻게 하는 것이 좋을지 의논할 수 있어야 하는 것은 아닐까? 이것이 이러한 문제에 대한 좋은 해결방안은 아닐까?

논의 주제

1. 교사들과 교장선생님들은 상황에 따라 학생들에게 가장 좋은 해결방안을 제시하기 위해 총기문제에 대해 재량권이 있어야 한다고 주장한다. 그들에게 재량권을 주어야 하는 근거가 있지 않는가?
2. 무관용 원칙에 대한 다음과 같이 두 가지 주장이 있다.
   a. 약물이나 총기에 대해 관용이 절대 없다는 신호를 주어야 한다. 이를 위해 엄격한 처벌과 예외 없는 적용이 필요하다. 교육자와 학부모가 이 문제를 논의해서 해결한다고 한다면, 학교에서는 마약과 총기가 크게 문제되지 않을 수 있다는 인상을 주게 된다.
   b. 교육자들은 자율적이고 마음이 약한 편이다. 처벌에 대해서 그들에게 재량을 주어야 한다는 것은 그럴 듯 해 보이지만, 대부분의 경우에 잠시 정학을 하거나 반성의 기회를 주는 식으로 처리할 가능성이 크다.

> 우리가 범죄에 관대한 판사에게 재량을 남용하지 말고 엄격한 처벌을 요구하듯이 교사들에게도 무관용 원칙을 요구해야 한다.

두 주장이 설득력이 있는가?

3. 헷슨 선생님이 제임스를 보호하기 위해서 법을 어기는 것이 윤리적으로 허용될 수 있을까?
4. 제임스의 행위에 대해서 퇴학처분은 정당할까?
5. 퇴학이 제임스에게 공정하지 않지만, 엄격한 무관용 정책이 총기사고와 약물 오남용을 줄이는 데 기여하고 있다고 가정하자. 이러한 상황에서 무관용 정책을 정당화할 수 있는가?

심화학습 자료

American Civil Liberties Union. http://www.aclu.org/studentsrights/due process/index.html

ACLU는 시민권 옹호 시민단체이다. 이 사이트에서 학생들의 권리와 정당한 절차에 대한 정보를 얻을 수 있다.

Ezorsky, Gertrude, ed. Philosophical Perspectives on Punishment. Albany: State University of New York Press, 1972.

처벌과 관련된 윤리적 문제에 관한 고전과 현대의 유용한 논문집이다.

Fischer, Louis, David Schimmel, and Leslie R. Stellman. Teacher and the Law. 6th ed. Boston: Allyn and Bacon, 2003, Chapter 12.

교사와 학생을 위한 정당한 절차에 관한 법에 대해 논의하고 있다.

Goss v. Lopez 419 U.S. 565(1975). http://www.law.cornell.edu/supct/html/historics/USSC_CR_0419_0565_ZS.html

정당한 절차와 학생들의 훈육에 대한 미국 대법원 판례. 이 사이트는 코넬 대학 법률정보연구소이며, 미국 대법원 판례와 법률정보를 얻을 수 있다.

Kirp, David. "Proceduralism and Bureaucracy." Stanford Law Review 84(1976): 859-64.

정당한 절차에 대한 법적 보호가 교사와 관리자들의 재량을 과도하게 축소한다는 논의이다.

Murtagh, Kevin. "Punishment." The Internet Encyclopedia of Philosophy (2006). http://www.iep.utm.edu/p/punishme.htm

처벌에 대한 다양한 윤리적 관점에 대해 충실히 요약되어 있다.

Strike, K., with Soltis, J. (1986). Who broke the fish tank? and other ethical dilemmas. Instructor, 95:5, 36-39.

집단처벌의 윤리적 문제를 다루고 있다.

THE ETHICS OF TEACHING

제3장

지적 자유

제 3 장

지적 자유

NEA의 윤리강령에는 다음과 같은 조항이 있다.

> 학생에 대한 의무를 완수하기 위해 우리는 다음과 같은 사항을 다짐하고자 한다.
>
> 1. 학습의 과정에서 학생들의 자발적인 활동을 장려한다.
> 2. 학생들이 다양한 관점에서 문제를 볼 수 있도록 지도한다.
> 3. 교과를 지도함에 있어 학생의 발달을 최대한 도울 수 있는 방향으로 지도한다.

이러한 조항에 비추어 보면, 학생들은 분명히 어느 정도의 지적 자유를 향유할 권리를 가지고 있다. 어떤 이유에서 그러하며, 그것은 어떠한 종류의 자유인가?

1. 사 례

레인 선생님은 에디의 원고를 다시 한번 보았다. 에디는 뛰어난

문학적 재능을 가지고 있었다. 그러나 한편 레인 선생님은 에디가 그렇게 뛰어난 언어적 감성을 가진 반면에 다른 사람들에 관련된 민감한 문제는 간과하고 있는 것이 아닌가 하고 생각했다.

문제의 원고는 에디가 교내 문학 잡지인 <오딧세이>에 게재하기 위해 준비한 글이다. 레인 선생님은 그 잡지의 지도교사였다. 에디의 글은 정말로 실감나게 쓰여 있었다. 그 글이 매우 사실적으로 묘사되어 있어 레인 선생님은 그 내용이 실제인지 아닌지 의심이 갈 정도였다. 많은 학생들도 그러했을 것이다. 그런데 불행하게도, 등장인물의 설정과 성격묘사가 너무 정교해서 누구나 그 인물들이 현실의 어떤 인물을 모델로 한 것인지를 쉽게 알아차릴 수 있었다. 에디는 등장인물들의 버릇과 언어습관까지도 섬세하게 묘사하고 있었기 때문에, 비록 가명을 쓰고 배경을 달리 설정했지만, 그 등장인물이 실제로 누구인지를 금방 알 수 있었다.

그 이야기는 웰스라는 교사가 쥬디라는 고등학생을 유괴하여 강간한 사건을 다루고 있다. 대부분의 내용은 그 사건 이후에 쥬디가 겪은 심적 고통을 분석한 것이다. 에디는 쥬디의 괴로움과 절망감, 그리고 그녀가 알콜중독자로 전락해 가는 과정을 상당히 감정이입적으로 기술했다. 웰스 선생님에 대해서는 자신이 다른 사람들에게 고통을 주면서도 그에 대해 전혀 신경 쓰지 않는 흉악한 자로 묘사하였다. 확실히 에디는 누구에게나 부러움을 살만한 뛰어난 글재주를 가지고 있었다.

또한 에디의 글은 의미있는 사회적 문제를 제기하고 있었다. 에디는 사춘기의 성문제를 흥미롭고도 체계적인 이야기로 전개하고 있다. 그리고 낙태에 관한 몇 가지 중요한 생각들을 제시하였다. 그 이야기는 의미 있는 많은 생각들을 포함하고 있었다.

그러나 공교롭게도, 가상인물인 웰스 선생님과 이 학교의 물리교사인 워터스는 상당히 유사하였다. 뿐만 아니라 가상인물인 쥬디와 실제 인물인 베스 간에도 유사점이 많다. 스프링필드라는 이 학교는 모두가 서로를 다 알 만큼이나 작은 곳이다.

레인 선생님은 워터스 선생님을 동정하고 싶지는 않았다. 실제로 그는 좀 거친 성격의 소유자였다. 그러나 그가 여학생을 성폭행했다는 것은 믿을 수 없는 일이었다. 그러한 짓을 할 정도로 분별없는 사람은 아니며, 이성교제에 문제가 있는 사람도 아니었다. 사실 그는 남성적 매력은 가지고 있었다. 그러나 그는 학생의 신체적 약점에 대해 모욕을 주는 괴팍한 성격으로 인해 더 유명했다. 그가 동료교사에게도 무례하게 대하는 것은 잘 알려지지 않았다. 그는 학생이든 교사든 누구에게나 인생에서 중요한 것은 힘이고 그들은 자신보다 명백히 열등한 무리라고 떠들어대는 매우 동물적인 사람이었다.

레인 선생님은 왜 에디가 워터스 선생님을 싫어하는지를 이해할 수 있었다. 선생님도 에디와 비슷한 감정을 가지고 있었다. 에디는 약골이었다. 틀림없이 에디는 워터스 선생님의 손아귀에서 고통스런 순간을 맛보았음에 틀림없었다. 레인 선생님이 생각하기에, 그러한 정황이 에디의 작품을 잘 설명해 주고 있었다. 그것은 누가 보아도 복수심의 발로였다.

문제는 베스였다. 왜 에디가 하필이면 그녀를 등장시켰을까? 한동안 생각해 본 후 에디 선생님은 그것을 짐작할 수 있었다. 정말로 그 배역에는 베스만큼 적합한 인물을 찾기 어려웠다. 그녀가 남보다 특별히 인기가 있거나 매력적인 것은 아니다. 그녀는 단지 대단히 상냥하고 얌전한 여학생이다. 그녀를 아는 사람은 누구든 그녀를 더할 나위 없이 정숙한 여자라고 생각할 것이다. 그러한 그녀에 대해서 에디가 앙심을 품을리는 만무했다. 그러나 바로 그것이 그녀를 등장시킨 이유이다. 그렇게 지고지순한 그녀를 희생자로 삼는 것보다 워터스를 더 악독한 사람으로 만들 수 있는 방법은 없을 것이기 때문이다.

레인 선생님은 에디가 그 이야기로 인해 베스가 어떤 정신적 피해를 입게 될 것인지에 대해 전혀 고려하지 않았다고 확신했다. 대부분의 학생들은 그 이야기를 믿을 것이다. 설령 그 이야기를 곧이곧대로 믿지는 않는다 하더라도 쉽게 잊지는 못할 것이다. 베스는 남은 2년을 모욕감과 수치감을 가지고 살아야 할 것이다. 그 이야기는 확실히 너무나 잔인한 결과를 가져온다.

레인 선생님은 이것을 에디에게 설명해 주려 하였다. 그러나 에디는 자신의 글이 사람들에게 해를 입힐 수도 있다는 사실에 대해 전혀 주의를 기울이지 않았다. 에디는 도대체 뭐가 뭔지를 모르는 학생이었다. 에디는 재능은 가지고 있었지만 삐뚤어진 생각을 가지고 있었고 영리한 것 같으면서도 미숙한 어린애에 불과했다. 에디는 복수하기만을 원했으며 그로 인해 베스에게 어떤 큰 희생이 뒤따를지는 생각하려고도 하지 않았다.

에디는 글만 잘 쓰는 것이 아니라 정치적으로도 기민했다. 에디는 레인 선생님이 자신의 원고를 게재하지 못하도록 할지도 모른다는 생각에서 언론의 자유와 학생의 권리에 관한 주장을 펴는 데 많은 지면을 활용했다. 그 주장을 정당화하기 위해 유명한 법률가의 주장이나 판례들에서 제시된 원칙들을 인용하기까지 했다. 레인 선생님은 은근히 자신을 위협하는 에디의 능력에 다시 한번 놀라지 않을 수 없었다.

레인 선생님은 에디의 글에 대해 검열할 생각은 없었다. 그는 언론의 자유를 신봉해 왔으며, 검열제도를 혐오하는 사람이었다. 그래서 그는 에디가 스스로 그 문제에 대해 책임질 수 있도록 행동하기를 기대하였다. 에디가 등장인물들을 실제인물들과 직접적인 관련이 없는 것처럼 이야기를 각색하는 것은 그리 어려운 일이 아니었을 것이다. 지도교사의 역할은 지도하고 자문하는 것이지 결코 검열하는 것이 아니다. 레인 선생님은 법률가들이 뭐라고 했는지는 알고 싶지도 않았다. 에디의 글을 검열하는 것이 목적이었다면, 레인 선생님은 에디를 설득하는 일과 같은 수고를 하기보다는 일단 문제부분을 삭제하거나 게재를 금지시키는 조치를 취했을 것이다. 그러나 목적이 글의 검열이 아니었기 때문에 레인 선생님은 우선 에디 작품의 훌륭한 점들에 주목했었다.

에디의 작품을 잡지에 게재하지 못하도록 해야 하는가? 레인 선생님은 이전에 한 번도 학생들의 출판물에 대해서 검열한 적이 없었다. 이러한 상황을 맞이하기 전에는 자신이 이러한 문제에 직면하리라고는 상상조차 못했다. 그러나 지금 에디의 글을 싣도록 방치한다면 베스에게는 심각한 상처를 주는 결과를 초래할 것이다. 이 글을 허가해야 하는가? 레인 선생님에게는 정말 어려운 문제였다.

2. 가상 논쟁

A: 자유사회에서 언론의 자유는 인간이 가진 기본권이며 침해될 수 없다. 당신은 사람들이 이야기하고자 하는 것을 억압하거나 불법으로 규정할 수 없다.

B: 그렇다면, 명예훼손에 대한 법은 어떻게 생각하는가? 명예훼손에 대한 법들은 부당한 인격 모욕에 대해서 사람들을 보호하기 위한 것이다.

A: 그것은 다르다. 내가 말하고 싶은 것은 다른 사람에게 해를 주지 않는 범위에서 언론의 자유이다.

B: 피해가 되는지 안 되는지 누가 판단하나? 피해가 무엇을 의미하는가? 혁명적인 생각은 현재 상태에 해가 되는가? 성적인 표현들이 독자나 청취자들에게 피해를 주는가? 다른 사람에게 특정한 사람에 대한 사실을 이야기하는 것은 피해가 되지 않는가?

A: 잘 모르겠다. 내가 아는 것은 언론의 자유가 사회의 개방성과 진실을 밝히는 데 매우 중요하다는 것이다. 모든 생각들이 제시되고 이 중에서 가장 좋은 생각이 이긴다는 전제가 있다. 사상과 의견을 억압하는 것은 폐쇄사회의 상징이다.

B: 그러나 우리는 학교 도서관에 야설이나 야화 등을 비치하지 않는다. 또한 교과서에 인종편향주의나 반여성주의를 옹호하는 내용을 담지 않는다. 우리 사회에서 다른 사람들을 위해서 검열하는 것은 문제가 되지 않으며, 절대적인 언론의 자유가 있는 것은 아니다. 우리는 다른 사람의 의견이나 관점을 억압하지 않는다.

A: 그런 것 같다. 언론의 자유가 그렇게 제한된다면, 언론출판의 자유를 막기 위한 정당한 사유를 만들어내는 것도 막기 어려울 것이다.

B: 네가 충분히 설득을 할 수 있다면 아무 문제가 없을 것이다. 언론의 자유는 예외를 만들어 쉽게 제한될 수 있는 것은 아니다.

A: 아니다. 나는 여전히 자유 사회에서 언론의 자유는 중요하다고 생각한다. 그러나 난 어떻게 이것을 변호할지 모르겠다.

3. 관련 개념

이제 레인 선생님이 처한 문제와 관련하여 지적 자유에 관계된 개념들을 살펴보도록 하자. 우선, 그 주제에 관한 밀(John Stuart Mill)의 명저 <자유론>에 나타난 견해를 살펴볼 필요가 있다. 밀은 표현의 자유에 대해서 다음과 같이 간결하게 주장한 바 있다.

> 첫째, 우리가 어떠한 의견을 묵살한다 할지라도, 확실하지는 않지만, 그 의견이 진리일 수도 있다는 점을 인정해야 한다. 그것을 부인하는 것은 우리 인간이 완전무결한 존재라고 주장하는 것과 다를 바 없다. 둘째, 비록 그 묵살된 의견이 오류로 증명되더라도, 그것이 진리의 일부분을 포함할 수도 있다는 점 또한 인정해야 한다. 한편, 어떤 주제에 대한 일반적이고 지배적인 의견이 진리의 전부를 나타내는 것은 아니다. 따라서 그 나머지 부분은 상반된 의견들의 충돌에 의해서만 확인될 수 있다. 셋째, 일반적으로 인정되는 의견이 참일 뿐만 아니라 진리의 전체라고 할지라도, 계속적인 비판과 논쟁의 과정을 거치지 않는다면 그 의견을 받아들이는 대부분의 사람들은 합리적 근거 없이 단순한 편견을 가지고 그것을 수용하게 될 것이다. 넷째, 계속적인 비판과 논쟁의 과정이 없는 의견은 그로 인해 자체의 의미조차 상실할 위험이 있으며, 그 의견을 지지했던 사람들과 그들의 행위에 대한 실제적 영향력을 상실할 수도 있다. 즉, 단순한 형식적인 선언으로 되고 영원히 무력한 것이 되는 동시에 그 근거가 희박해지고 이성과 개인적 경험으로부터 얻는 실제적이고 진실한 신념의 성장을 저해하는 도그마로 빠져 버리는 것이다.[5]

5 John Stuart Mill, *On Liberty* (Indianapolis, Ind.: Bobbs-Mill, 1956), p. 64.

이 구절에서 밀은 보통 "사상의 시장"(the marketplace of ideas)이라고 하는 것에 관해서 논의를 전개하고 있다. 그의 핵심적 주장은 진리란 자유로운 비판과 공적 논쟁을 통해 추구되고 획득될 수 있다는 것이다. 우리가 진리를 추구하고 사상체계를 발전시키기 위해서는 표현의 자유나 언론의 자유와 같은 제도가 필요하다. 사상에 대한 검열은 곧 인간으로 하여금 무언가를 생각하고, 그 생각을 비판적으로 검토해서 결국 무언가를 배울 수 있는 기회를 박탈하는 것이다. 논쟁을 거치지 않는 사상은 위축되기 마련이다. 독선적인 사상을 고집하는 사람은 이성적 판단을 하지 못하고 결국에는 그 사상이 주는 의미조차 깨닫지 못하게 된다. 독선적 사상은 교조적이고 상투적인 언설로 화석화되고 마는 것이다.

여기서 밀이 일차적으로 말하고자 한 바는, 한 사회의 사상이 어떻게 검토되고 수정 또는 보완되는가 하는 사회적 과정에 관한 것이다. 그러나 동시에 그는 자유가 개인의 성장에도 매우 중요하다고 주장한다. 다음 구절을 살펴보자.

> 외적인 세계나 상황에 자신의 인생을 내맡기는 사람은 흉내를 잘내는 원숭이와 같이 단순한 능력만을 갖고 있으면 된다. 그러나 스스로 자신의 인생을 계획하는 사람은 그가 가진 모든 능력을 이용한다. 그는 무언가를 보기 위해 관찰력을, 예견하기 위해 이성과 판단력을, 결정에 필요한 정보들을 수집하기 위해 민첩성을, 신중한 결정을 하기 위해 정확성과 자제력을 발휘한다. 그리고 이러한 능력들은 그의 이성적·감성적 판단과 조화를 이루어 어떤 일을 결정하고 실행하는 데에 쓰인다.[6]

---

6 *Ibid.*, pp. 71−72.

이러한 밀의 관점은 간단하지만 설득력을 가지고 있다. 개인의 성장은 자유를 필요로 한다. 스스로 결정할 기회가 부족하다는 것은 스스로 적절한 결정을 내릴 능력을 발휘할 기회가 부족하다는 것이다. 개인의 능력은 실천을 통해 형성되고 향상된다. 우리가 다른 사람의 결정권을 부인하는 것은 그의 성장의 권리를 부인하는 것이다.

이러한 관점은 에디의 작품을 검열하는 것에 대한 강한 반대 입장을 대변한다. 검열은 '사상의 자유시장'이라는 생각에 반하는 것이다. 사상의 자유란 자유로운 개인들이 스스로 결정할 수 있도록 정보의 교환을 자유롭게 하고 그에 기초하여 무엇이 옳고 타당한지를 판단하는 것이다.

앞의 사례로 돌아가, 그 작품을 출판하게 되면 여러 사람들이 피해를 입을 것이라고 가정해 보라. 검열하는 사람들은 항상 검열이 더 큰 해악을 방지한다고 주장한다. 그래서 권력을 가진 사람들은 스스로가 옳거나 좋다고 생각하는 것을 다른 사람들에게 강요할 자격이 있다고 주장한다. 실제로 대부분의 검열자는 그들 자신이 좋은 일을 하고 있다고 믿고 있다. 그러나 에디의 작품을 검열하는 것은 에디가 자기 일에 대해 책임을 지고 과오를 깨닫고 성장할 기회를 부인하는 것이 될 것이다. 밀의 자유론은 이 사례에 직접적으로 적용될 수 있다.

그러나 에디의 입장을 쉽게 옹호할 수는 없다. 우선 밀의 다른 주장을 살펴보도록 하자. 자유관을 피력하면서 밀은 다음과 같은 제약조건을 추가하였다.

> 이 원칙이 성숙한 능력을 가진 사람들에게만 적용되어야 한다는 것은 두말할 필요가 없다. 우리는 법률상 성인으로 규정되어 있지 않은 어린이나 청소년들에 대해 말하고 있는 것이 아

> 니다. 아직 타인들로부터 보호를 받아야 할 사람들은 외적인 상해에 대해서뿐만 아니라 자신들의 행동으로부터도 보호되어야 한다.[7]

여기서 밀은 그가 그토록 강하게 두둔하는 권리가 법적으로 능력을 인정받지 못하는 사람들이나 어린이들에게는 적용되지 않는다고 주장하고 있다. 어째서 그러한가? 일반적인 대답은 아동들에게 있어서의 자유의 결과가 성인들에게 있어서의 그것과는 다르기 때문이라는 것이다. 앞의 인용문에서 밀은 아동들이 자기 행동의 결과로부터 보호될 필요가 있다는 점을 지적한다. 생각해 보면, 아동들은 행동의 결과와 영향을 평가하는 능력에 있어 성인들과 다르다. 따라서 그들은 자기 행동의 예기치 못한 해로운 결과로부터 보호될 필요가 있다.

밀이 직접 그렇게 말하고 있지는 않지만, 그는 또한 아동들뿐만 아니라 성인이라도 미성숙한 행동으로부터 보호될 필요가 있다고 생각하는 것 같다. 달리 말해, 자유로운 토론기회를 부여한다 해도 거기서 아무런 이득을 얻지 못하는 미성숙한 사람들에게는 비록 그 목적이 그들의 개인적 발전을 도모하는 것이라 할지라도 자유가 어떠한 이익도 가져다 주지 않기 때문에 자유를 억제하는 것이 보다 바람직하다고 주장하는 것이다.

따라서 이 사례는 또 다른 측면을 가지고 있다고 볼 수 있다. 에디가 미성숙하기 때문에 언론의 자유를 제한하는 것이 바람직하다고 생각할 수 있다는 것이다. 에디는 자기의 글이 베스에게 어떤 영향을 미치게 될 것인가에 대해 이해할 만큼 충분히 성숙하지는 않

---

7 *Ibid.*, p. 13.

았다. 사실 이 경우에 그가 언론의 자유를 향유함으로써 얻을 수 있으리라고 예상되는 이익이 실제로 생길 것인지는 의심스럽다. 학생들이 에디의 작품을 읽으면서 인간에 대한 이해나 감정을 보다 풍부하게 가지게 될 것이라고 생각하기는 어렵다. 오히려 그들은 워터스 선생님과 베스 간에 어떤 일이 벌어졌는가에 관해 지나친 상상과 험담만을 하게 되리라 보아야 할 것이다. 이러한 점을 생각해 볼 때, 그들이 자유로운 토론에 의해 진실을 추구할 수 있는 사람들이라고 생각하기는 힘들 것이다.

에디가 시행착오를 통해 무엇인가를 배우게 될 것이라는 것도 단언할 수는 없다. 아마 그럴 수 있을지도 모른다. 그러나 한편으로 그는 레인 선생님이 자신의 그러한 실수를 미리 막아 주었으면 좋았을 것이라고 레인 선생님을 탓하거나 원망할지도 모른다. 한편 그 글의 출판으로 인해 에디 자신이 피해를 입을 수도 있다. 많은 학생들은 그가 베스를 끌어들여 그렇게 비참하게 만든 것에 대해 분노할 수도 있다. 워터스 선생님이 분개하는 것은 개의치 않는다 하더라도 많은 친구들의 야유와 욕설에는 어떻게 대처할 것인가? 장기적으로 볼 때, 그 글의 출판은 에디에게 꽤 심각한 영향을 줄 것이다.

밀의 주장이 의미하는 바를 명백하게 하는 것이 중요하다. 밀은 아동들이 토론으로부터 아무 것도 배우지 못한다고 주장하는 것은 아니다. 또한 아동들에게 스스로 결정할 권리를 부여한다 할지라도 그들이 결코 아무 것도 배울 수 없다고 주장하는 것은 아니다. 뿐만 아니라 아동들은 그들이 하는 모든 것에 있어서 성인들의 세세한 통제를 받아야 한다고 주장하는 것도 아니다. 대신 그러한 통제가 성인들에게는 적용될 수 없겠지만, 그것이 아동들을 위한 것이라면 그들의 자유의 범위를 제한할 수도 있다는 것이다.

성인들은 자유권을 가지고 있다. 그들은 자신들의 행복을 위해 그 자유권을 보장받기를 원한다. 자유가 아동들에게 이익을 가져다준다는 믿음이 있을 때만 성인들은 아동들에게 자유를 부여한다. 이러한 관점에서 보면, 레인 선생님이 생각해야 할 것은 결과와 무관하게 에디의 글을 출판해야 하는지 아닌지 하는 문제가 아니라 에디의 글을 출판함으로써 초래될 결과가 그것을 검열함으로써 초래될 결과보다 더 좋은 것인지 아닌지 하는 문제이다. 어떠한 결정이 학생들의 내적 성장을 증진하는 데 가장 좋을 것인가?

4. 분 석

밀의 주장은 명백히 결과주의의 입장을 견지하고 있다. 실제로, 밀은 자신의 글 속에서 그가 공리주의적 근거에서 자유를 옹호한다는 점을 명백하게 밝히고 있다. 자유가 최대 다수의 최대 행복을 보장하는 중요한 수단임을 보여주고 있는 것이다. 표현의 자유와 언론의 자유가 옹호될 수 있는 것은 그것이 어떤 사상의 공리성(utility)을 확대하기 때문이다. 즉, 어떤 사상이 최대 다수에게 최대 행복을 가져다 줄 수 있는가 없는가 하는 것은 그 사상의 진실성 여부에 달려 있고, 진실은 그러한 자유에 의해 확보된다고 믿기 때문이다. 요컨대, 진리에 가까운 사상은 그릇된 사상보다 행복에 더 많이 기여한다는 것이다.

마찬가지로, 밀이 미성숙한 사람들의 자유를 인정하지 않은 것도 결과주의적 주장에 입각한 것이다. 성인과 아동의 자유가 서로 다른 이유는 성인과 아동에게 자유를 부여한 결과가 서로 다르기 때문이라는 것이다.

밀이 주장하는 바의 약점은 일반적으로 결과주의적 주장의 약점임을 알 수 있다. 무엇을 할 것인가를 알기 위해서 우리는 우리의 행위가 어떤 결과를 낳을지를 미리 알아야 한다. 그러나 우리들 가운데 정말로 에디의 글을 게재한 결과가 무엇인지를 확실히 알 수 있는 사람이 있는가? 마찬가지로 반대의 경우에도 우리가 어떻게 검열의 결과를 판단할 수 있는가?

앞에서 살펴본 바와 같이, 밀은 바람직스럽지 못한 결과가 발생할 수 있다는 점에서 아동들의 자유는 자유의 원칙에서 예외가 되어야 하는 것으로 취급하고 있다. 이러한 점에 우리가 동의하건 안하건 간에, 우리는 그 주장이 과연 아동들에게만 한정할 수 있는 것인가를 심각하게 생각해 보아야 한다.

최근에 몇몇 약국에서 독성물질이 든 약을 의사의 처방없이 상습적으로 제조·판매한 사실이 일간지를 통해 기사화된 바 있다. 이러한 실태가 신문에 보도되자 많은 사람들이 이를 모방해서 그 약을 제조하여 판매했으며, 제약회사에서는 이를 방지하기 위해 약의 제조에 이용되는 원액에 변조방지용 포장을 새로 하였다. 이에 따라 소비자들은 변조방지용 포장에 드는 추가적인 비용을 약값으로 더 지불하게 되었으며, 결과적으로 많은 손해를 입게 되었다. 신문보도에 따른 이러한 결과는 충분히 예상가능한 것이었다. 이와 비슷한 사례는 무수히 많다. 사실, 그 사건 자체는 국지적인 것으로서 공공성을 가진 신문이 보도할 만큼 뉴스로서의 가치가 있는 것도 아니었다. 그럼에도 불구하고 광역배포 뉴스로 기사화된 것은 의미있는 뉴스를 보도하기보다는 한 장이라도 더 팔고 광고수입을 올리려는 상술 때문이었을 것이다. 간단히 말해, 공공성을 가진 언론이 그러한 악용의 소지가 있는 사건을 보도했다는 점에서 그 보도기관은 무책임하게 행동했다는 것이다. 어떤 사람들은 그 때문에 생명을 잃게 될지도 모른다. 분명 우리 모두는 이 일로 인하여 상당히 불안한 상황을 맞이한 것이다.

언론의 자유가 사상의 교환보다는 상업적 이익을 위해 악용됨으로써 사실상 심각한 피해를 초래하는 경우는 무수히 찾아볼 수 있다. 현재 많은 부모들은 TV 앞에 아이들을 장시간 노출시킴으로써 취학전 아동들이 무분별한 멜로드라마를 보면서 자라는 결과를 초래하고 있다. TV의 교육적 영향력이 지대하고 그러한 드라마들이 가족관계의 중요한 모형을 아이들에게 제공한다고 생각해 보면 그것은 정말로 끔찍하다(TV의 대부분의 멜로드라마는 주로 부부 간의 불화, 이혼 등을 소재로 삼고 있다). 생각만 해도 끔찍한 이러한 일이 우리의 가정에서 벌어지고 있는 것이다.

자유로운 표현의 권리를 남용하거나 오용하는 이러한 많은 사례들이 검열제도를 실시해야 한다는 주장을 정당화하는가? 결과주의자라고 해서 이를 곧바로 긍정하는 것은 아니다. 그렇지만 결과주의자들의 주장은 검열제도의 옹호론자와 비슷한 논의의 구조를 가지고 있다. 결과주의는 바람직한 결과를 낳을 때는 자유가 좋은 것이지만 그렇지 않을 때는 나쁜 것이라고 주장한다. 그래서 결과주의적 사고방식은 자유를 위협할 수도 있다. 밀은 최소한 어른에게 있어서는 자유가 바람직한 결과를 낳을 것이라고 낙관하고 있다. 그러나 그의 생각이 잘못이라면, 즉 자유가 밀의 생각과는 달리 바람직하지 않은 결과를 낳는다면, 우리는 어느 정도까지 우리 자신의 자유를 제한해야 할 것인가?

다소 가상적이지만 좀 더 설득력 있는 예를 들어보자. 모든 인간들로 하여금 영원히 행복감을 느낄 수 있게 하는 방법을 어떤 과학자들이 알아냈다고 상상해 보자. 행복감을 느끼기를 원할 경우 사람들은 단지 병원에 가서 쾌감을 규칙적으로 자극하는 전기충격장치를 뇌 속에 심기만 하면 된다. 그들이 쾌감만을 느끼며 살기를 원한다면 영양주사를 맞으면서 여생을 병원침대에서 지낼 수도 있다. 생명유지 체계는 자기 조절적이고 균형 유지적이기 때문에 사람들은 별다른 신경을 쓸 필요가 없는 것이다. 이것을 알게 된 정부에서는 즉각 그 공리성을 계산하여 그것이 모든 사람들의 행복감을 극대화할 수 있는 방법이기 때문에 그것을 의무화하고, 어떤 사람들에게도 그러한 행복감을 거부하지 못하도록 규정한다.

이러한 일이 실제로 일어난다면 결과주의의 주장은 선택의 자유라는 기본적 권리를 부인한다는 것뿐만 아니라 내적 성장의 욕구를 행복감으로 대체할 수도 있다는 문제를 발생시킨다. 내적 성장이 없는 무지의 상태를 행복한 상태라고 보기는 어렵다. 그럼에도 불구하고 결과주의자는 그 행복감을 선호할 것이다. 그러나 밀은 이 문제에 대해 순수한 결과주의자와는 다른 견해를 제시한다.

> 만족스러운 돼지보다는 불만족스러운 인간이 되는 편이 낫고 만족스런 바보보다는 불만족스러운 소크라테스가 되는 편이 낫다. 만약 바보나 돼지가 다른 의견을 가지고 있다면 그것은 그들이 문제를 자기들 입장에서만 바라보기 때문이다. 그러나 비교의 상대인 인간이나 소크라테스는 양편의 입장을 다 알고 있다.[8]

이것은 옳은 생각이다. 그러나 결과주의의 주장을 견지하는 한 그것을 정당화하기는 대단히 어렵다. 그렇다면, 자유와 인간적 성장

---

8 John Stuart Mill, *Utilitarianism,* reprinted in *The Utilitarian*(New York: Doubleday, 1961), p. 410.

이 행복감보다 더 가치롭게 여겨지는 어떤 특별한 이유들이 존재한다고 보아야 할 것이다.

이제부터는 원칙주의의 관점에서 이 문제를 다루어 보기로 하자. 인간은 도덕적 주체이기 때문에 그 자체로 가치로운 존재라는 원칙주의적 관점의 핵심적 주장을 상기해 보라. 사람이 자신과 자신의 행동에 대해 책임을 지는 도덕적 주체라는 점은 목하 논의 중인 주제에 대해서 많은 것을 말해 주고 있다.

그것이 자유의 정당화 논리를 제공하고 있다. 사람들이 자신들을 도덕적 주체이고 자신의 행위에 대해 책임지는 존재라고 생각한다면, 그들은 자신들이 선택한 대로 행동할 권리를 주장할 것임에 틀림없다. 어떤 사람의 자유를 부인하는 것은 그 사람이 도덕적 주체가 될 기회를 부인하는 것이다. 그것은 그 사람의 가치와 존엄성을 무시하는 것이다. 자신의 행동에 대해 스스로 책임진다고 생각을 하는 사람들은 자신들의 선택이 타인에 의해 간섭받는 것을 방관하지 않을 것이다. 마찬가지로 그들은 타인의 선택에 대해서도 간섭하지 않을 것이다. 다만, 타인이 자신의 자유를 침해할 때만 타인에 대해 간섭하고자 할 것이다. 그러나 일반적으로 인간은 최대한의 자유를 추구하되 타인의 자유와 동등한 정도만을 주장할 것이다.

표현의 자유나 언론의 자유와 같은 기본권은 이러한 관점에 기초하여 옹호될 수 있을 것이다. 자신들의 행동에 대해 스스로 책임진다는 생각을 가진 사람들은 또한 책임 있는 선택을 할 수 있는 조건을 요구할 것이다. 선택에 필요한 정보가 차단되어서는 안되며, 다른 사람들과 토론하고 논쟁할 수 있는 기회가 보장되어야 한다고 주장할 것이다. 따라서 표현의 자유와 언론의 자유는 인간을 도덕적 주체로 인식하는 사회에 없어서는 안 될 필수적인 요소이다.

인간적 성장 역시 인간을 주체적인 도덕적 행위자로 되게 하는 데에 중요한 요소이다. 자신을 주체로 인식하는 사람들은 자신의 능력을 존중하고 계발한다. 책임 있는 결정은 자유롭게 이용할 수 있는 정보에 의존하기도 하지만, 그 정보를 이용할 수 있는 지혜와 능력에 크게 의존한다. 따라서 도덕적 주체는 합리적 판단을 할 수 있는 능력을 길러야 하고 결과적으로는 자신의 성장을 도모해야만 한다고 할 수 있다.

그런 사람들은 자신들의 자유와 인간적 성장을 존중하며, 그것들을 포기하면서까지 행복감을 얻으려고는 하지 않는다. 자신의 행동에 책임을 지는 사람은 자유를 다른 이익과 맞바꾸지는 않을 것이다. 그것이 자신의 도덕적 의무를 저버리는 어떤 행동을 강제하는 결과를 초래할 수도 있기 때문이다. 제2차 세계대전 후의 누렘부르크 재판에서는 전범에 대해 유죄를 판결하면서, 도덕적 주체는 타인의 명령을 행동에 옮기기 전에 그 행위의 도덕성을 평가해야 할 책임이 있다는 철학적 근거를 그 판결이유로서 제시하고 있다. 명령에 복종한다는 것이 결코 도덕적 주체의 악행을 변호할 수 없다는 것이다.

이러한 관점은 에디의 작품을 검열해야 한다는 주장에 반하는 근거가 될 수 있는가? 그렇다고 할 수 있다. 위의 원칙주의적 주장을 보면, 원칙주의자들은 자유를 절대적인 것으로 받아들여, 결과가 보다 바람직할 것이라는 이유로 타인의 자유를 억제해서는 안된다는 점을 강조한다. 따라서 레인 선생님은 무조건 에디의 작품을 출판하도록 허락해야 한다. 그러나 미성숙한 사람들에게도 그러한 정언명령을 적용한다면 어떤 일이 벌어지겠는가?

타인의 선택에 간섭하는 것을 인간행위의 보편적 규칙으로 삼자고 제안한다면 우리들 대부분은 이를 거부할 것이다. 그것을 절대로 우리 자신에게 적용하려고는 하지 않을 것이다. 우리는 누구로부터도 간섭받으려고 하지 않을 것이기 때문에 우리가 타인을 간섭하지 않는 것 또한 보편적 원리이다. 그러나 우리가 간섭을 필요로 하는 상황이 있지 않겠는가라는 질문에는 다소 다른 반응이 있을 수 있다.

만일 우리의 판단력이 미약한 상태라면 우리들 대부분은 기꺼이 간섭을 받으려고 할 것이다. 우리가 몽유병 때문에 잠결에 걷다 자주 계단에서 넘어지는 사람이라면, 우리는 간섭받기를 원할 것이다. 술에 취한 상태에서 고속도로를 질주하려고 할 때에도 우리는 누군가에 의해 간섭받기를 원할 것이며, 일시적인 착란상태에서 살인을 하려고 할 경우에도 마찬가지일 것이다.

진정한 도덕적 주체라면 자신이 도덕적 주체로서 행동할 수 없는 경우에는 반드시 간섭받기를 원할 것이다. 능력은 책임 있는 선택을 하기 위한 전제조건이다. '우리가 간섭받았다면, 무엇을 하고 있는지 우리가 알고 있었다면 달리 행동했을 텐데'라고 후회할 상황에서는 누구나 간섭받기를 바랄 것이다. 그러한 이유로 타인의 선택에 간섭하는 것은 원칙주의적 가치관과도 일치하는 것이다. 앞에서 가정해 보았던, '레인 선생님이 그 작품의 출판을 허용하지 않았었더라면 좋았을 텐데'라고 에디가 통한을 금치 못하는 상황을 상기해 보라. 이제 그 생각은 새로운 의미를 가진다. 몇 년이 지나지 않아 에디는 워터스 선생님에 대해 그런 식으로 앙갚음했던 것을 되돌아보면서 자신이 얼마나 어리석고 미성숙했던지를 후회하는 상황이 벌어지지 않겠는가?

성숙이란 것도 이 문제와 관련되어 있기는 하지만, 그것은 좀 더 특이한 방식으로 관련되어 있다. 지금 중요한 문제는 '에디가 과연 그의 행위에 대해 책임질 수 있을 만큼 충분히 성숙했는가'하는 것이다. 이 문제에 대한 대답의 타당성을 검증하는 가장 좋은 방법은 에디가 자기 행동의 결과에 대해 책임을 지게 되면 우리가 그를 책임 있는 성인으로 취급할 것인지를 자문해 보는 것이다. 그의 글이 타인들을 중상모략하고 있는 글이라고 해서 우리가 성인들에게 하듯 그를 고소할 수 있겠는가? 우리가 그러한 조치를 망설인다는 것은 에디가 책임 있는 선택을 할 능력이 충분하다고 확신하고 있지 않는다는 증거이다.

원칙주의의 주장에도 전혀 문제가 없는 것은 아니다. 결과주의자들과 마찬가지로 성숙에 관한 관점이 모호하다는 난점을 가지고 있다. 사람들은 단순하게 성숙한 혹은 미성숙한 인간으로 구분되지 않는다. 성숙이란 오랜 시간에 걸쳐 획득되는 다면적인 것으로 볼 수 있다. 거기에 법률적인 정의를 내리려는 것은 분명한 경계가 없는 영역을 억지로 분할하려는 일일 뿐이다. 그것은 본질적으로 자의적인 것이다. 이것은 원칙주의에 있어서는 보다 심각한 문제이다. 결과주의자는 단지 특정한 사람으로 하여금 특정한 시간에 특정한 선택을 하도록 허락한 결과에 대해서 묻기만 하면 된다. 이는 물론 대답하기 쉬운 질문이라고는 할 수 없지만, 일반적으로 결과에 대한 사실적 정보가 있는 상황에서 나오는 질문이기 때문에 비교적 대답하기 쉬운 질문에 속한다.

그러나 원칙주의자는 좀 더 어려운 질문을 해야 한다. 어떤 사람이 책임 있는 도덕적 주체로 취급될 수 있을 만큼 충분한 능력을 갖고 있는지를 결정해야 한다. 정신장애성 범죄 행동에 대한 처벌과 관련하여 우리 사회가 안고 있는 난점은 그와 관련한 중요한 문제를 암시하고 있다. 어느 정도로 능력 있는 사람이 충분히 능력 있는 것인지를 어떻게 결정할 것인가가 어려운 문제이다.

마지막으로 이 문제에 관한 원칙주의적 주장은 원칙주의의 일반적 난점에 기인하고 있다. 즉, 결과들을 무관한 것으로 취급한다는 것이다. 우리는 에디가 그의 행동에 책임을 져야 한다고 말해야 하는가, 아니면 그의 글을 출판하는 것과 그것이 베스에게 미치는 영향은 무관한 것이라고 말해야 하는가? 아니면, 책임 있는 도덕적 주체로서 자유를 향유할 에디의 권리와 모욕을 받지 않을 베스의 권리 양자 간의 균형을 찾는 것이 더 좋은 것이라고 말해야 하는가? 원칙주의의 주장은 행동의 결과를 도덕적으로 어떻게 평가해야 하는가에 관한 설명에서 대단히 취약한 측면을 드러내고 있다. 그 문제는 단지 직관에 의해서만 판단할 수 있는 문제는 아닌 것이다.

5. 새로운 해결 방법의 모색

우리는 다음과 같은 생각을 덧붙이면서 이 논의를 끝맺고자 한다. 첫째, 이 논의는 우리가 검열과 지적 자유에 관한 문제를 어떻게 바라보아야 하는가 뿐만 아니라 교육의 목적을 어떻게 보아야 하는가 와도 관련된다는 점이다. 결과주의자들은 교육이 선(good)을 증진하는 수단이라고 보고 있다. 선을 행복이나 성공이라고 보는 결과주의자들은 교육이 일차적으로 행복이나 성공을 만드는 장치라고 생각할 것이다. 따라서 결과주의자는 교육의 목적에 대해 다소 공리주의적인 생각을 가지고 있다고 볼 수 있다. 그들은 인간적 성장이 어떤 다른 것을 얻기 위한 수단, 즉 최대 다수의 최대 행복을 증진시키는 수단이라는 측면에서 가치가 있다고 생각한다.

그러나 원칙주의자는 교육을 도덕적 행위의 전제조건이라고 보고 있다. 교육은 인간으로 하여금 성숙한 능력을 가진 도덕적 주체가 되도록 도와준다. 교육은 학생들로 하여금 미래에 어떤 사람이 될 것이며 어떻게 타인들과 협력하여 생활할 것인가를 책임 있게 결정할 수 있도록 도와준다. 교육은 인간을 거듭나게 하는 활동인 것이다.

둘째, 앞의 처벌에 관한 논의와는 달리, 자유에 관한 논의에 있어서는 결과주의나 원칙주의 어느 것도 특정한 결론을 제시하고 있지 않다는 점이다. 제2장의 사례를 상기해 보면, 허드슨 선생님이 자신의 입장을 방어하기 위해서는 결과주의적 주장에 의존해야만 할 것이다. 그러나 이번 사례에서 레인 선생님은 검열여부를 결정하는데 어떤 관점의 도움도 받을 수 없었다. 두 관점이 모두 자유를 강하게 지지하고 있고, 아동에게까지 자유를 확대할 것인가라는 문제에 관해 성숙이라는 기준을 중요한 고려사항으로 설정하고 있다. 뿐만 아니라 두 관점은 모두 자유가 왜 바람직한 교육을 위해 중요한 환경적 요소인가 하는 이유를 나름대로 제시하고 있다.

그러나 우리의 논의가 무가치하다거나 무익하다고 말할 수는 없다. 이 두 관점의 교육적 의미는 서로 다르다. 특히 앞의 가상적인 미래사회의 예에서 볼 수 있었던 바와 같이, 어떤 입장을 견지하느냐에 따라 문제를 보는 관점과 그 문제를 해결하는 방식에서 상당한 차이가 나타날 수 있다. 어느 관점을 선택하느냐에 따라 도덕적 자율성을 포기하면서까지 행복감을 추구할 것이냐 행복감 대신 도덕적 자율성을 견지할 것인가 하는 결정에서 커다란 차이가 나타날 수 있는 것이다.

셋째, 이전의 사례를 살펴볼 때와 마찬가지로 여기서도 우리는 문제를 해결하지는 못했고 끊임없이 독자의 도덕적 직관을 자극하면서 동시에 도덕적 이론들을 통해 그러한 직관들의 타당성과 정당성을 검토하였다. 그러한 과정에서 우리는 항상 결론유보적인 입장을 취하였다.

그러나 우리는 단지 직관적인 도덕적 주장에 대해서 도덕적 이론들을 검증하는 것만을 한 것이 아니다. 우리가 좀 더 심사숙고했다면 그러한 도덕적 직관이 무엇이었는가에 대해서도 어떤 결론을 내렸을 것이다. 그러한 분석이 성공적이었다면 그것은 문제를 보는 새로운 방식을 제시하거나 생각지도 못한 것이 그 안에 내포되어 있다는 것을 보여 주었을 것이다. 그처럼 도덕적 이론과 분석은 도덕적 직관을 비판적으로 검증할 뿐만 아니라 적극적으로 우리의 도덕적 직관을 재구성하고 그것을 변화시키기조차 했다. 이것은 도덕적 성찰의 본질과 관련해서 명심해야 할 또 다른 증거이다. 결론유보적 결과에도 불구하고 분석과정은 우리의 사고와 도덕적 판단에 대해서 무력하지 않았다.

다음 장으로 넘어가기에 앞서 다음의 사례를 살펴보기 바란다. 첫 번째 사례는 "검열"이다. 그 사례를 역할놀이로 만들어 연습해 보면 그 자체로서 자유의 의미를 이해하는 데 대단히 좋은 경험이 될 것이다. 두 번째는 "대안학교" 사례로 교사에 대한 언론의 자유를 제한하는 문제를 다루고 있다.

6. 다른 사례

도서 및 교육과정 검열의 문제

존은 윌리암 중학교의 교장선생님이다. 그는 학생복지와 교육과정의 개선에 대해 늘 관심을 갖고 있는 양심적인 교장선생님이다. 그는 사친회(PTA)에도 적극적으로 참여하여 부모들이 학교에 대해 끊임없는 관심을 갖도록 유도하고 있다. 그래서 그는 자신이 행정을 효과적으로 수행하여 학교를 잘 운영하고 있다고 생각하고 있었다.

그의 이러한 자신감은 어느 날 오후, 학부모인 엠마로부터 걸려온 전화의 성난 목소리에 의해 돌연 깨지고 말았다. 그녀는 아이들이 학교에서 가져온 책을 남편과 몇몇 다른 부모들과 함께 자세히 살펴보았는데 그것들이 중학교 도서관에 비치하는 도서로 부적절한 것들이어서 항의 전화를 했다는 것이었다.

그녀는 그 예로서 쿠르트 본너거트의 <로즈워터에게 축복을>이라는 책을 지적했다. 이 책은 방탕하고 음란한 내용들뿐만 아니라 패륜적이고 비윤리적인 내용들로 가득 차 있다는 것이다. 이 책은 아이들이 읽기에 적합하지 않은 작품일 뿐만 아니라 학교 도서관에 비치하기에는 너무나 부적절한 책이라는 것이다. 덧붙여 그녀는 학교 도서관의 다른 많은 책들도 그와 같은 부류의 것들이라고 주장했다. 그녀와 관심 있는 부모들 중의 한 사람은 다음 사친회 모임에서 이 문제를 거론하기로 했으며, 학교 도서관의 책들을 검사해서 부적합 도서들은 처분하도록 요구할 것이라고 하였다. 필요하다면 법적 소송도 불사하겠다고 하였다. 그것은 학부모로서, 그리고 납세자로서 당연한 권리라는 것이었다.

이러한 문제가 학부모들 사이에서 제기되었다는 것에 대해 교장선생님은 놀라움을 금할 수 없었다. 그래서 그는 즉시 학교 사서인 제닝에게 전화를 걸었다. 그녀는 13년 동안이나 이 학교에 근무하면서 대부분의 도서들을 수집·관리해 왔고, 도서관 직원들 가운데에서도 인정받는 사람이었다. 또 그녀는 보수적인 윤리관을 가진 것으로 유명했고, 누구보다도 학부모들의 성향을 잘 파악하고 있었기 때문에 그러한 문제가 발생한 것은 대단히 의외였다.

교장선생님은 그녀가 학부모들의 주장에 대해 극구 부인하는 것을 듣고 당혹감을 느꼈다. 그녀가 판단하기로, 그 책들은 다른 학교 도서관에도 대부분 비치되어 있는 만큼 문제될 것 없는 현대 미국문학의 고전들이라는 것이었다. 그것은 연약한 인간의 모습, 서민들의 소박한 생활상, 삭막한 세상에서 찾아보기 힘든 인정미 등을 문학적으로 잘 표현하고 있다는 것이다. 이러한 종류의 작품들이야말로 학생들에게 읽혀져야 하며, 도서관에 비치된 거의 대부분의 책들은 다 그러한 것들이라는 것이었다. 그녀가 취급하고 있는 도서들을 그러한 편협한 시각으로 보는 것은 도저히 받아들일 수 없는 개인적인 모욕이라고 했다. 더구나, 장서들을 검열할 권리는 누구에게도 없기 때문에 그러한 입장을 지키기 위해서 그녀는 언제라도 강력하게 대응해 나가겠다는 것이었다. 이렇게 말하고는 전화를 끊었다.

교장선생님은 전화를 끊고 나서 생각에 잠겼다. 오후의 짧은 시간 동안에 많은 일이 벌어졌다. 학교의 평온함을 심히 위협할 뿐만 아니라 외부에까지 확대될 수 있는 문제가 발생한 것이다. 학부모들은 격분해 있었고, 사서는 검열받지 않을 권리를 주장하며 물러 설 기세를 보이지 않았다. 양측의 흥분을 가라앉히고 문제를 해결할 책임이 이제 그에게 주어져 있었다. 그는 문제의 서적들에 대한 뚜렷한 의견을 가지고 있지는 않았지만 그들을 화해시켜야만 했다.

그러나 그 후 일주일이 지나 열린 사친회 모임에서는 그 문제가 크게 악화되었다. 학부모들은 전략을 짜고 공동 전선을 구축해 놓았다. 엠마 씨가 다니는 교회의 목사인 캠벨이 그 대변자로 나섰다. 그는 본너거트의 책을 비롯해서 문제가 된다고 생각하는 몇몇 다른 저자들의 책들을 제시했다. 그는 그 책들이 모스크바의 서점가에서 인기 있는 것들로서 퇴폐적이고 반미국적이며 학교에 세속적 인간주의를 침투시키는 것이라고 주장했다. 그는 또한 학부모들은 그런 것들로부터 자신들의 아이들을 보호하기 위해 의견을 개진하고 그 의사를 반영할 권리를 가지고 있다고 주장했다. 그는 부정적으로 판단되는 책들을 도서관에서 추방해야 할뿐만 아니라 학교 교육과정에서 그러한 작품들이 어떻게 이용되는가를 학부모들이 검열할 권리를 가져야 한다고 주장했다.

이에 대해 사서인 제닝은 자신과 많은 교사들을 대변하여 도서관이나 교육과정에 대한 학부모들의 간섭은 학문적 자유를 침해하는 검열행위라고 주장했다. 그런 행위가 오히려 반미국적임을 알아야 한다고 항변했다. 그들은 외부의 어떠한 간섭도 결코 용납하지 않을 것임을 분명히 했다.

대화는 없고 고함만 난무하는 회의가 되자 교장선생님은 학교 이사회에서 조정안을 제시하겠다는 약속을 하고 회의를 마쳤다. 이사회에서는 많은 토론을 거쳐 조정안을 사친회에 제시하였다. 그 내용은 다음과 같았다.

1. 학부모는 도서관 장서나 교육과정에 대해 어떠한 변화도 요구할 수 없다.
2. 학부모는 도서관에서 학생들에게 특정한 책들을 빌려주지 못하도록 서면으로 요구할 수 있다.
3. 학생들은 학부모들이 문제가 있다고 판단한 작품과 관련된 숙제를 거부하거나 수업을 거부할 수 있다.
4. 도서관에 새로운 서적을 구입하거나 교육과정상의 어떤 변화를 추진할 경우 이를 사전에 검토·추천할 수 있도록 하기 위해 관심 있는 학부모들과 교직원들로 위원회를 구성한다.

교직원과 학부모 양측은 모두 이 조정안을 거부했다. 학부모측 대변인은 조정안이 실제적인 도덕적 쟁점을 회피하고 제기된 문제를 해결할 수 없는 것이라고 주장한다. 현재 도덕적으로 문제가 되는 책들에 대해 제재를 가할 수 없다는 것이다. 그는 단지 몇몇 학생이 아니라 모든 학생들을 보호하는 데 관심을 가져야 한다는 점을 강조한다. 새로운 방침에 따라 숙제나 수업을 거부하는 학생들은 암암리에 교사로부터 비난을 듣고 급우들로부터는 조롱을 받게 될 것이다. 그렇게 되면 그것은 오히려 학생들에게 해롭고 비교육적인 영향을 주게 될 것이다. 따라서 학부모측은 계속 교장선생님이 도서관에서 문제된 서적들을 처분하지 않는다면 학교이사회를 상대로 소송을 제기할 것이고 학생들을 학교에 보내지 않을 것이라고 선언했다. 그들은 자신들의 의견을 적극 수용하겠다는 사람들로 학교이사회를 새로 구성할 것이라고까지 으름장을 놓았다.

한편, 사서측은 조정안이 오히려 일종의 검열제도를 마련하는 것이라고 주장하면서 그것을 거부했다. 학부모측의 독단적인 관점을 공공 기관에 강요할 어떤 권리도 없다는 것이다. 또 그녀는 그 조정안이 사서의 안목과 교사의 전문성을 모독하는 내용을 포함하고 있다고 분개했다. 교원들도 학급에 대한 정당한 관할권을 포기하거나 외부의 압력에 굴복하지 않을 것이라고 선언하였다. 교원들은 학부모들을 상대로 맞고소할 태세가 되어 있으며 학문적 자유를 보호하기 위해서는 단체행동까지도 불사하겠다는 의지를 표명하였다.

교장선생님은 이 문제를 해결하기 위해 무엇을 해야 할 것인가?

논의 주제

1. 역할놀이를 통해 사례를 이해하여 보자. 공청회에 주요 인사, 학생, 교사들이 자신들의 견해를 피력하고 있다고 가정하자. 발표가 끝난 후에 각자의 주장을 뒷받침하기 위해 어떤 원리를 인용하였는지를 분석하라. 어떤 주장이 가장 설득력이 있어 보이는가? 그 이유는 무엇인가?
2. 이 사례에서 잠정적인 결론을 맺어 보라. 다른 사람들과 그것을 비교하라. 이러한 결론들이 실제 생활에서 나타나고 있는가? 어떤 요인이 가장 선호하는 결론을 보다 설득력 있게 만드는가?
3. 학생들의 성숙도에 관한 논의는 교사가 늘 고민하는 것 중의 하나이다. 교사들이 결정을 할 때 학교와 학년을 고려하여 참고할 만한 기준, 원칙, 규정 등을 만들 수 있을까?

고3 마지막 학기: 대안학급

대안학교가 새로운 것은 아니다. 그러나 마플그로브 고등학교에서 졸업반 학생들의 지도와 관련한 고질적인 문제를 해결하기 위한 대안으로 고려하는 것은 처음이다. 학생들은 대학에 합격한 후, 특히 조기에 합격이 결정된 후, 나머지 교육과정을 이수하는 것에 대해서 흥미를 갖지 못한다.

소수의 학생을 제외하고는 학생 대부분은 기계적으로 시간을 보낸다. 일부 학생들은 너무 해이해져서 졸업에 필요한 교과를 성공적으로 이수하지 못하는 경우도 있다. 교사와 학생 대부분이 이 기간 동안 대충대충 시간을 보낸다. 이러한 상황은 학교 문화의 하나로 묵인되고 있었다.

지난해 일부 교사들이 이 기간 동안 시간과 재능의 낭비에 대해 고민하였다. 대학 입학이 확정된 학생들을 위해서 정규 교육과정 시간에 학생들이 흥미와 도전의식을 가질 만한 대안프로그램을 제공하면 교육적으로 더 좋은 효과가 있을 것으로 생각하였다.

그들은 머리를 맞대고 논의하여 좋은 대안을 만들어 교장선생님에게 제안하였다. 그것은 매우 특이하지만 세밀한 계획과 모니터링이 가능하여 주 정부의 기준을 충족할 정도였다. 교장선생님은 이들의 제안이 시도할 만한 가치가 있다고 판단하고, 학교운영위원회에서 이 문제를 논의하였다.

그들은 학교운영위원들을 성공적으로 설득하여, 새로운 프로그램에 대한 승인을 받았고 2년 동안은 시범적으로 운영하고 그 결과를 면밀히 검토하여 향후 지속여부를 결정하기로 하였다. 윈섬과 로즈섬 두 교사가 이 프로그램을 책임지고 운영하였다. 20명의 학생이 이 프로그램에 참여하였고, 이 프로그램을 1년 동안 운영한 결과 성공적으로 운영된 것으로 보였다. 학부모들은 학생들이 이 프로그램에 적극적으로 참여하는 모습을 보고 만족하였다. 교사들은 프로그램의 목적을 달성하였다고 평가하였다. 학생들도 특별한 교육과정을 즐기고 있었다.

윈섬 선생님은 이 프로그램을 3학년 전체 학생들에게 확대 적용하기 위해서 1년을 더 시범운영하는 것은 시간 낭비라고 생각하였다. 윈섬 선생님은 교장선생님을 설득하려고 했으나, 교장선생님은 학교운영위원회에 작년에 보고한 내용을 상기하고 또한 연구자이자 교장선생님으로서 1년 더 시범운영이 필요한 이유를 제시하였다. 2년차에 시범 프로그램을 성공적으로 운영하여 보고 객관적으로 증거를 수집하는 것이 낫다고 보았다. 로즈섬 선생님은 교장선생님의 의견에 동의하였다.

윈섬 선생님은 자신이 옳다고 굳건히 믿고 있었으며, 무엇인가에 제한당하고 있다는 느낌을 받았다. 분명히 교육적으로 더 효과적인 프로그램을 내년에 바로 확대하지 못하는 것은 공정하지 못하다고 생각하였다. 그러나 교장선생님의 승인이 없이 학교운영위원회에 출석하여 요청하는 것 역시 잘못이라고 생각하였다.

그때 그녀에게 대안이 떠올랐다. 언론과 출판의 자유는 교장선생님과 다른 선생님들이 가장 강조하는 원칙이었다. 그녀가 생각한 방안은 지역신문 기자에게 시민의 한 사람으로서 대안프로그램의 장점에 대해서 알려서, 내년부터 공식 대안프로그램이 되어 모든 학생들에게 확대될 수 있도록 일반 시민들이 학교운영위회에 청원하도록 하는 것이었다.

이것은 완벽한 해결방안인 것으로 보였다. 그녀는 여러 집단의 사람들이 학교운영위원회에 와서 그들의 의견을 개진하고, 결국 자신의 생각이 옳다고 결론이 날 것으로 예상하였다. 이것이 1년 더 시범운영하는 것보다 빠를 것이라고 생각하였다. 그녀는 자유민주시민의 한 사람으로 지역사회의 이익을 위해 봉사하는 모습을 상상하였다. 그리고 펜을 들어 편지를 쓰기 시작하였다.

"편집자님께, ..."

논의 주제

1. 전문가로서 교사의 역할에 비추어 표현의 자유가 제한되어야 하는 상황이 있다고 생각하는가? 개인의 권리가 전문직의 사명에 의해 제한되는 때는 언제인가? 윈섬 선생님이 올바른 일을 하고 있다고 생각하는가?
2. NEA 윤리헌장을 보라. 이 사례와 관련된 조항이 있는가? 전문가들에게 특별한 사명이 주어져 있는가?
3. 진실규명을 위한 자유로운 논쟁과 진실규명을 위한 실증 실험 사이에 충돌이 있는가? 이 사례에 도덕적 진리, 과학적 진리, 교육적 진리가 관계되어 있는가? 이들이 결론에 도달하는데 서로 다른 과정을 겪게 되는가?

심화학습 자료

American Civil Liberties. http:www.aclu.org/studentsrights/expression/index.html

ACLU는 시민권 옹호 단체이다. 여기에서 학생들의 권리와 의사표현의 자유에 대한 정보를 얻을 수 있다.

Berlin, Isaiah. Four Essays on Liberty. London: Oxford University Press, 1969.

자유의 본질과 중요성에 관한 네 편의 고전을 담고 있다.

Fischer, Louis, David Schimmel, and Leslie R. Stellman. Teachers and the Law. 6th ed. Boston: Allyn and Bacon, 2003, Chapter 9.

교사와 학생의 자유로운 의사표현 권리에 관한 법을 다루고 있다.

Hazelwood School District et al. v. Kuhlmeier et al., 484 U.S.260 (1988).

Tinker v. Des Moines 판결의 적용 범위를 한정하는 대법원 판결이다.

Mill, John Stuart. On Liberty. New York: The Bobbs-Merrill Company, Inc., 1859/1956.

자유와 개인주의에 대한 고전이다. 2장은 사상과 논쟁의 자유를 강조한다.

Strike, K. A. Liberty and Learning. Oxford, England: M. Robertson, 1981.

교육에서 자유의 중요성을 논의한다.

Strike, K.(1985). A field guide of censors: Toward a concept of censorship in schools. Teachers College Record, 87: 2, 239-258.

교육에서의 검열문제를 다루고 있다.

Tinker v. Des Moines Independent School District 393 U.S. 503(1969).

학생의 권리에 대한 대법원의 판례이다.

THE ETHICS OF TEACHING

제 4 장

학생에 대한 평등한 대우

1 사 례
2 가상 논쟁
3 관련 개념
4 분 석
5 새로운 해결 방법의 모색
6 다른 사례

제 4 장

학생에 대한 평등한 대우

NEA의 윤리강령에는 다음과 같은 조항이 있다.

6. 인종, 피부색, 종교, 성, 국적, 혼인여부, 정치적·종교적 신념, 가문, 사회·문화적 배경, 성격 등에 따라
   a. 어떤 학생을 특정한 활동에서 배제하거나
   b. 어떤 학생에게는 불이익을 주고
   c. 어떤 학생에게는 특혜를 부여하는 등의 불공정한 행위를 하지 않는다.

1. 사 례

흑인 학생에 대한 특별 대우

엘리자베스 선생님은 테샤, 테샤의 아버지, 교장선생님과 함께 회의에 참석하였다. 안건은 테샤을 대수학 우등반에 편성하는 것이었다. 원칙대로 하면 테샤은 대수학 우등반에 편입할 수 있는 자격이 되지 않았다. 교장선생님은 이번에 예외적으로 테샤을 대수학 우

등반에 편입시킨다면, 나중에는 다른 학생 모두 받아들여야 한다면서 그의 편입을 반대하였다. 또한 학업능력이 떨어지는 학생을 우등반에 포함하게 된다면, 다른 학생들과 함께 하는 수업의 수준 또한 영향을 받게 된다고 주장하였다. 그렇게 되면 더 이상 우등반이 아니게 된다고 주장하였다. 우리는 우등반의 질적 수준을 유지할 필요가 있다. 그러나 테샨과 그의 부모는 우등반에 편입하기를 기대하고 있다.

대수학은 가장 기본적인 코스이다. 학생들이 이 과목을 수강하지 않거나 통과하지 않으면 대학에 진학하기 어렵다. 루즈벨트 고등학교에서 테샨은 대수학을 들어야 한다. 주정부의 교육과정상 9학년에게 필수 과목이다. 루즈벨트 고등학교에서 대수학 우등반은 대수학 일반반과 다르다. 일반 대수학을 듣는 학생들은 학습 준비를 해오지 않거나 수업에 큰 관심을 기울이지 않는다. 따라서 많은 학생들이 과락을 한다. 이 학교에서 중도 탈락자 35%의 상당수가 이 학급 학생들이다. 이 강좌를 통과한 학생들은 대개 더 이상 다른 수학 과목을 듣지 않는다. 만일 일반 대수학을 들은 학생들이 대학에 진학한다면, 대부분 지역의 전문학교에 진학하게 되며, 상당수는 대학 졸업 전에 그만둔다. 수업의 기대수준은 매우 낮은 편이다. 반면에 대수학 우등반을 이수한 학생들은 다른 수학 과목을 더 수강하고, 대부분 4년제 대학에 진학하며, 일부는 명문대학에 진학한다. 대수학 우등반은 강력한 선발 작용을 한다.

대수학 우등반은 잠재력이 있는 학생을 선별하여 다른 학생들과 분리하여 대학 진학에 유리한 교육을 하는 기능을 하고 있다. 테샨의 부모는 이러한 상황을 잘 알고 있었다. 그래서 그의 부모가 회의를 요청한 것이다. 그들은 테샨이 좋은 대학에 가기를 바라고 있으며, 대수학 우등반에 편입하는 것을 매우 중요한 문제로 인식하고 있다.

문제는 테샨이 대수학 우등반을 성공적으로 이수할 만큼 준비되지 않았다는 것이다. 그의 케네디 중학교 수학 성적은 좋은 편이 아니었다. 케네디 중학교 출신 학생들의 대부분은 대수학 우등반을 성공적으로 이수하지 못하였다. 루즈벨트 고등학교에 진학하는 두 개의 중학교 성적을 신뢰하지 않기 때문에 이 고등학교는 수학 배치고사를 별도로 실시한다. 테샨은 케네디 중학교 출신 중에서는 우수한 편이지만 대수학 우등반의 합격점보다 한참 아래였다. 대수학 우등반은 이미 정원을 채우고 있었으며, 이들 중에 합격점 아래의 학생들이 있었지만 모두 테샨보다는 성적이 높은 학생들이었다. 이들 학생의 대부분은 트루먼 중학교 출신이었다.

테샨의 부모는 출신 중학교의 차이를 강조하였다. 그들의 논리는 다음과 같다: 테샨은 재능이 있는 학생이나 중학교 때 학교의 문화가 학습을 강조하지 않았으며, 수학을 제대로 가르치지도 않았다. 케네디 중학교에 문제가 있다는 것을 고등학교에서도 인지하고 있다. 그리고 테샨은 자기 중학교에서 우수하였으며, 그의 성적은 우등반 합격점보다 크게 낮지 않다. 그가 중학교에서 제대로 교육을 받았다면, 트루먼 중학교 학생들보다 성적이 우수하였을 것이다. 테샨은 대수학 우등반에서 열심히 배우는 것이 매우 중요하다는 것을 알고 있으며, 열심히 공부할 것이라는 것을 우리는 믿는다. 좋지 않은 중학교에 진학하게 된 것은 그의 잘못이 아니다. 그러니까 이번에 그에게 기회를 주어야 한다.

엘리자베스 선생님은 테샨이 트루먼 중학교에 진학하였다면 지금보다 좋은 성적을 얻을 수 있다고 생각하여 그를 받아들이는 것에 찬성하였다. 트루먼 중학교 학생들은 더 좋은 교육을 받았으며, 우등반 학생들의 절대 다수가 트루먼 중학교 출신이다. 테샨의 부모님이 더욱 더 지원하고 그가 열심히 한다면, 그는 우등반을 성공적으로 이수할 수 있을 것이다. 그는 어쩌면 우등반의 다른 학생보다 우수한 학생이 될 수도 있다. 우등반에 추가로 한 명을 더 받을 수 있다. 게다가 테샨은 흑인이었다. 이 사실 또한 그를 특별 대우해야 하는 이유가 될 수 있다고 생각하였다. 흑인 학생, 특히 케네디중학교 출신의 학생들이 준비가 덜 된 상태로 고등학교에 진학하고 있다는 점에 공감하고 있었다. 선생님은 그들은 백인 학생들과 달리 성공할 수 있는 기회를 많이 갖지 못하고 있다고 생각하였다. 그러나 트루먼 출신의 백인 학생들에게는 기회를 주지 않으면서 테샨에게 기회를 주는 것이 과연 타당할까?

맹인 학생 수잔에 대한 특별 대우

클리버 선생님은 자신이 담당하고 있는 3학년의 학부모들과 회의를 하고 있다. 회의는 클리버 선생님이 학생들에게 제대로 하지 않고 있다는 것을 따지기 위한 것이 아니었다. 사실 그들은 클리버 선생님의 학생지도에 만족하고 있는 편이었다. 그들이 모인 이유는 선생님이 수잔에게 지나치게 잘해주는 것에 항의하기 위해서였다. 수잔은 맹인이었으며, 귀여운 편으로, 대부분은 수잔을 좋아하였다. 수잔은 매우 소심한 편이고, 그가 맹인이기 때문에 수업에서의 활동에 참여하지 않는 경우가 종종 있었다.

클리버 선생님은 수업 중에 수잔이 참여할 수 있는 과제를 제시하고, 수잔이 참여하기 어려운 활동들은 배제하였다. 예를 들어, 체육시간에 대부분의 학생들이 좋아하는 피구 대신에 이어 달리기를 하였다. 이어 달리는 다른 학생의 도움으로 수잔이 참여할 수 있기 때문이다. 반면에 피구에서 수잔을 참여시키기는 어려웠다. 또한 시각이 중요한 미술보다는 음악을 강조하였다.

클리버 선생님은 학생들에게 수잔을 참여시켜줄 것을 독려하였다. 그리고 팀별 활동에 수잔이 참여할 수 있도록 도와줄 수 있는 자원봉사자를 선정하였다. 기회가 될 때마다 수잔이 발표를 할 수 있도록 하였다. 때로는 수잔에게 특별히 개인지도를 하였다. 정확히 계산하지는 않았지만, 클리버 선생님은 수업시간의 4분의 1은 수잔을 돕는 데 사용하였다. 심지어 클리버 선생님은 수잔을 돕기 위해서 점자를 공부하기 시작하였다. 수잔에게는 점자를 읽어주는 특수교사가 있었지만, 항상 옆에 있는 것은 아니었다.

오늘 회의를 요청한 학부모들은 자녀들이 수잔과 함께 공부하는 것에 만족하고 있었다. 그러나 그들이 우려하는 것은 클리버 선생님이 수잔에게만 너무 많은 시간을 쓰고 자신들의 아이에게는 그만큼 관심을 두지 않는 것이다. 학부모들은 수잔이 처한 상황을 고려할 때, 클리버 선생님이 같은 반 학생들이 수잔을 도와주도록 격려하는 것은 문제가 없다고 하였다. 다만 수잔이 할 수 있는 활동으로만 수업을 구성하고 수잔에게만 너무 큰 관심을 두는 것은 그만큼 다른 학생들이 소외되고 다양한 학습을 할 기회를 빼앗기게 되는 것이라고 지적하였다. 이러한 맥락에서 수업시간에 마지막으로 그리기 활동을 한 것이 언제인지를 클리버 선생님에게 물어보았다. 클리버 선생님은 그들의 주장을 이해하였다.

2. 가상 논쟁

A: 민주사회에서 학교의 순기능 중의 하나는 모든 학생에 평등한 기회를 제공하는 것이다.

B: 내가 보기에, 학생들마다 차이가 있더라도 모든 학생을 참여시키는 것이 민주사회에서 학교가 맡은 주요 역할 중의 하나이다.

A: 모든 학생들이 동등하게 대우받지 못한다면 학교에서 모든 학생을 참여시킨다는 것은 의미가 없다. 동등하게 대우하는 것이 정의와 공정성의 원칙에 맞는 것이다. 윤리적인 교육자라면 의사결정에서 평등을 주요 원칙의 하나로 삼아야 한다.

B: 교육에서 사람들을 평등하게 대하고 있는가? 어떤 학생에게는 A를 주고 다른 학생에게는 D를 준다. A를 받은 학생은 명문대학에 진학할 수 있지만, D를 받은 학생은 명문대학에 진학하기 어렵다. 가난한 아이들에게 보충교육을 제공한다. 또한 영재나 장애 학생들에게 특별한 교육기회를 제공한다. 이러한 것들은 사람들을 평등하게 대우하는 것이 아니라 다르게 대우하는 것이다.

A: 사람들이 특정한 조건이나 결과에 있어서 차이가 있는데 그것을 무시하고 동일하게 대우하는 것을 평등한 대우라고 생각하는 것은 잘못된 것이다. A를 받은 학생은 D를 받은 학생보다 높은 성취수준에 도달하였기 때문이다. 평등과 정의는 차이를 가져오는 원인에 관심을 가져야 한다. 우리가 영재나 장애 학생에게 특별한 프로그램을 제공하는 것은 이들이 서로 다른 교육적 요구를 가지고 있기 때문이다.

B: 그렇다면 동일한 대우가 중요한 것이 아니라 차이가 중요한 것인가?

A: 내가 말하려는 것은 그것이 아니다. 평등한 대우는 특별한 대우를 해야 할 이유가 없는 한 동일한 대우를 해야 한다는 것이다. 차별적인 대우를 한다면 차별적인 대우를 받는 사람들

사이에 이를 정당화할 수 있는 차이가 있어야 한다. 만일 두 학생이 동일한 수준의 과업을 수행하였다면, 그들은 동일한 성적을 받아야 한다. 인종과 같은 개인적인 특성을 고려하여 서로 다른 성적을 부여해서는 안된다. 형평성은 내가 좋아하는 사람이기 때문에 좋은 성적이나 더 많은 기회를 주어서는 안된다는 것을 의미한다.

B: 그렇다면, 평등은 대우와 관련되는 조건이 동일하면 동일하게 대우하고, 그렇지 않으면 다르게 대우한다는 것을 의미하느냐?

A: 바로 그렇다.

B: 인종, 성, 가족의 경제력 등을 이유로 사람을 차별하여 대우해서는 안된다는 것인가?

A: 이제야 제대로 이해하고 있구나!

B: 아닌 것 같다. 이건 마치 누가 먼저인지에 대해 말장난하는 것 같다. 다른 예를 들어 보자. 보충교육의 경우에, 보충교육의 대상을 선정하기 위해서 우리는 인종이나 가족의 경제력을 고려하지 않는가? 영재교육이나 특수교육의 경우에도 비슷하다. 당신은 그들이 합리적인 이유로 다르다고 주장하고 있다. 영재학생들은 그들이 재능이 더 있다고 더 많은 지원을 받고, 특수학생들은 특별한 필요가 있다고 더 많은 지원을 받는다. 일관성이 없는 것 아닌가? 영재나 장애 학생이 아닌 일반 학생들에 대한 지원을 줄여서 이들에게 더 많은 지원을 하는 것은 공정하지 못한 것이 아닌가? 보통 학생들은 왜 교육적 지원을 받지 못해야 하는가?

A: 보충교육에 한정해서 논의하면, 정의는 기회가 없던 학생들에게 따라갈 수 있는 기회를 주어 실질적인 평등을 실현하는

것을 의미한다.

B: 그럴 수도 있다. 정의로운 사회에서는 부자에게 더 받아서 가난한 자에게 주어야 한다. 그러나 영재교육의 경우에는 가난한 사람에게 걷어서 부유한 사람들에게 주는 것 같다. 어떻게 이것을 정당화할 수 있는가?

A: 효용극대화! 영재들은 사회의 가장 중요한 인적 자원이다. 그들은 미래의 의사, 의학 연구자, 과학자, 공학자, 교육자 또는 정치 지도자들이다. 궁극적으로 그들이 좋은 교육을 받았을 때, 우리의 삶이 나아질 것이다.

B: 그렇다면 혼동이 된다. 그것이 사실이라면, 장애 학생들은 사회에 효용이 별로 없기 때문에 지원을 덜 해야 하는 것 아닌가? 어떻게 어떤 상황에서 무엇이 현재의 차이를 가져오는 적합한 원인이라는 것을 알 수 있는가? 어떠한 차별적 대우가 적합한지는 또 어떻게 알 수 있는가?

A: 글쎄, 내가 생각했던 것보다 어려운 문제이다!

B: 학생들을 평등하게 대우하기 위해서 서로 다른 프로그램을 제공하거나 지원을 받을 학생들을 구분하는 것은 오히려 우리 사회를 분열하는 것은 아닐까? 혹시 공정한 대우에 대한 걱정보다는 민주적 통합을 더 걱정해야 하는 것은 아닐까?

A: 그러나 우리는 서로 다른 사람들에게 동일한 서비스를 제공하는 방식으로 통합시키지는 않는다. 예를 들어, 스페인어만 하는 학생이 있는 학교에서 모든 학생을 대상으로 영어로 수업하는 것처럼. 통합은 차이를 인정하는 것이다.

B: 사람들을 평등하게 대우하기 위해서 차별적으로 대우한다. 그리고 통합하기 위해서 사람들을 구분한다. 머리가 아프다.

3. 관련 개념

Brown v. Board of Education이라는 기념비적 판결에서, 대법관인 Warren는 다음과 같이 서술하였다.

> 공공학교에서 백인과 유색인종을 격리하여 교육하는 것은 유색인종의 학생에게 치명적인 피해를 준다. 인종을 격리하는 정책은 흑인을 열등한 존재로 낙인찍는 것으로 해석되기 때문에, 이것이 합헌으로 인정되면 그 피해는 매우 막대하다. 열등감은 학생들의 학업 동기에 부정적인 영향을 준다. 인종격리 정책은 흑인학생의 교육적·정서적 발달을 저해하고 인종통합 학교에서 교육받을 때 누릴 수 있는 혜택을 상실하게 한다.

Brown v. Board 판결은 미국 교육에 지대한 영향을 미쳤다. 미국 학교에서 인종통합의 시작점이 되었을 뿐만 아니라 미국인의 삶에서의 불평등에 대한 심층적이고 포괄적인 조사를 시작하게 하였다. 이 영향으로 남녀차별, 성적 취향, 언어적 소수자, 그리고 장애인에 대한 불평등의 문제가 제기되었다. Brown 판결은 앞에서 제시한 두 가지 사례를 생각하는데 필요한 배경을 이해하는 데 도움을 준다.

Brown의 사례는 복잡한 요인들이 개입되어 있다. 여기에서 제시한 두 사례는 이 중 두 가지 요인과 관련되어 있다. 테샨을 우등반에 편입하고자 하는 선생님은 테샨이 흑인이라는 것을 고려하여 차별적 우대를 하고자 한 것이다. NEA 윤리헌장은 이것을 금지하는 것처럼 보인다. Brown 사례는 어떠한가? Brown 사례는 인종에 관계없이 동일한 대우를 해야 한다는 것을 보여준다. 그러나 수잔의 사례는 중요한 측면에서 다르다. 맹인인 수잔은 정상인인 다른 학생들과 동일한 방식으로 대우를 받으면 피해를 보게 될 것이다.

Brown 판결은 두 가지 측면에서 해석의 문제가 제기된다. 하나는 흑인에 대한 교육기회의 평등이다. Brown 판결은 평등에 대한 요구의 근거로 심리이론을 제시하였다. 인종격리는 흑인에게 열등감을 초래하고 이는 학업성취와 이후 인생에서의 열등감과 연결된다는 것이다. 따라서 인종격리는 교육적 피해를 주기 때문에 불법이라는 것이다.

Brown 사례에서 이러한 주장의 약점을 보자. 우선 심리이론이 정확하지 않을 수 있다. 흑인에 대한 평등한 권리 보호를 논쟁의 여지가 있는 심리이론에 의존할 필요가 있는가? 만일 심리이론이 사실이 아니라고 밝혀졌다고 생각해 보자. 즉, 인종차별이 교육적 해를 입히지 않는다면, 인종차별이 윤리적으로 받아들일 수 있다고 결론을 내릴 수 있을까?

다음으로 Brown 판례는 민주사회에서 중요한 것에 대한 근본적인 관점을 보여준다. 순수한 의미의 민주사회는 모든 구성원을 가치있게 여기고 그들을 동일하게 대우하는 사회이다. 민주사회에서 개인에게 완전한 존엄과 존경이 주어진다. 인종격리와 관련된 문제는 한 집단이 다른 집단에 의해 가치가 절하된다는 것이다. 인종격리는 흑인이 강제적으로 백인과 분리되어 다른 학교로 편성되는 것이 법적으로 용인되는 것으로 흑인에 대한 가치절하를 의미한다. Brown 판례는 흑인은 가치가 없거나 정치적으로 열등한 존재로 인식하는 사고를 배척한다. 이 판례는 흑인이 백인과 같이 가치 있는 존재이고 동등한 대우를 받아야 함을 주장하는 것이다. 이것은 단지 교육적 평등이나 인종격리의 교육적 결과에 관한 것이 아니다. 이것은 평등한 시민의 가치, 존엄, 평등한 대우에 관한 것이다.

Brown 판례에 대한 이러한 분석은 이 장에서 제시하는 두 사례를 분석할 때 활용할 수 있는 두 가지 관점을 제공한다. 하나는 동등한 기회를 강조하는 것이고, 다른 하나는 이 원칙을 민주사회의 관심으로 확장하는 것이다. 두 사례의 첫 번째 공통점은 차별적 대우의 적합성이다. 사례에서 두 학생은 모두 다른 학생들과 다른 특징을 가지고 있다. 테샨은 백인이 다수인 학교에서 흑인이다. 수잔은 시각 장애를 가지고 있다. 그래서 다른 학생들과 다른 이러한 차이에 따라 차별적 대우를 하는 것이 정당한지와 그렇다면 차별적 대우의 한계는 무엇인지를 검토할 필요가 있다.

두 번째 공통점은 한정된 자원의 배분과 관련이 있다. 첫 번째 사례에서 테샨은 소수자의 한 명이고 이 이유로 대수학 우등반에 편입하고자 한다. 우등반은 한정된 자원이다. 우등반에 편입하고자 하는 학생 모두가 들어갈 수 있는 것은 아니다. 또한 다른 학생들도 우등반에 편입하고 싶어 하며, 그중 일부는 테샨보다 자격요건을 충족하고 있다. 그리고 테샨이 편입하게 되면 선생님은 그가 우등반에 적응할 수 있도록 지원하기 위해서 다른 학생보다 그에게 더 많은 시간을 투자해야 하고 전체적인 진도가 늦어질 수 있다. 테샨이 흑인이라는 이유로 편입하게 되면, 그보다 자격요건을 가진 학생은 배제되는 문제가 발생하여 공정하지 않을 수 있으며, 선생님은 다른 학생을 희생하면서 그에게 특별 대우를 하게 되는 문제가 있다. 우등반의 편입과 우등반의 질적 수준 유지는 모두 한정된 자원으로 경쟁의 대상이 된다.

두 번째 사례에서 한정된 자원은 교사의 시간이다. 선생님은 수잔을 위해서 많은 시간을 투자한다. 이 시간은 다른 학생들을 위해 사용할 수도 있는 시간이다. 수잔의 장애가 선생님이 수잔에게 더 많은 시간을 투자하는 것을 정당화할 수 있는가? 더욱이 선생님은 수잔에게 도움이 되도록 수업 방법을 변경하여 다른 학생들이 경험할 수 있는 다양한 활동을 제한하였다. 수업도 하나의 자원이고, 수업방식에 따라 일부 학생들이 다른 학생보다 혜택을 받을 수 있다. 그렇다면 선생님의 수업방식은 다른 학생들을 희생하면서 수잔에게 혜택을 주고 있는 것이다.

이러한 것들은 철학자들이 분배의 정의라고 부르는 것들과 관련된다. 사회의 여러 기관들은 사람들에게 한정된 자원을 배분한다. 직업, 소득, 지위, 권력 등이 그 예이다. 정의롭게 또는 그렇지 않게 분배될 수 있다. 학교도 그러한 기관 중의 하나이다. 교사 또는 미래의 교사로서 당신의 시간과 교수방식 또한 공정하게 또는 불공정하게 배분될 수 있는 자원이라는 것을 인식하는 것은 매우 중요하다.

아리스토텔레스(B.C. 384~322)의 정의의 개념부터 보자. 아리스토텔레스는 '같은 것은 같게, 다른 것은 다르게' 대우하는 것이 정의로운 것이라고 하였다. 같은 것은 같게 대우하는 것이 의미하는 것은 유사한 특성을 가진 사람은 동일하게 대우받을 권한이 있음을 의미한다. 예를 들어, 대수학 우등반의 입학조건이 이전의 수학성적이나 배치고사의 점수라면, 점수가 같은 두 학생은 같은 대우를 받아야 한다. 둘 다 합격하거나 둘 다 떨어져야 한다.

그러나 사람들이 특정한 기준에서 차이가 있다면, 그들은 서로 다른 대우를 받아야 한다. 수잔과 같이 시각장애가 있는 학생에게 일반학생들이 읽을 수 있는 책을 교부하는 것은 공정하게 대우하는 것이 아니다. 공정성은 적합한 기준에 따라 서로 다른 대우를 하는 것이다. 학생들 각자 읽을 수 있는 교재를 받아야 하는 것이다. 그렇기 때문에 시각장애인에게 특별한 교재를 지급해야 하는 것이다.

이러한 정의의 개념이 실제에 적용되기 위해서는 두 가지 질문에 대답할 수 있어야 한다. 첫째, 우리는 적합한 기준이 무엇인지 알아야 한다. 직관적으로 볼 때, 교육에서 학생의 필요, 흥미, 능력 등이 적합한 기준으로 보인다. 그러나 인종이나 성별(그리고 NEA의 윤리헌장에서 제시한 다른 특성들)은 적합한 기준이 아닌 것으로 보인다.

만일 인종이 차별의 적합한 기준이 아니라면, 테샤을 대수학 우등반에 편입시켜서는 안된다는 결론에 이르게 된다. 그를 동일한 자격을 가진 다른 학생들과 동일하게 대우한다면, 그를 우등반에 편입시킬 수 없다. 그가 소수 인종이라는 것은 어떠한 차이도 가져오지 않는다. 그러나 이와 관련하여 더 논의할 것이 있다.

수잔에게는 다른 학생들과는 다른 중요한 차이가 있다. 수잔은 시각장애인이다. 정의론에 따르면 수잔은 다른 대우를 받아야 한다. 그렇다면 어떠한 다른 대우를 왜 받아야 하는가? 그녀가 점자책을 읽을 수 있는 방법을 배워야 하는 것은 명확하다. 일반적인 책은 그녀에게 아무런 도움이 되지 않는다.

그런데 수잔에게 장애가 있다는 사실 때문에 선생님이 다른 학생보다 수잔에게 더 많은 시간을 써야 한다는 책임을 가져오는가? 게다가 수잔은 현재 특수교사로부터 정기적인 특별 도움을 받고 있다. 선생님은 수잔을 위해 학교 예산을 사용한다. 이것은 다른 학생들에게는 쓰지 않는 돈이다. 시간과 돈은 한정된 자원이다. 한 사람이 얻으면 다른 사람은 얻지 못하는 것이다. 수잔이 선생님의 시간을 더 필요로 할지 모른다. 그러나 수잔에게 더 많은 시간을 투자하기 때문에 다른 학생들에 대한 시간이 줄어드는 것이 정당화되는 것은 언제일까?

Brown 판결을 이해하는 두 가지 방식(교육기회의 평등과 민주적 공동체)으로 이러한 문제들을 검토할 수 있다. 교육기회의 평등을 목적으로 한다면, 교육을 시장에서 분배되는 재화를 위한 경쟁을 공정하게 해주는 것과 같은 것으로 볼 수 있다. 시장경제를 원칙으로 하는 사회에서 경쟁에 의한 경제적 성공 여하에 따른 지위와 수입의 차이는 정당한 것으로 받아들여진다. 그리고 그 경쟁이 공정하기를 바란다. 우리는 공정한 기회를 원한다. 이것이 Brown 판결에서 강조한 것이다. 인종격리는 우리 사회에서 성공에 큰 영향을 주는 학업성취에 영향을 준다. Brown 판결은 동일한 임금이나 동일한 성취수준을 요구하지 않는다. 공정한 경기의 조건을 요구한다.

기회의 균등은 두 부분으로 나누어 볼 수 있다. 첫째, 경제적 성공이 그 사람의 성공가능성이나 그의 부모가 누구인지가 아닌 그 사람의 실적에 의해 결정되는 사회를 원한다. 그렇다면 우리는 그 사람이 자리에 맞는 적합한 자질을 갖춘 사람을 채용해야 한다. 토목기사를 뽑을 때 다른 사람보다 나은 토목기사를 채용하는 것은 정당하다. 그러나 그 사람의 인종, 부모의 재력, 또는 성별에 따라 채용하는 것은 공정하지 못하다. 그러나 이것만으로 충분하지는 않다. 시장에서 분배되는 재화를 얻기 위한 경쟁이 공정하기 위해서는 경쟁에 필요한 자격을 획득할 수 있는 기회를 공평하게 제공하여야 한다. 이것이 공교육의 기본 목적이다.

또 다른 관점은 우리가 민주적 공동체를 형성하기를 바란다는 것이다. 여기에서 민주적 공동체는 지도자가 선출되는 정부형태를 의미할 뿐만 아니라 모든 사람이 동등하게 가치 있는 존재로 여겨지고 존경과 존엄으로 대해지는 공동체를 의미한다. 민주적 공동체인지를 알아보는 방법 중의 하나는 구성원 중 가장 취약하거나 취약해질 수 있는 사람들을 어떻게 배려하는지를 보는 것이다. 이러한 관점에서 교육은 공정한 경쟁의 장으로서의 역할을 지니고 있을 뿐만 아니라 학생들이 타고난 재능이나 역량 또는 장애에 관계없이 동등하게 대우를 받는 공간이어야 한다.

두 관점의 가장 큰 차이는 학생들이 서로를 어떻게 대우하여야 하는지에 대해 교육하는 데 있다. 기회의 균등은 공정한 경쟁에 관한 것이다. 여기에서 학생들은 학점, 상급학교 진학, 그리고 취업과 임금을 위한 경쟁자들이다. 교사들이 일부러 이러한 사실을 강조하고 학생들이 서로 이렇게 보도록 유도할 필요는 없다. 그러나 이것이 우리 사회와 학교의 현실이다. 반면에 우리가 민주적 공동체를 지향한다면, 우리는 서로를 경쟁자로 보지 않는다. 오히려 우리가 함께 협력하여 발전한다는 관점을 가진다. 공공의 이익을 강조하고 가장 약한 자를 배려하는 것을 강조한다.

이제 기회의 균등과 민주적 공동체 두 가지 관점 모두를 통해 앞의 사례를 보자. 기회의 균등의 관점에서 볼 때, 테샤을 대수학 우등반에 편입시켜야 하는가? 처음에 볼 때, 편입시켜서는 안될 것으로 보인다. NEA 윤리헌장이 규정하듯이, 기회의 균등이 의미하는 것은 인종의 이유로 어떠한 학생에게도 특별한 혜택을 주어서는 안 된다는 것이다. 선생님은 학생이 흑인이라는 이유로 자격에 미달하는데도 받아주자고 주장하고 있다. 기회의 균등 관점은 그가 흑인이기 때문에 그에게 특혜를 주는 것을 반대하는 것이 아니라 특정 집단에게 특혜를 주어서는 안된다는 것을 의미한다.

그러나 이러한 결론은 성급한 것일 수 있다. 왜냐하면 테샤이 자격에 미달한 것이 중학교에서 평등한 기회를 갖지 못하였기 때문일 수 있다. 사례에서 그가 나온 케네디 중학교의 수준이 이웃하는 트루먼 중학교보다 못하다는 것을 언급하였다. 게다가 케네디 중학교에는 상대적으로 가난한 학생들과 소수 인종이 많이 재학하고 있다. 이러한 상황을 종합적으로 볼 때, 테샨은 중학교 때 공평한 기회를 얻지 못하였으며, 이러한 사실은 어느 정도 그의 인종과 관련이 있다고 볼 수 있다.

이렇게 결론을 맺으면, 뒤따라야 할 조치는 무엇일까? 일반적으로 정의가 훼손되었을 때, 우리가 기대하는 것은 정의가 훼손되지 않았을 때 그가 누릴 수 있을 것으로 보이는 상황으로 회복시켜주는 것이다. 테샨이 트루먼 중학교의 교육수준으로 교육을 받았더라면, 그는 대수학 우등반의 편입 조건을 충족하였을 것으로 볼 수 있다. 그렇다면 이러한 문제를 해결하기 위해 그의 위치를 회복시켜줄 필요가 있다. 이러한 논리로 보면 테샨을 우등반에 편입시켜야 한다. 아마도 이러한 추론을 통해서 선생님이 테샨을 우등반에 편입시켜야 한다고 주장하였을 것이다.

민주적 공동체의 관점에서 테샨의 사례를 분석하면 어떤 결론에 이르게 될까? 다음의 주장을 고려해 보자: 전형적인 민주적 공동체의 한 가지 특징은 구성원 모두를 동등하게 가치 있는 존재로 여기는 것이다. 그러나 우리가 특정한 공동체를 상정하고 이를 볼 때, 일부의 사람들은 구조적으로 덜 선호하거나 선호하지 않는 위치를 점하고 있다. 이것이 무엇을 의미할까? 이것은 일부 사람들이 다른 사람들보다 가치로운 존재로 대우받는 것이다.

여기에서 주목할 것은 제도와 관행은 모종의 신념과 지향성에 바탕을 두고 있다는 것이다. 미국에서 우리는 소수자나 가난한 사람들을 다른 사람과 동등하게 대우하지 않는 것을 종종 본다. 예를 들어 흑인은 백인과 비교해서 가난하게 살 가능성이 크고, 실업자가 될 가능성이 크고, 열악한 주거공간에서 살 가능성이 크고, 감옥에서 지낼 가능성이 크다. 좋은 직장이나 자리에 있는 사람들을 분석하여 보면 흑인의 비율이 상당히 낮다. 흑인 의사, 법률가, 기술자, 경영자 등이 매우 적은 편이다. 학교도 상당 부분 인종별로 나뉘어 있다. 흑인 중심의 학교는 백인 중심의 학교보다 예산이 적게 지원되며, 흑인 중심의 학교들이 학업성취수준이 낮은 편이다. 우등반이나 AP코스에는 대부분 백인학생들이 등록되어 있다. 이러한 상황들을 볼 때, 모든 사람들을 가치 있게 여기고 동등하게 대우하는 민주적 공동체가 어느 정도 실현되었다고 할 수 있을까? 백인이 흑인보다 더 가치 있게 여겨지는 것으로 보인다.

Brown 판결이 주는 시사점 두 가지를 여기에 적용시켜 보자. 기회의 균등에서 볼 때, 학업과 인생에서의 성공에서 학교교육이 미치는 영향에 대해 관심을 가져야 한다. 민주적 공동체의 측면에서 볼 때, 누가 존중을 받고 누가 그렇지 않은지를 보아야 한다.

테샨의 사례를 민주적 공동체의 관점에서 보면, 테샨을 우등반에 편입시키는 것을 정당화할 수 있는 또 다른 근거가 있게 된다. 테샨을 우등반에 편입시키는 것은 훼손된 정의를 바로 세우고 우리 사회를 민주적 공동체로 만드는 것에 도움이 된다. 우등반이 압도적으로 백인으로 구성되어 있다는 것은 우리에게 미국 사회는 흑인보다 백인을 존중한다는 메시지를 전달한다. 모든 사회 기관들의 인종적 구성을 전체 사회의 인종 구성 비율과 비슷하도록 만드는 조치를 취한다면, 우리는 우리 사회에서 모든 사람이 가치가 있고 동등하게 대우받는다고 할 수 있다. 테샨을 우등반에 편입시키는 것은 민주적 공동체를 구성하는 하나의 조치이기 때문에 정당화될 수 있다.

민주적 공동체의 관점과 관련하여 추가적으로 논의할 사항이 있다. 이 관점이 단지 흑인에게만 적용되는 것은 아니다. 이 관점은 사회의 모든 약자에게 적용되는 것이다. 또한 중요한 점은 테샨을 우등반에 편입시키는 것이 중요한 것이 아니라 그가 그 과정을 성공적으로 마칠 수 있다는 점에 유의해야 한다. 성공할 수 없는 자리에 배치하는 것은 훼손된 정의를 바로 잡는 것이 아니다. 케네디 중학교에는 테샨의 경우와 비슷한 학생들이 더 있을 수 있다. 그러나 여기에서 그들에 대해서는 논의하지 않는다. 왜냐하면 테샨의 부모처럼 우등반에서의 성공가능성을 제시하지 않았기 때문이다.

마지막으로 논의할 문제는 특정 집단이 집단으로서 특정한 권리를 가지고 있는가이다. 여기에서 논의하지 않지만, 우리의 논의는 이것을 전제하지 않았다. 우리는 테샨이 흑인이기 때문에 우등반에 편입할 수 있는 권리가 있다고 주장하지 않았다. 우리는 많은 흑인이 구조적으로 불리한 위치에 있을 수 있으며, 이러한 문제를 바로 잡기 위해서 판단 기준의 하나로 인종을 사용하는 것이 정당화될 수 있다고 본다.

수잔의 사례는 또 다른 이유로 복잡한 사례이다. 기회의 균등 원칙에서 볼 때, 수잔이 점자를 읽을 수 있도록 교육받아야 하는 것은 명확하다. 형평성의 의미는 모든 사람을 동일하게 대우하라는 것이 아니라 적합하게 대우하라는 것이다. 최소한 수잔은 도움이 되는 형태의 교육을 받을 권리가 있다는 것이다. 이를 위해서 다른 학생보다 더 많은 지원이 필요하다면, 수잔에게는 더 많은 자원을 요구할 권리가 있다. 이 사례에서 얼마나 더 많은 지원이 적절한지는 판단할 수 없다. 그렇다고 수잔에게 수잔이 맹인이 아니라면 할 수 있을 정도까지 할 수 있도록 필요한 모든 지원을 받을 수 있는 권리가 있다고 보지는 않는다. 또한 수잔을 위해서 다른 학생들에 대한 지원을 줄였을 때 보는 손해와 수잔이 보는 이익의 균형을 맞추어야 한다고 보지는 않는다. 그러나 실제에서는 이익의 균형을 맞추는 것 같다.

선생님이 수잔을 위해서 취한 조치들은 민주적 공동체의 입장에서 정당화될 수 있다. 민주적 공동체의 두 가치 원칙으로 살펴보자. 첫째, 우리는 모든 사람을 가치 있게 여기고, 동등하게 대우해야 한다. 이것은 구성원 중 약자를 포함한다. 민주적 공동체에서 우리가 사람들을 가치 있게 여기는 것은 그들이 매력적이거나 잠재력이 있어서가 아니라 그저 사람이기 때문이다. 학급이 민주적 공동체인지 확인하는 방법 중의 하나는 모든 학생을 인종에 관계없이 동등하게 대우하는지를 보는 것이다. 다른 하나는 장애를 가진 학생들을 완전히 통합하여 교육하려는 의지와 역량이다. 선생님은 수잔이 완전히 학급의 일원이 되도록 열심히 노력하였다. 민주적 공동체의 관점은 선생님의 이러한 노력을 정당화한다.

둘째, 민주적 공동체의 형성에 근본이 되는 가치를 구성원들이 공유한다. 이러한 가치 중의 핵심은 다른 사람을 존중하는 것이다. 선생님의 노력은 수잔의 존엄성을 존중하는 것뿐만 아니라 학급의 구성원인 다른 학생들에게 이러한 가치와 그 가치의 실현을 가르치려는 것이다. 선생님은 민주적 공동체의 핵심 가치를 도덕 교육의 형태로 학생들에게 가르침으로써 민주적 공동체를 형성하고 있는 것이다.

4. 분 석

우리는 분배적 정의의 관점에서 두 사례를 보았다. 분배적 정의는 우리 사회에서 누가 무엇을 얻을지를 결정하는 사회기관 또는 제도의 정의에 관심을 갖는다. 분배적 정의와 관련된 문제는 한 사람이 얻는 것과 다른 사람이 얻는 것이 상충하는 의사결정에서 생긴다. 우리가 앞에서 본 두 사례 모두 이익 상충의 문제가 있다. 테샤이 우등반에 편입되면, 다른 누군가가 편입할 수 없거나, 우등반의 다른 학생들의 이익에 영향을 준다. 수잔을 위한 선생님의 시간 역시 다른 학생들이 포기해야 하는 시간이며, 수잔에게 적합한 수업이 다른 학생들에게는 그렇지 않을 수 있다. 이러한 상황에서 이해관계자들 모두 이익을 얻을 수 있는 방안이 있는지 고민하는 것이 유용하지만, 그런 방안이 없는 경우가 종종 있다.

결과주의 관점은 이러한 사례를 분석하는 데 분명한 방법을 제공한다. 효용극대화 원칙에 터한 논의는 자원의 분배에 관한 결정은 최대 다수의 최대 행복을 가져오는 대안을 선택하여야 한다는 전제로 시작한다. 교육 자원을 어떻게 분배하는 것이 평균 효용을 높일 수 있을 것인가? 우리가 어떤 효용을 추구하고 있는지를 정의하기 어렵고, 대안이 누구에게 영향을 주는지 알기도 어렵지만, 그 문제 자체에 대한 대답도 어렵다. 테샤과 수잔의 사례에서 선택은 그들의 가족, 지인, 학교나 학급에 있는 다른 학생들에게 영향을 줄 것이다. 영향은 호수에 있는 잔물결 같아서 널리 퍼져 나간다. 따라서 이들이 미친 영향을 파악하기는 매우 어렵다. 우리가 고려하는 대안이 매우 다른 종류의 효용에 영향을 줄 수 있다. 학업성취, 대학진학, 교우관계 그리고 성품의 발달에 영향을 줄 수 있다. 이러한 종류의 효용을 서로 비교하기 어려울 뿐만 아니라 효용으로 산출하기가 매우 어렵다.

그래서 효용극대화의 원리를 활용하기 위해서는 단순화된 가정을 설정해야 한다. 우리가 관심이 있는 이익에 한정해서 조작적으로 정의해야 하고, 영향을 받게 되는 사람들을 확정해야 한다. 예를 들어, 수잔의 경우에는 수잔의 학급 학생들에 한정하고, 테샤의 경우에는 대수학 우등반 학생들에 한정하여 이들의 효용을 계산한다. 우리는 두 가지 효용을 고려한다. 학생들의 평균 학업성취에 미치는 영향을 강조한다. 학업성취를 강조하는 이유는 이것이 향후 경제적 성공과 관련이 있다고 믿기 때문이다. 또한 국가의 번영의 측면에서 효용을 살펴본다.

단순화하여 볼 때, 효용극대화의 원칙은 우리가 의사결정에서 인종을 고려할지에 대한 논거를 제시할 수 있다. 일반적으로, 인종은 한 사람이 교육적 기회를 어떻게 활용할지와 관련이 없기 때문에 교육에서 인종은 고려대상이 되어서는 안된다. 따라서 인종을 고려하여 교육기회를 배분하는 것은 비효율적인 배분이다. 자원의 비효율적인 배분으로 학생들은 덜 배우게 된다. 효용극대화의 원칙으로 볼 때, 기회의 균등을 위한 정당화는 "불평등은 비효율적이다."라는 것이다. 사실상 보통은 그렇다.

학업성취를 최대화하기 위해 어떻게 자원을 분배하는가? 효용극대화의 원칙에 따르면, 교육을 통해 얻을 수 있는 이익에 초점을 둔다. 이를 바탕으로 자원은 모든 학생이 최고의 이익을 얻을 수 있는 곳에 지원되어야 한다. 의과대학에서 일부 학생을 합격시키고 다른 사람을 불합격시키는 이유는 합격자들이 의학교육을 잘 받고 훌륭한 의사가 될 것으로 믿기 때문이다. 의사의 질적 수준이 높아지면 우리 모두 혜택을 받게 된다. 우리가 의대 학생을 선발할 때, 인종을 고려하지 않는 이유는 인종이 수학 능력과 좋은 의사가 되는 데 아무런 관련이 없기 때문이다.

이러한 논리는 대수학 우등반 설치의 정당화 논리와 유사하다. 우등반을 설치하여 이에 적합한 학생들을 교육하기 위해서 자원을 집중하는 것이 우리 모두에게 이익이다. 우등반 학생들이 향후 심화 교육을 받아 그들의 잠재력을 개발하고 모든 사람들에게 이익을 줄 수 있는 직업을 갖는 데 기여한다는 논리이다. 많은 과학자와 기술자를 확보하고 국제경쟁력을 확보하는 것이 중요하다고 보면 우등반의 설치는 정당화될 수 있다.

이러한 정당화에 대한 반론이 있다. 첫째, 우리가 자원을 우등반에 집중하는 이유는 모두가 혜택을 얻기 때문이라고 주장한다. 그러나 이것은 반드시 그렇지 않다. 또한 효용극대화가 추구하는 원칙에 적합하지도 않다. 능력이 있는 학생에게 자원을 집중하면 전체적인 학업수준은 향상될 수 있지만, 그 결과 덜 지원받은 학생들의 학업수준이 낮아질 수 있다. 그리고 이들이 교육적 지원으로 덜 이익을 받지만, 이들이 오히려 더 많은 지원을 필요로 할지 모른다. 그래서 자원을 우수한 학생에게 집중함으로써 평균 수준을 높일 수 있으나, 그로 인해 다른 학생들에게 피해를 줄 수 있다.

둘째, 교육에서 효용극대화 원칙을 적용하기 위해 성취수준을 극대화하는 것이 경제적 생산성을 높인다는 가정을 설정하였다. 그러나 우등반 설치에 대한 논의는 이와는 다르다. 나중에 사회에 진출하여 수학 지식을 활용할 가능성이 큰 전문직에 종사할 학생들에게 자원을 집중적으로 투자하여 경제적 생산성을 높이기 위한 것으로 보인다. 사실상 이러한 관점으로 볼 때, 나머지 학생들은 향후 수학에 대한 지식을 활용할 가능성이 없기 때문에 수학교육에 크게 관심을 갖지 않는 것이다. 그렇다면 우리가 국가의 경제적 생산성을 높이기 위해 전체의 학업수준을 높일 필요가 있는지 의문이다. 우수한 학생들의 학업성취수준이 전체적인 평균 학업성취수준보다 영향력이 크다.

지금까지의 효용극대화의 관점에 따른 논의로 볼 때, 테샨을 우등반에 편입시키는 것은 두 가지 이유로 정당하지 못하다. 첫째, 인종을 기준으로 자원을 배분하는 것은 비효율성을 초래한다. 전체적인 효용을 극대화할 수 없다. 둘째, 테샨을 우등반에 편입시키면, 보다 능력이 있는 다른 학생이 활용할 수 있는 기회를 빼앗는 것이며, 우등반의 가치를 저하시킬 수 있다. 간단히 말하면, 테샨이 흑인이라는 것은 중요하지 않다. 그가 다른 학생보다 우등반에서 얻을 수 있는 것이 적다는 것이 중요하게 고려되어야 한다.

효용극대화의 관점에서 보면, 테샨을 우등반에 편입시키는 것이 보상적 정의의 문제로 여기는 것을 논할 수 없게 한다. 효용극대화의 원칙은 어떤 선택으로 나타나는 결과에 관한 것이기 때문에 미래를 기준으로 한다. 테샨이 현재 자격요건에 미달하는 것이 흑인 학생들에게 제공되는 교육의 수준이 낮았기 때문이라는 것은 사실이다. 그러나 이것은 미래의 결과와 관련이 없다. 관련이 있는 것은 현재 우등반의 자격을 갖추지 못하고 있다는 것이다. 효용극대화의 원칙에서 보면, 과거는 이미 지난 것이고, 중요한 것은 미래이다.

효율과 능력을 가장 중요하게 여기는 입장은 수잔에 대한 특별혜택에 대해서도 부정적으로 평가한다. 장애 학생 옹호자들은 장애 학생에 대한 지원이 오히려 효율적이라고 주장한다. 예를 들어 장애 학생을 교육하여 그들이 직장을 갖게 되면 그들이 실업 상태에서 지원을 받는 것보다 경제적으로 유리하다는 것이다. 그러나 이러한 경제적 효율성에 대한 주장은 다음의 두 가지 이유에서 근거가 부족하다. 첫째, 일부 장애 학생들의 경우에 이 주장이 맞지 않는다. 심각한 인지 장애가 있는 학생을 상정해 보자. 적합한 교육을 통해 그들의 개인적 삶의 질이나 존엄을 높일 수 있지만, 그들이 직업을 가질 정도로 만들어 줄 수는 없을 것이다. 이러한 경우에 경제적 효율성을 근거로 교육에 대한 접근까지 거부해야 하는가? 둘째, 효용극대화 원칙이 추구하는 것은 한정된 자원을 효율적으로 활용하는 것이다. 장애 학생에 대한 추가적인 지원이 그들이 자립할 수 있도록 할 수 있을지 모르지만, 이것이 자원의 효율적인 활용을 담보하는 것은 아니다.

심각한 장애가 있는 학생의 경우는 능력이 있는 학생에 대한 집중적인 투자의 관점이 아닌 필요에 의한 관점으로 분리하여 검토하여야 한다. 우리가 학업수준을 최대화하거나 경제적 생산성을 높이기 위해서라면, 교육하기 힘든 학생에 대한 투자는 설득력이 떨어진다. 효용극대화의 관점에서 보면 특수교육은 자원을 비효율적으로 활용하는 것이다.

수잔은 인지적으로 매우 심각한 수준은 아니다. 그녀는 맹인이다. 그러나 그녀를 교육하는 것은 다른 학생을 교육하는 것보다 더 많은 비용이 든다. 우리가 전체적인 학업수준이나 경제적 생산성을 제고하려고 한다면, 다른 곳에 비용을 지출하는 것이 나을 것이다.

공리주의나 효용극대화의 원칙을 적용하면, 때때로 우리가 전혀 원하지 않는 결론을 정당화하게 되는 경우가 있다. 예를 들어 효용극대화 원칙에 따르면 고문을 정당화시킬 수 있다. 고문하는 사람이 고문하면서 느끼는 쾌락이 고문을 당하는 사람의 고통보다 크다면 고문은 정당화 된다. 이러한 결점은 효용을 극대화하는데, 평균을 강조하고 효용의 분배에 관심을 가지지 않았기 때문에 나타난다.

분배적 정의를 고려한다면, 결정의 전체적인 결과뿐만 아니라 그것이 개인에게 어떠한 영향을 주었는지를 검토하여야 한다. 일부에게 심각한 피해를 주는 정책은 비록 그것이 효용극대화를 가져올 수 있더라도 정당화되지 않는다. 그러나 이것이 효율이 중요하지 않다고 하거나 누구에게 투자하는 것이 가장 효율적인가를 고려할 필요가 없다는 것을 의미하지는 않는다. 단지 효율이 전부는 아니라는 것을 의미하는 것이다.

원칙주의 관점에서 두 사례를 보면 어떠한 결론에 이를까? 시작점은 다른 사람에 대한 존중이 되어야 한다. 효용극대화 원칙에 내재한 두 가지 문제점을 고려하면서 원칙주의 관점에서 두 사례를 분석하여 보자. 첫째, 역사적 맥락을 고려해야 한다. 미래가 중요하지만, 과거 역시 중요하다. 개인의 존엄과 가치를 존중하기 위해서 우리는 가능한 범위에서 그에게 과거에 있었던 불합리한 대우를 바로잡아야 한다. 그가 불합리하게 대우받지 않았더라면 향유할 수 있었던 자리로 되돌려 주는 것이 우리가 그를 가치 있게 여기는 방법 중의 하나이다. 사람에 대한 평등한 존중은 과거의 불합리한 대우에 대한 보상적 정의를 허용한다.

테샨이 과거에 불합리한 대우를 받았는지는 모른다. 흑인이 여전히 민족적으로 인종주의로 고통을 받고 있지만, 테샨이 인종 차별의 희생양이었거나 차별적 대우가 그의 수학 성적에 영향을 주었다는 것은 확인할 수 없다. 여기에서는 테샨이 한 명의 흑인으로서 불리한 위치에 있었을 수 있으며, 불리한 대우의 근원이 역사적인 것이라는 것을 말한다. 테샨이 미국의 오랜 인종차별 정책의 영향으로 불리한 위치에 있을 수 있다는 것이지, 특정한 인종차별 행위에 의해 불합리한 대우를 받았다는 것을 의미하지는 않는다. 이러한 논리가 보상적 정의에 따른 특혜를 정당화하는가? 테샨이 보상적 정의에 따른 권리를 부여받아야 한다고 주장하기 위해서는 좀 더 논의가 필요하다. 우리가 여기에서 논의하는 것은 원칙주의의 관점에서는 이러한 것들을 검토해야 한다는 것이다.

효용극대화의 두 번째 문제점은 불공평한 것을 정당화한다는 것이다. 자원을 분배할 때, 능력을 고려해야 하는 이유는 그것이 자원을 효율적으로 사용하는 것이고 결과적으로 모든 사람에게 이익이 된다는 것이었다. 그러나 효용극대화는 모든 사람의 이익극대화를 추구하는 것이 아니라 평균 이익을 극대화하는 것이었다. 이 원칙은 자원의 분배로 사람들 간의 이익과 손해가 상충할 때도 적용이 된다. 심지어 특정한 사람에게 치명적인 피해가 가더라도 다른 사람이 받는 이익과 비교하여 손익을 결정한다.

효용극대화의 원칙을 모든 사람이 이익을 볼 수 있는 상황의 자원 배분에 한정해서 적용한다고 가정해 보자. 이것이 의미하는 바는 무엇일까? 철학자인 롤즈(John Rawls)의 사상을 적용하는 방법이 있다. Rawls는 정의로운 사회에서 용인될 수 있는 차등에 대한 질문에 대한 대답으로 차등의 원칙을 제시하였다. 차등은 모든 사람에게 이익이 있을 때 허용될 수 있다. 모든 사람에게 이익이 되는지는 가장 적게 받는 사람의 이해에 어떤 영향을 주는지 살펴봄으로써 판단할 수 있다. 정의로운 분배는 약자에게 이익이 되는 것이다. 용인될 수 있는 차등은 가장 적게 받는 사람의 관점에서 판단되어야 한다. 차등배분이 가장 적게 받는 사람에게 이익이 된다면, 이러한 배분 방식은 허용될 수 있다. 그렇지 않은 경우에는 정의로운 배분이 아니다.

이러한 방식은 사람에 대한 동일한 대우의 원칙으로 논의될 수 있다. 개인의 가치에 대한 동일한 대우인지를 어떻게 판단할 수 있을까? 우리 사회에서 가장 적게 가진 사람들이 가능한 범위에서 최대한의 자원을 갖게 되면 동등한 대우의 원칙이 충족되는 것이다. 차등지급이 정당화되기 위해서는 가장 적게 받게 되는 사람들에게도 이익이 될 수 있어야 한다. 일부 경제학자들이 주장하듯이, 사회적 최소의 기준을 최대한으로 높여야 한다.

이 아이디어를 대수학 우등반 설치가 허용될 수 있는지를 검토하는 데 적용하여 보자. 우등반이 없다고 가정하자. 모든 학생은 동일한 대수학 과목을 듣고 동일한 방식으로 교육을 받게 된다. 그러나 우등반 설치를 검토하게 되었다. 찬성하는 사람은 우등반 설치가 모두에게 이익이라고 주장한다. 우리가 이 제안이 정의로운지 판단하기 위해서는 약자의 이익에 어떠한 영향을 주는지 살펴보아야 한다. 그리고 우등생 반에 속하지 않은 학생들이 우등반이 설치된 이후에 더 이익이 있다는 것을 보여주어야 한다.

두 가지 이유에서 그렇게 될 가능성이 있다. 첫째, 우등반에 속하지 않는 학생들에게 그들의 수준에 맞는 적절한 교육이 가능해진다. 그렇게 된다면 그들이 더 많은 것을 배울 수 있을 것이다. 만약 성취수준의 향상을 강조한다면, 우등생 반을 운영하게 될 경우 전체 학생의 성취수준을 향상시킬 수 있다. 이것은 보다 일반적인 수준별 반편성의 찬성 논거의 하나이다. 둘째, 우등생 반이 설치되면, 우등생 반에 속한 학생들은 더 좋은 대학에 진학하게 되고, 과학자나 기술자의 공급을 늘릴 수 있고, 우등생 반에 속하지 않은 학생들이 졸업 후에 일할 수 있는 일자리 창출에도 기여할 수 있다. 이렇게 긍정적인 영향이 있게 된다면, 우등생 반의 설치는 최소 수혜자도 이익을 얻게 된다.

그렇다면 왜 이것이 효용극대화 원칙의 관점이 아니라 원칙주의 관점이 되는가? 우리가 모든 사람에게 이익이 되는지 살펴보기 위해서 개인들에게 미친 결과적 영향을 검토하지만, 여기에서 어떤 것이 전체의 평균 효용을 높이는지 보지 않는다. 여기에서 관심을 갖는 것은 인간의 존엄과 가치에 대한 동일한 대우가 실현될 수 있는가이다. 정책이나 관행을 분석할 때 사람을 평균 효용을 계산하기 위한 분모로 취급하는 것이 아니라 이들 개인에게 어떠한 영향이 있는지를 분석함으로써 인간의 존엄과 가치가 어떻게 실현되는지를 검토한다. 우리가 만일 다른 사람의 이익을 희생하면서 사회 전체의 평균 이익을 높이는 정책을 허용한다면 이것은 불이익을 받는 사람을 이익을 얻는 다른 사람의 수단으로 취급하는 것이다. 약자의 이익을 강조할 때, 모든 사람에 대한 존중의 원칙이 준수되는 것이다.

테샨의 우등생 반 편입을 어떻게 정당화할 수 있을까? 우선 대수학 우등반을 설치하는 것이 정당하지 않은 것으로 보인다. 적어도 루즈벨트 고등학교에서 현재 시행하고 있는 방식은 정당하지 않은 것으로 보인다. 이 고등학교에서는 우수한 학생 일부를 그렇지 않은 학생들과 분리하여 우수한 학생들이 그렇지 못한 학생들과 함께 지내는 부담을 덜어주는 것으로 보인다. 우수하지 못한 학생들을 더 잘 교육시키기 위해 노력하는 것으로 보이지 않는다. 이러한 것들을 고려할 때, 우등반 자체가 정당하지 않은 것으로 보인다.

만일 우등반이 현재처럼 운영된다고 가정할 때, 테샨을 우등반에 편입시키는 것이 그에게 그리고 다른 학생들에게 어떠한 영향을 주는지 살펴보아야 한다. 테샨이 우등반에 있을 때, 우등반에 주는 부정적 영향을 살펴볼 필요가 있으며, 일반반에 있을 때, 그가 일반반 학생들에게 미치는 긍정적 영향도 살펴볼 필요가 있다. 학생들은 서로 배우게 된다. 테샨이 현재 속해있는 반에서 다른 학생들보다 우수하다면, 그로 인해서 그의 반이 향상될 수도 있다.

테샨이 우등반이든 일반반이든 그가 속한 반이 향상될 수 있다면, 그를 우등반에 편입시키는 것이 정당할 수 있다. 다른 사람들에게 피해를 주지 않고 그에게 이익을 줄 수 있기 때문이다. 다른 상황이 동일하다면, 테샨을 우등반에 편입시켜야 한다.

장애 학생에 대한 지원과 관련하여 이 논의를 적용하면, 수잔이 효과적으로 교육받을 수 있도록 필요한 지원을 하는 것을 정당화할 수 있다. 시간은 한정된 자원이고, 선생님이 수잔에게 다른 학생들에 비해 더 많은 혹은 훨씬 더 많은 시간을 사용하는 것이 정당화된다. 그 이유는 무엇일까? 전체 평균 학업수준을 최대화하는 것의 문제점을 상기하여 보자. 이 관점에서 보면, 특수교육 대상 학생에 대한 지원을 다른 학생들에게 하면 평균 학업성취수준이 높아지기 때문에 특수교육 대상 학생에 대한 지원을 축소하는 것이 정당하다. 그러나 이러한 관점은 장애 학생을 동등하게 존중하는 원칙에 위배된다. 장애 학생의 교육이 일반 학생들의 교육(비용이 적게 드는)을 위해 희생되게 된다. 수잔의 경우처럼 학급에서 우리가 약자로 보아야 하는 학생들이 일반적으로 더 많은 지원을 필요로 하는 학생들이다. 그러한 학생들에게 더 많은 지원을 하려는 의지가 있어야 한다. 약자를 존중하는 것이 모든 사람을 평등하게 존중하는 것이다.

좀 더 논의가 필요한 것이 하나 있다. Brown 판결의 의미를 두 가지 관점에서 볼 수 있는데, 그 중 하나가 기회의 균등의 원칙이다. 모든 학생들은 성공을 위해서 동등한 기회를 제공받아야 한다. 다른 하나는 민주적 공동체의 관점에서 분석할 수 있다. 민주적 공동체에서 모든 구성원은 동일하게 대우받으며 모두 존중받는다. 그렇기 때문에 우리 사회에서 특정인을 비난하거나 멸시하는 것은 불법이 된다.

이 논의는 두 가지를 시사한다. 첫째, 사회 기관이나 제도 그리고 그 운영의 결과가 외적으로 보여주는 것을 평가할 수 있다. 이것은 우리에게 모종의 메시지를 준다. 사회적으로 선호하는 자리에 소수 집단의 구성원이 차지하는 비중이 상대적으로 적다는 것은 그 사회가 그 사람들을 다른 사람들만큼 존중하지 않는다는 것을 의미한다. 학급에서 장애 학생들이 없거나 교육이 그들에게 적합하지 않게 제공된다면, 이들이 다른 사람만큼 가치가 없으며, 그만큼 존중하지 않는다는 것을 의미한다. 반면에 가난한 학생이나 소수 집단 학생들이 학교교육에서 차별받지 않고, 장애 학생들이 소외되지 않는다면, 이것은 모든 사람에 대한 존엄과 평등한 대우가 이루어지고 있다는 것을 의미한다.

둘째, 제도나 기관을 그 운영의 결과로 나타난 것으로 평가한다는 것은 원칙주의 관점이다. 모든 사람에 대한 동등한 대우와 일관성 있는 대우는 통합과 배제를 판단하는 기준이 된다. 소수자와 장애인이 어떻게 대우받고 있는지 살펴보려면, 우리 자신이 소수자나 장애인처럼 생각하고 보아야 한다. 소수자나 장애인으로서 우리가 원하는 대우는 무엇인가?

이러한 논의는 우수한 학생들이 주는 기여의 중요성을 무시하는 것은 아니다. 경우에 따라 우리는 우수한 학생에게 자원을 투자하기를 바란다. 우수한 학생들에 대한 지원의 적합성은 성취수준이나 생산성을 강조하는 효용극대화와 다른 맥락에서 볼 수 있다. 세 가지 관점에서 우수한 학생에 대한 투자의 정당성을 확인하여 볼 수 있다.

첫째, NEA 윤리헌장에서 열거하고 있는 인종이나 다른 요인들을 고려하지 않아야 한다는 원칙이 준수되어야 한다. 그러나 인종이나 다른 요인에 의해서 과거에 불리한 대우를 받았다면 이를 수정하는 조치를 취할 수 있다.

둘째, 우수한 학생들을 위한 프로그램을 시행할 수 있다. 그러나 지원이 필요한 학생들에게 불이익이 돌아가는 방식으로 운영해서는 안된다. 모두에게 이익이 되는 방식으로 자원을 분배하여야 한다. 새로운 프로그램이 약자에게도 도움이 되는지를 확인하는 것은 프로그램의 정당성을 확인하는 유용한 기준이다.

마지막으로, 우리 사회의 제도나 기관 운영으로 나타난 결과가 보여주는 것이 무엇인지를 조사하여야 한다. 모든 사람에 대해 존중과 평등한 대우를 보여주는지 또는 배제와 특권을 보여주는지 살펴보아야 한다.

5. 새로운 해결 방법의 모색

우리가 논의했던 여러 가지 사항에 대해 주목하여 보자. 첫째, 결과주의와 원칙주의 모두 기회의 균등 원칙을 준수해야 하는지에 대한 근거를 제공한다. 두 관점은 다른 근거로 기회의 균등 원칙을 정당화한다. 교육에서의 윤리 문제를 두 가지 관점에서 모두 보는 것이 유용하기 때문에 두 가지 관점에서 분석할 수 있는 사례를 제시하였다. 또한 대부분의 윤리 이론들이 많은 도덕적 문제들에 대해서 비슷한 해결 방안을 제시한다. 그렇지 않다면 우리는 그 이론들을 수용하지 않을 것이다.

윤리적 질문에 대한 답은 우리의 직관으로부터 시작한다. 해결이 어려운 실제 사례를 제시하고 이에 대한 해결책을 찾기 위해서 우리는 직관을 뒷받침하는 윤리 이론들을 탐색하고, 우리의 판단을 정당화하기 위한 근거를 탐색하거나 처음에는 정당화할 수 있었던 것으로 보이던 판단을 배제하는 논거를 찾으면서 반성적 균형을 찾아간다.

경쟁하는 윤리 이론은 해결이 어려운 복잡한 문제를 이해하는데 매우 유용하다. 이러한 문제를 해결하기 위해서는 주요한 윤리 원칙을 심층적으로 이해하여야 한다. 그러나 이 책에서 제시하는 사례를 보면서 도덕적 합의는 매우 이례적이거나 어렵다고 결론 내려서는 안된다. 사실 대부분의 사람들은 살인, 도둑질 그리고 거짓말은 나쁜 것이라고 생각한다. 이것을 입증하기 위해서 윤리 이론이 필요하지는 않다. 이론이 필요한 것은 해결하기 어려운 윤리 문제들이다.

둘째, 우리의 논의에서 사실과 윤리 원칙 사이에서 매우 복잡한 상호작용이 있다는 것을 주목해야 한다. 이것은 원칙주의 관점에서도 그렇다. 원칙주의는 효용극대화의 원칙보다는 인간에 대한 존중과 평등한 대우의 기준으로 결과를 판단하지만, 사실 관계를 파악하지 않고 이를 적용할 수는 없다.

아마도 이 부분의 논의가 결과주의와 원칙주의 사이의 구분을 모호하게 하는 것 같다. 우리가 생각하기에 그것은 바람직하다. 결과주의와 원칙주의의 차이점을 분명하게 함으로써, 사실의 정당성을 판단하는데 다양한 윤리 이론들이 서로 다른 준거를 사용한다는 것을 알 수 있다. 그러나 사실을 판단하는데 결과주의와 원칙주의 모두 개입된다.

6. 다른 사례

평등 그러나 분리 정책

실번 학교는 매디슨 카운티 통합학교구의 한 학교이다. 최근 시 정부에서는 여러 교육기관들을 통합하여 재배치하는 새로운 통합학교 계획을 수립하였다. 이 새로운 계획은 시 당국의 지시하에 소수민족과 도시빈민들의 자녀가 주로 다니는 제퍼슨 시의 낡은 학교와 부유한 교외 지역의 아동들이 다니는 현대식 학교를 통합시킨 것이다. 이 계획은 학교에서의 교육평등과 바람직한 인종적 균형을 보장하기 위해 제퍼슨 시 주민의 압력과 연방법원의 판결을 계기로 이루어졌다. 이 계획은 통합을 추진하는 학교에게 부가적인 재원과 서비스를 추가 제공한다는 정책 때문에 무리없이 받아들여졌다. 이 정책에 의해 현재 제퍼슨 시의 많은 학생들이 이 학교와 같은 주변도시의 학교에 다니고 있다.

이 계획에 따라 일부 교사들도 재배치의 일환으로 학생들을 따라 새로운 학교에 전출되었다. 4학년 담당교사인 로즈매리 선생님도 그 중의 한 명이었다. 로즈매리 선생님은 10년 전 제퍼슨 시의 교사로 채용되어 계속적으로 도시빈민지역에서 근무하였다. 거기에서 근무하면서 선생님은 비록 고생도 많이 했지만 행복한 시간을 많이 가졌다. 선생님과 동료교사들은 미비한 교재와 열악한 교육조건 속에서도 어려운 환경의 학생들을 위해 내실 있는 교육을 제공하려고 열심히 노력했다.

로즈매리 선생님은 개인적으로 제퍼슨 시에서의 교육적 실험의 시기가 끝난 것에 대해 슬펐지만 새로운 체제가 결국에는 학생들을 위해서 가장 좋을 것이라고 생각하였다. 선생님이 이 학교로의 전출을 결심하게 된 것은 부분적으로 이 새로운 계획하에서 제퍼슨 시의 아이들이 보다 발전하는 것을 곁에서 지켜보고자 하는 욕망 때문이었다.

이 학교에 온 첫날 새 학급에 들어선 선생님은 새 학급이 이전의 학급과 거의 다르지 않음을 보고 매우 놀랐다. 그 반 학생들 대부분은 제퍼슨 시의 바로 그 학생들이었다. 반면에 다른 4학년 학급의 학생들은 모두 실번 지역의 학생들이었다. 선생님이 생각하기에 이러한 양상은 통합학교구를 만든다는 계획의 정신과 취지에 명백하게 어긋나는 것이었다. 이러한 학급 편성은 인종적·경제적 차이를 사실상 영속시키는 것일 뿐만 아니라 통합정책을 통해 달성하고자 하는 바람직한 교육적 목표를 헛되게 하는 것이다. 이 학급의 학생들은 다른 학급 학생들과 개인적인 교류를 할 수 없을 것이며, 그래서 실번 지역의 학생들에게 이방인으로 남거나 심지어 적대적인 대상으로 남을 수도 있다. 그것은 이 학교가 매디슨 시의 문제인 사회적 분열을 해소하기 위한 인종적·문화적 상호작용을 증진시켜야 한다는 공적 책임을 방기하는 것이며, 두 집단의 학생들 모두의 이익을 침해하는 것이다. 진정 이 학교는 교육적으로 실패작이라 할 수 있는 것이다. 표방한 것과는 달리 이 학교는 사실상 민주적이지도 않았고 통합되지도 못했다. 선생님은 이 문제를 상의하기 위해 교장선생님을 만나보기로 결심했다.

교장선생님은 로즈매리 선생님의 울분을 진정시키기 위해 그러한 배정방침의 필요성을 설명하기 시작했다. 이 학교와 실번의 주민들은 모두 통합정책에 동의하기는 하지만, 그와 동시에 교육의 질을 유지하기를 바란다는 것이었다. 몇 년 동안 이 학교는 매우 진보적인 통합교육과정을 발전시켜 왔고 그 교육적 임무를 성공적으로 수

행해 왔다. 제퍼슨 시의 아동들이 이 새로운 교육과정에 적응하는 데는 시간이 필요할 것이다. 또한 그 학생들은 기존 학생들과 비교하여 낮은 교육수준에 머물러 있다. 읽기와 수학 시험의 점수가 이를 증명하고 있다. 따라서 그들의 성적을 적정한 수준까지 끌어올리는 데는 시간이 걸릴 것이다. 이러한 상황에서, 그 교육적 수준을 전혀 고려하지 않고 그들을 함께 교육시키는 것은 수업 진행에 지장을 초래할 뿐만 아니라 두 집단의 학생들 모두에게 불이익을 가져오는 공정하지 못한 처사가 될 것이다. 교장선생님은 이러한 상황을 설명하면서 로즈매리가 현재의 문제를 이해해야 한다고 설득하였다.

논의 주제

1. 이 사례에서 차별을 정당화할 수 있는 요인이 있는가? 제퍼스 시 학생들이 국어와 수학에서 점수가 낮기 때문에 실번 지역의 학생들과 다르게 교육받아야 하는가?
2. 이 사례는 법적 의무인 통합 요건을 충족하는 사례이나, 법의 정신이나 목적을 충족하지는 못한다. 이 사례에서 법적인 측면과 도덕적인 측면이 구분될 수 있는가? 어느 것이 선행되어야 할까?
3. 당신이 로즈매리 선생님이라고 가정하자. 당신이 교장선생님을 설득하는 데 실패하였을 때, 교장선생님과 학교운영위원과 논의할 때 근거로 제시할 수 있는 윤리적 원칙을 생각해 보라.
4. 윤리적 문제에서 사실 관계가 여러 가지 방식으로 개입된다. 제퍼슨 시 학생들에 대한 실제적 격리조치라는 것을 보여줄 수 있도록 사실을 묘사하거나 변경할 수 있는가?

성적 소수자에 대한 통합

지난 목요일에 학생 두 명이 드미트리 선생님을 찾아왔다. 그들은 하노버 고등학교의 LGBT클럽[9] 대표자들이었다. 그들은 다음 주에 LGBT 학생에 대한 폭력을 주제로 한 행사를 준비하고 있었다. 이들은 선생님의 사회 수업시간에 이와 관련한 공지를 할 수 있도록 부탁하였다. 공지할 내용은 다음과 같다. 첫째, LGBT 학생에 대한 폭력을 중단해 달라. 학생들에게 "폭력은 이제 그만(End the Bullying)"이라고 쓰인 배지를 달아달라. 둘째, 폭력에 대해 논의하는 회의에 참석하여 달라.

학생들은 자신들의 주장이 누군가에 의해서는 논쟁거리가 될 수 있다는 것을 분명히 인식하고 있었다. 이에 대해 그들은 철저히 준비하였다. 그들이 하고자 하는 바를 개조식으로 작성한 문서를 가지고 왔다. 그들의 목적은 LGBT 학생에 대한 폭력을 중단하고 인정해달라는 것이었다. 문서에 의하면, 폭력과 관련되지 않은 내용은 논의되지 않을 것이다. 어떠한 학생도 LGBT클럽의 새 멤버를 모집하거나 동생애를 지지하는 활동을 하지 않을 것이다. 초점은 폭력에 있었다. 학생들이 선생님의 시간에 이와 같은 내용을 공지하기 위해 필요한 5분의 양해를 얻을 수 있을까?

선생님은 마음속으로 몇 가지 사항을 점검하였다. LGBT클럽이 교내에 정식으로 등록된 클럽인가? 그렇다. 청소년 공화당원, 청소년 민주당원, 기독교 클럽과 함께 학교에 등록되어 있다. 그들이 전달하고자 하는 메시지가 적법하고 적절한가? 선생님은 그렇다고 생각하였다. 이 학교에서는 학교 폭력이 문제가 되고 있으며, 동성애자

---

9 역주: LGBT란 레즈비언(lesbian), 게이(gay), 양성애자(bisexual), 트랜스젠더(transgender)의 앞 글자를 딴 것으로 성적 소수자를 뜻하는 단어이다.

학생들이 폭력의 희생자였다. 이성적인 사람이라면 폭력을 반대하는 메시지를 반대할 수 없다. 그리고 학생들은 분명히 공지사항에서 폭력에 관한 문제에 국한할 것이라고 밝혔다. 그럼에도 선생님은 수업시간을 할애해 주어야 할지 확신이 없었다. 수업시간을 이용해서 공지하기를 바라는 많은 클럽이 있다. 선생님은 자신의 수업이 공지판으로 이용되는 것을 원치 않았다.

그러나 결국은 동의하였다. 선생님은 사회과 교사였고, 수업도 사회수업이었다. 그는 자신의 수업시간에 사회 이슈 옹호단체들의 행사에 대해서 1주일에 한 번 정도는 공지할 수 있도록 하는 원칙을 잠정적으로 세웠다. 수업 시간에 모든 학생에게 이와 같은 원칙을 설명할 것이다. 학생들은 다음 주 수요일에 공지할 수 있었다.

다음 주 수요일, 학생들이 수업에 와서 공지하였을 때, 선생님은 자신의 결정을 후회하였다. 교실에 3명의 학생이 이들의 공지에 불만을 표시하는 셔츠를 입고 있었다. 한 명은 "신은 동성애를 혐오한다."는 문구가 있는, 다른 학생은 "동성애는 치료될 수 있다."는 문구가 있는, 또 다른 학생은 "기독교인에게 의사표현의 자유를"이라는 문구가 쓰인 셔츠를 입고 있었다. 선생님은 이들을 못 본체 하였다. 이것이 또 다른 실수였다. 두 학생이 공지를 하려고 일어서서 세 학생을 보고 당황하였다. 여학생은 공지할 내용을 더듬거렸다. 다른 남학생이 할 수 있는 것은 그녀가 울음을 터뜨리지 않도록 하는 것이었다.

선생님이 보기에 세 학생의 행동은 일종의 고문으로 보였고, 공지를 하는 학생들이 고통을 당하는 것은 부당하다고 판단하였다. 따라서 세 학생을 복도로 불러서 셔츠를 벗어달라고 요청하였다. 그러나 그들은 거부하였고, 이 중 한 명은 다음 주에 자신들의 행사를 공지할 수 있게 해달라고 요청하였다. 이 행사는 기독학생 클럽에서 주최하는 행사로 "동성애에 대한 기독교적 관점"에 대한 발표였다.

선생님은 동성애에 대한 기독교적 관점이 있는지가 의문이었다. 선생님은 동성애에 대해서 종교인들이 찬반으로 양분되어 있는 것으로 알고 있었다. 선생님은 학생들이 신학적인 논쟁에 휘말리기를 원치 않았다. 그래서 선생님은 세 학생을 교장실로 데리고 갔다. 교장선생님에게 사건의 개요를 설명하였고, 교장선생님은 학생을 왜 데리고 왔냐는 표정을 지었다. 그러나 곧 교장선생님은 드미트리 선생님을 지지하였다. 교장선생님은 학생들에게 너희들의 주장이 진심이고 너희 주장을 표출하는 용기는 칭찬할 만하다고 하였다. 그리고 너희들이 누군가를 상처주기를 바라지 않을 것이라고 믿는다고 하면서, 지금의 행동이 LGBT 학생들에게 상처를 주고 있으니, 셔츠를 벗어달라고 요청하였다. 그러나 그들은 거부하였고 다시 한 번 공지할 시간을 할애해달라고 요청하였다.

교장선생님은 셔츠를 벗지 않으면, 복도에서 공부하는 징계를 내리겠다고 하였으나, 그들이 여전히 따르지 않았다. 그래서 교장선생님은 학생들을 격리하여 회의실에서 학교가 끝나기 전까지 공부하도록 격리조치하였다.

다음 날 교장선생님은 선생님을 교장실로 불렀다. 거기에는 어제의 세 학생과 그들의 부모님 두 명과 변호사가 있었다. 변호사는 세 명의 학생을 변호하고 있다고 하였으며, 의사표현의 자유를 위한 시민모임(Citizens for Free Speech)의 회원이라고 밝혔다. 변호사는 교장선생님과 선생님에게 다음과 같이 주장하였다. "이번 사건은 의사표현의 자유와 관련된 문제이다. 여러 권리옹호집단 중 한 집단에게 그들의 관점을 이야기할 수 있는 권한을 주었기 때문에 이와는 다른 의견을 가진 집단에게도 의사표현을 할 수 있는 기회를 주어야 한다. 그리고 종교집단과 관련되었다는 사실이 의사표현의 자유를 막을 근거가 없다. 종교적 관점도 여러 관점 중의 하나이다. 동성애를 지지하고 기독교적 윤리를 반대하는 사람들에게는 기회를 주고 그것을 반박하는 사람들에게 기회를 주지 않을 수는 없다. 법은 이러한 문제에 대해서 명확하다."

선생님은 이에 대해 자신이 없었다. 선생님은 이 시대의 가장 뜨거운 이슈로 수업을 할 생각이 없었다. 선생님의 관심은 오로지 학생들이 서로 통합할 수 있는 교실을 만드는 것이었다. LGBT 학생들은 주로 얌전히 지내는 편이었다. 그렇지 않으면 일부 학생들에게 위협을 당할 수 있기 때문이다. 선생님은 변호사에게 종교적인 가르침이 LGBT 학생들에 대한 폭력을 정당화하는지 묻고 싶었다. 사실 그는 학생들에게 동성애를 지지하는 시간을 주지 않았다. 그들이 폭력에 대해 논의하는 자리에 초대하는 것을 알릴 수 있는 기회를 주었을 뿐이다. 동성애에 대한 논의로 볼 수 있는 그 어떤 것도 없었다. 선생님은 배제가 아닌 통합의 학교를 만들기 위해서는 폭력을 끝내는 것이 매우 중요한 부분이라고 믿었다.

이렇게 말하려는 순간, 교장선생님이 변호사에게 다음과 같이 말하였다. "당신이 말하는 것처럼, 법이 명확한지 모르겠다. 더 이상 논의를 하기보다는 교육청 변호사와 협의하는 것이 낫겠다." 그리고 선생님에게 더 이상 말하지 말라는 강력한 묵언의 표현을 하였다. 선생님은 이에 따랐다. 회의가 끝난 후 선생님에게 다른 생각이 떠올랐다. '학교가 LGBT 학생들을 보호하고 통합하려는 노력을 한다면, 동성애에 반대하는 종교적 신념을 가진 학생들을 통합하려는 방안도 찾을 수 있지 않을까?'

논의 주제

1. 이 장에서 민주적인 학교는 모든 사람이 동등하고 가치있게 대우받으며, 실제 권리가 실현되는 곳이라고 하였다. 이 학교의 규정과 관행은 통합에 대해서 명시하여야 한다. 학교에서 LGBT 학생들을 통합하기 위해서 무엇을 어떻게 해야 하는가? 폭력에 저항하는 것을 돕는 것은 이러한 것을 실천하는 것인가? 학교는 동성애에 반대하는 종교적 신념을 가진 학생들을 통합하기 위해서 무엇을 할 수 있을까?
2. 지적 자유에 관한 논의에서 지적 자유가 중요한 교육적이고 민주적 가치를 실현하는 데 기여하고 있으며, 사람들에게 소수의 의견이나 입장을 지지할 수 있는 권한이 주어져야 한다고 하였다. 그러나 우리는 사례를 통해 학교가 교육적인 목적에서 학생들의 표현의 자유를 제한할 수 있다는 것을 살펴보았다. 의사표현의 자유가 다른 사람에게 피해를 주는 소수의 의견까지도 허용한다는 것일까? 다른 사람들에게 피해를 주는 의사표현을 할 개연성이 있는 학생들의 표현의 자유를 제한하는 학교의 정책은 정당성이 있는가? 세 학생이 입고 있는 셔츠의 문구가 증오 표현의 한 형태인가? 그것을 폭력으로 규정할 수 있는가?
3. 선생님과 교장선생님은 이 문제를 통합의 문제로 규정한 반면에 학생들의 변호사는 의사표현의 자유로 규정하고 있다. 어느 쪽이 옳은가?
4. 이 사례를 3장 또는 5장에 배치할 수도 있었으나, 민주적 공동체의 형성과 관련된 이슈의 범위가 확대될 수 있다는 것을 보여주기 위해 이 장에 포함하였다. 이 사례가 다른 장에서 소개된다면, 이 사례를 보는 관점이 달라질까?

심화학습 자료

Board of Education v. Rowley 458 U.S. 176(1982).
장애 학생의 권리에 대한 대법원의 판례이다.

Brighouse, Harry. "Educational Equality and Justice." In A Companion to the Philosophy of Education, eduted by Randall Curren, pp. 471-485. Oxford: Blackwell, 2003.
교육기회의 평등에 관한 논의이다.

Brown v. Board of Education 347 U.S. 483(1954).
학교의 인종격리 정책이 위헌이라는 판례이다.

The Civil Rights Project. http://civilrightsproject.ucla.edu/
교육의 불평등에 대한 많은 연구 자료를 볼 수 있다.

Fischer, Louis, David Schimmel, and Leslie R. Stellman. Teachers and the Law. 6th ed. Boston: Allyn and Bacon, 2003, Chapters 14-16.
인종에 따른 불평등과 장애 학생의 권리에 관한 법적인 고찰을 소개한다.

Howe, Kenneth R., and Ofelia Miramontes. The Ethics of Special Education. New York: Teachers College Press, 1992.
특수교육에서 제기되는 주요 윤리적 문제를 소개하고 있다.

Kittay, Eva Feder. Love's labor. New York: Routledge, 1999.
특수교육의 윤리와 관련하여 보호(dependency)와 정의에 관한 논의를 소개하고 있다.

Landerson, Robert F. "Inclusion and Justice in Special Education." In A Companion to the Philosophy of Education, edited by Randall Curren, pp. 525-39. Oxford: Blackwell, 2003.
장애 학생의 통합과 관련한 논의를 소개하고 있다.

Parents Involved in Community Schools v. Seattle School District. No. 1 551 US 701(2007).
학생 배정에서 인종을 기준으로 자발적으로 통합을 유도하려는 정책이 위헌이라는 판례이다.

Rawls, John. Justice as Fairness: A Restatement. Cambridge, MA: Harvard University Press, 2001.

Rawls는 20세기 후반의 가장 저명한 미국 정치철학자이다. 이 책이 Ralws 정의론의 최종판이다.

Strike, Kenneth. "Toward a Moral Theory of Desegregation." In Philosphy and Education: Eightieth Yearbook of the National Society for the Study of Education, edited by Jonas Soltis, 213-35. Chicago: University of Chicago Press, 1981.

대법원의 주요 판례에 함의된 도덕적 이슈에 대한 논의를 담고 있다.

THE ETHICS OF TEACHING

제 5 장

다양성: 다문화주의와 종교

1 사 례
2 가상 논쟁
3 관련 개념
4 찬반 논쟁
5 시민으로서의 인간
6 다른 사례

제 5 장

다양성: 다문화주의와 종교

1. 사 례

진화론과 창조론

헉슬리는 올드어스 교육청의 AP 생물학 교사이다. 이 교육청은 부유한 지역을 관할하고 있으며, 지적으로 우수한 학생들이 많은 편이다. 많은 학생들이 AP 생물학을 이수하면 명문대학을 진학하고 좋은 직장을 얻는 데 도움이 된다고 생각한다.

헉슬리 선생님의 수업은 적자생존(진화론)에 대한 심화 내용을 담고 있다. 선생님은 진화론을 현대 생물학의 핵심으로 보고 있다. 선생님은 종교적인 신념으로 진화론을 믿지 않는 학생들에게 이 부분이 문제가 될 수 있다는 것을 알고 있다. 선생님은 수업시간에 이들이 당황하지 않도록 배려한다. 그럼에도 진화론을 수업하는 동안 침묵하고 있거나 수업에 적극적으로 참여하지 않는 학생들이 있다는 것을 인식하고 있다. 그러나 최근에 이러한 경향이 바뀌었다. 진화론 수업 동안 일부 학생들이 다른 방식으로 대응하고 있었다. 선생님의 질문에 대답할 때, 그 학생들은 진화론은 "여러 이론 중의 하나의 이론"으로 정의하면서 대답하거나, "진화론자에 따르면" 등과 같이 인용하는 방식으로 대답하였다. 과제물이나 시험에서도 이와 같은 표현을 사용하였다. 선생님은 가끔 공격적인 질문을 받기도 하였다. 지난주에 한 학생이 선생님에게 날개가 갑자기 나타나서 진화하였다는 것은 진화론으로 설명이 되지 않는다면서 진화론의 한계를 지적하였다. 날개의 반은 생존가치가 없다는 것은 분명한 사실이다. 선생님은 이 질문에 당황하지 않았고 오히려 그러한 논리적인 생각에 기뻤다. 그러나 학생들의 태도 변화에는 당황하였다. 더 당황스러운 것은 이상한 표현을 사용하고 논쟁을 하기 시작한 학생들이 수업시간에 놀라울 정도로 우수하게 참여하고 있다는 것이었다. 때때로 그들은 선생님이 가르치지 않은 내용도 알고 있는 것 같았다.

어느 날 선생님은 한 학생을 불러서, 수업시간에 "여러 이론 중의 하나인 진화론" 또는 "진화론자에 따르면"이라는 표현을 왜 사용하는지 물었다. 그 학생은 매우 겁먹은 듯 보였지만, 선생님은 침착하게 대응하여 이야기를 들을 수 있었다. 이야기의 대강은 이렇다: 목사 한 분이 자신의 교회와 이웃 교회에 다니는 학생들을 대상으로 진화론에 관한 세미나를 조직하였다. 세미나의 일정은 선생님의 진화론 수업 시기와 일치하였으며, 세미나의 목적은 선생님의 수업을 반박하기 위한 것이었다. 지역의 한 토목공학자가 세미나에서 학생들을 가르쳤고, 그 학생의 진술이 사실이라면 매년 선생님 반 학생 중 5명에서 10명이 참여하였다. 세미나에서 인간의 기원에 대한 창조론적 해설과 진화론을 반박하는 사례들을 논의하였다. 세미나에서 토목공학자는 선생님이 가르치는 내용을 잘 배우라고 독려하였고, 대신에 수업시간에 배운 내용이 진리가 아니라는 식으로 표현하는 방법을 가르쳤다.

그 학생은 선생님과의 대화에서 용기를 얻어, 다음과 같이 선생님을 당황하게 하는 말을 하였다. "선생님은 우리에게 매우 편향된 설명을 하신다. 진화론을 뒷받침하지 않는 사례를 설명하지 않으신다. 그러나 세미나에서 토목공학자는 그러한 것들을 보여준다. 선생님은 왜 진화론과 창조론 모두를 다루지 않으며, 창조론자들을 바보처럼 여기십니까? 무엇이 두려우신가요? 어찌되었든, 우리는 세미나에서 배운 것을 다른 학생들에게도 가르쳐주고 있으며, 그래서 지금 어떤 학생도 선생님의 무신론적 거짓말을 믿지 않으며, 선생님 때문에 좌절하지도 않게 되었다."

선생님은 잠시 생각하였다. 그는 무신론자가 아니며, 거짓말쟁이로 불리고 싶지 않았다. 그는 단지 그의 교과를 가르치고 있을 뿐이다. 또한 그의 학생들이 진화론을 배우고 있으며, AP 시험도 통과하고 있으니, 그에게 이 상황이 문제인지 확신이 없었다. 결국 그는 이 상황이 문제가 있다고 결론을 내렸다. 어떤 사람이 한 분야에서 잘 정리된 연구결과를 반박하도록 학생들을 가르치는 것은 옳지 못하다고 보았다. 또한 학생들이 서로 모순된 이론에 대해 각각의 장점을 논의할 기회를 갖지 않는 것은 문제라고 생각하였다. 생각하면 할수록, 지금의 상황은 올바른 교육에 대한 생각과 맞지 않았다. 거기에 자신의 수업에 대한 학생의 반응에 매우 낙담하였다. 그는 어느 누구도 좌절시키려고 하지 않았다. 그는 진리를 가르쳤다. 이것이 다른 생각을 가진 사람에게 피해를 주는 것인가? 그는 거짓말을 하지 않았으며, 믿음을 강요하지도 않았다. 진실을 말하는 것이 범죄인가?

선생님은 교장선생님을 찾아가 두 가지 질문을 하였다. 첫째, 이 문제를 수업시간에 다루고 싶다. 어떻게 해야 하나? 둘째, 방과 후에 세미나를 개최하여 목사, 토목공학자, 그리고 이 문제에 관심이 있는 사람을 초대하는 것이 가능한가? 이 문제에 대해서 몇 주 정도는 공개 토론을 할 수 있을 것이다. 교장선생님은 선생님이 수업시간에 무엇인가를 말해야 한다고 생각하였다. 그러나 무엇을 어떻게 말해야 할지에 대해서는 잘 몰랐다. 교장선생님은 선생님이 제안한 세미나가 매우 재미있으면서도 불법일 수도 있다고 생각하였다. 이에 대해 교육청 변호사는 "어느 누구도 이런 시도를 할 만큼 어리석지 않았기 때문에 그것이 불법인지 아닌지 알 수 없다. 그러나 내가 생각하기에 법정에 가는 상황이 생길 수 있다."라고 말하였다. 이 말을 들은 교장선생님은 깜짝 놀랐고, 이번 상황을 새롭게 보았다.

인디언의 역사

카터 선생님은 뉴하버 고등학교의 사회과 부장이다. 선생님은 교육감의 호출을 받고 가서 예기치 못한 그러나 흥미로운 과업을 받았다. 선생님은 어떻게 할지 몰랐다. 다음은 교육감이 말한 것이다.

> 인디언보호구역의 대표단이 나를 찾아왔다. 대표단의 단장인 켄은 뉴하버 고등학교에 다니는 인디언보호구역 학생들이 프로그램에서 소외당하고 있다고 하였다. 나는 소외당하고 있다는 것이 무엇을 의미하는지 잘 모른다. 그러나 그들이 학교에 잘 적응하지 못하고 있다는 것은 알고 있었다. 그는 학교가 인디언의 문화를 무시하고 자존심을 상하게 하는 것에 대해 불만을 가지고 있었고, 그들의 문화를 존중하는 조치를 취해 달라고 하였다. 그는 이러한 조치가 인디언들의 자긍심을 고

> 취하고 인디언 학생들이 학교에 보다 잘 적응하는 데 도움이 된다고 생각하였다.
> 그의 주장이 옳다고 생각한다. 그런데 이것은 내가 경험으로 알 수 있는 정도를 넘어선 문제로 보인다. 내가 보기에 이와 관련하여 카터 선생님이 적격자이다. 인디언 단장은 우리와 싸우기를 바라지는 않으며, 인디언 아이들에 대해서 진심으로 걱정하고 있다. 내가 생각하기에 우리들이 그들과 잘 지내는 것 같지는 않다. 선생님은 어떻게 생각하시나?
> 어찌되었든, 나는 그에게 인디언 문화와 미국에 대한 인디언의 공헌을 논의할 수 있는 다문화 교육을 할 수 있을 것이라고 대답하였다. 사회과교과에서 이를 담당할 수 있을 것으로 본다. 이를 어떻게 할지 아이디어가 있는가? 선생님이 우리에게 가르칠 것을 알려주면, 교육일정에 반영하겠다.

뉴하버 교육청은 뉴욕 북부에 위치한 시골 지역에 있다. 이 교육청은 인디언 연합에 가입되어 있는 한 부족이 살고 있는 보호지역을 포함하고 있다. 이 보호구역의 동쪽에 살고 있는 학생들이 뉴하버 고등학교에 진학한다. 그리고 보호구역에 살고 있지 않는 미국 원주민 학생들도 이 학교에 진학한다. 이 교육청 학생의 20%는 인디언의 후손으로 볼 수 있다. 보호구역 출신학생들은 대체로 가난하며, 학교에 소극적이며, 16세가 되면 학교를 떠난다.

카터 선생님은 미국 원주민의 문화와 미국에의 공헌에 대해서 한두 차례의 수업이 크게 도움이 되지 않을 것으로 보았다. 또한 원주민 문화에 대한 수업이 과거의 가난과 핍박의 영향을 극복하는데 도움이 될 것으로 보이지 않았다. 선생님이 알고 있는 한 인디언들은 핍박의 대상이 되어서 사실상 미국 문화에 기여할 기회조차 얻지 못하였기 때문에 무엇을 어떻게 가르칠지 몰랐다. 인디언의 역사를 자세히 볼수록 오히려 인디언 학생들이 소외감을 가질 수 있다고 생각하였다. 그렇다고 이러한 기회를 영어나 수학으로 대체하는 것이 낫다고 생각하지도 않았다. 어찌되었든, 선생님은 무언가를 시도해보고 싶었다.

선생님은 인디언의 문화와 그들의 공헌에 대해서 연구하면서, 최근 여러 학자들이 영국의 식민지 시절에 여러 인디언 부족들이 연합정부를 구성한 것이 미국 헌법을 만든 사람들의 관점에 지대한 공헌을 하였다는 사실을 밝혀냈다는 것을 알게 되어 기뻤다. 두 가지가 진실로 보였다. 첫째, 인디언의 연합정부가 여러 가지 측면에서 민주적으로 구성되었다는 것은 분명해 보인다. 의사결정이 많은 논의와 공감대를 강조하는 의회에서 이루어졌다. 이러한 정부의 운영 원칙은 현재의 인디언 부족이 주요한 사항들을 결정할 때도 유지되고 있다. 게다가 현재 미국의 의회에서 의사결정을 할 때 다음 세대를 제대로 고려하지 않는 반면에, 인디언 부족들은 그들의 결정이 다음의 세대에 어떻게 영향을 주는지를 고려한다. 인디언 부족의 정부 운영을 살펴 볼 이유가 여러 가지 있다. 미국 의회는 인디언 부족으로부터 배울 점이 많았다.

둘째, 1787년 미국의 제헌 의회에 참석한 벤 프랭클린(Ben Franklin)과 다른 사람들이 인디언 부족 연맹의 정부 구조를 잘 알고 있었다는 주장을 뒷받침하는 근거들이 있지만, 인디언 부족 연맹의 정부 구조가 미국 헌법의 기초에 큰 영향을 주었다는 것에 대해서는 논쟁이 활발하다. 주장에 대한 근거가 있지만, 이에 대해 회의적인 학자들을 설득할 정도는 아니다. 따라서 이 사안에 대한 진실 여부는 여전히 논쟁으로 남아있다. 물론, 선생님은 인디언 부족의 정부 형태를 연구하고 미국 헌법의 기초에 대한 공헌을 논의할 것이다. 그러나 선생님은 이러한 논의가 인디언 부족들이 원하는 문화적 승인으로 보일지에 대해서는 확신이 없었다.

선생님은 또 하나의 문제에 직면하였다. 영향력이 있는 지역교육청 교육위원 중의 하나인 외과의사가 그를 방문하였다. 그 교육위원은 인디언 문화 교육에 대한 선생님의 의견에 반대하였다. 그는 인디언 문화 교육을 분열적인 것으로 보았다. 그는 다음과 같이 주장하였다. "더 이상 인디언들이 핍박을 받아온 과거나 인디언 문화의 정체성과 가치에 대해 이야기를 해서는 안 된다. 인디언들이 자신을 미국인으로 여길 수 있도록 도와주어야 한다. 다문화 교육은 단지 소수자의 소외, 단절, 그리고 경제적 배제를 지속시킬 뿐이다. 다문화 교육을 지속한다면, 조만간 Bosnia에서 일어났던 것처럼, 미국에서도 내분이 일어날 것이다."

2. 가상 논쟁

A: 우리 민주주의의 가장 위대한 점의 하나는 다원주의이다. 우리나라에는 여러 인종과 종교를 가진 사람들이 있고, 세계의 여러 나라와 문화로부터 온 사람들이 있다. 우리는 서로 배우면서 평화와 조화 속에서 함께 살고 있다.

B: 잠깐만! 우리의 역사는, 가장 최근의 역사에서도, 평화와 공존으로만 있지는 않았다. 인종 폭등, 교회 방화, 혐오 범죄, 폭격, 분노 등이 있었다. 다양성은 평화가 아닌 증오, 차별, 잔인한 폭력의 기폭제이다.

A: 그렇다. 그러한 일들이 일어나기도 한다. 그러나 국가 전체적으로 보면, 이러한 사건들은 통계적으로 볼 때 매우 미미한

수준이다. 99%의 사람들은 다른 사람들과 어울려 지내며, 서로 관용을 베풀고 산다. 관용이 차이에 대한 해결책이다.

B: 단지 차이를 알고 인정하는 것은 문제를 해결하지 못할 것이다. 백인의 대부분이 흑인을 다르게 보고 있으며, 내적으로 또는 무의식적으로 자신들을 우월하게 본다. 흑인은 어릴 때부터 백인이 그렇게 대우하는 것을 보고 자신들이 백인과 다르고 열등하다고 배운다. 이러한 현상은 유태인, 거듭난 기독교인, 히스패닉, 미국 원주민, 아시아인, 그리고 다른 소수자들에게 거의 비슷하게 나타난다. 청소년들은 자신의 부모 그리고 친구들뿐만 아니라 사회의 저명인사들로부터 이러한 메시지를 받아들인다. 그들은 서서히 백인이 흑인을 다르게 대우한다는 것을 느끼면서 배운다. 우리는 학교에서 관용을 가르칠 수 있지만, 차이의 뿌리는 아주 깊숙한 곳부터 자라고 있으며, 아이들의 마음에 상처를 주고 있다.

A: 매우 시적인 표현이다. 문제에 대해 당신이 말한 것들이 해결책을 시사해준다. 학교는 다양성에 대해 교육하고 관용에 대해 가르치는 장소가 되어야 한다. 다른 문화에 대해서 가르쳐야 하고, 다른 문화를 인정하여야 한다. 다른 종교에 대해서도 탐구하고 이해할 수 있는 기회를 주어야 하고, 다른 종교들이 인간의 영적 세계를 정의하는 다른 방법임을 이해할 수 있도록 해야 한다.

B: 현실적으로 보자! 세계의 모든 문화를 가르칠 수 있는 충분한 시간이 없다. 충분한 시간이 있다고 하더라도, 어떤 문화의 기준에서 어떤 것이 가치 있는 기여인지를 결정할 것인가? 기준은 문화에 따라 다르다. 다른 종교를 가르치는 것 역

시 위험할 수 있다. 모든 종교가 어떤 측면에서 옳은 면이 있을까? 당신의 믿음과 모순되는 믿음을 갖도록 강요받는다면 당신은 어떻게 할 것인가? 진정한 종교가 있는가? 진실이 중요하지 않는가?

A: 여기에서 진리는 논점이 아니다. 논점은 관용과 이해이다. 다원주의, 다문화주의, 민주사회에서 필요한 것은 평화롭게 공존하고 차이를 존중하는 것이지, 모두가 인정하는 진실을 추구하는 것은 아니다.

B: 너는 학교와 민주주의 사회에서 진리가 중요하지 않다고 말하는 것이냐? 나는 그걸 믿을 수 없다!

3. 관련 개념

종교적 다양성과 다문화주의는 매우 복잡한 주제이다. 우리가 할 수 있는 것은 이 주제에 대한 표면적인 논의일 뿐이다. 사례와 관련된 네 가지 이슈에 초점을 두자. 첫째는 소외와 정체성의 문제이다. 학교에서 일부 학생들이 그들의 존재에 대한 무엇인가가 무시되기 때문에 소외되고 있다. 헉슬리 선생님 반의 일부 학생들의 경우에 선생님이 자신들의 종교에 적대적이라고 생각한다. 뉴하버 고등학교에서 인디언 학생들은 그들의 문화가 무시되거나 멸시된다고 생각하고 있다.

둘째, 진리란 무엇인가와 누가 결정하느냐의 문제가 있다. 한 교실에서 인간의 기원에 대한 논쟁이 있다. 뉴하버 고등학교에서는 인디언 부족이 미국 헌법의 기초에 기여한 것에 대한 논쟁이 있다. 선생님은 이 과정에서 인디언 학생들이 개인적인 이해관계를 느끼게 되고 인격적인 모욕을 받을 가능성을 염려하고 있다. 학교가 사람들의 종교적 신념과 모순되는 것을 가르칠 수 있는 권한을 가지고 있는가? 다양한 문화의 가치 또는 기여에 대해 질문을 제기하는 것들을 가르칠 수 있는 권한이 있는가? 학교에서 진리로 보아야 할 것과 토론의 주제로 삼을 수 있는 것을 결정할 권한은 누구에게 있는가? 특정한 학생들에게 고통을 줄 수 있는 상황에서 학교가 진리라고 여겨지는 것을 가르칠 수 있는 권한이 있는가?

셋째, 대화의 문제이다. 두 선생님은 논쟁적인 주제를 학교에서 논의해야 한다고 생각한다. 두 선생님은 진리는 자유롭고 공개적인 논의를 통해서 가장 잘 판별할 수 있다는 밀(Mill)의 사상을 믿고 있는 것 같다. 그들은 한 쪽 의견을 학교에서 배우고 다른 의견을 다른 장소에서 배우는 것에 대해 반대하고 있다. 또한 일부의 학생들이 불편하다고 하여 공개적인 논의를 회피하는 것도 옳지 않다고 생각하고 있다. 그러나 논의의 규칙을 누가 결정할 수 있는가? 어떻게 공정한 논의가 진행될 수 있을까? 누가 진실을 결정하고 논의의 규칙을 정하고 있는가?

넷째, 하나 또는 다수의 논의이다. 학교는 모든 사람이 공유하는 미국의 문화를 형성해야 하는가? 또는 여러 문화를 동등하게 존중하도록 해야 하는가? 만일 미국의 문화를 공유하는 데 초점을 둔다면, 소수자들이 핍박받게 되고 소외되지는 않는가? 만일 문화적 다양성을 추구한다면, 사회가 분열되고 정치적으로 불안정해지지는 않는가? 중도적인 것이 있는가?

이번 장의 목표는 크게 두 가지이다. 첫째, 다양성에 대한 몇 가지 관점을 소개한다. 둘째, 이 책 전체에서 다루고 있는 분석적 개념의 적절성에 대한 질문을 다룬다. 이 책에서는 결과주의와 원칙주의라는 두 개의 윤리 이론 사이에 논쟁이 있는 것처럼 소개하고 있다. 이 이론들은 현대 윤리학이라고 부를 수 있는 것의 두 가지 버전이다. 현대성은 포스트모더니즘 철학자라고 불리는 사람들에 의해 도전받고 있다. 복잡한 논의에 적합할 정도로 소개할 수는 없지만, 간단히 소개하면 다음과 같다.

포스트모더니즘 철학자들은 현대 철학자들이 모든 것들을 큰 이론의 틀로 설명하기 위해서 세부적인 것들의 차이에 관심을 두지 않았다고 주장한다. 현대 철학자들은 우리가 아무리 차이가 있다고 하더라도 어떤 측면에서는 동일하며, 중요한 것은 동일성이라고 주장한다. 사람마다 관점, 종교, 민족, 성, 역사에서 다른 점이 있다 하더라도 결국에 모두 인간 또는 효용추구자(또는 둘 다)이다.

그러나 포스트모더니스트는 인간의 이질성이 동일성보다 더 근원적이라고 주장한다. 그리고 우리가 주장하는 동일성은 사실상 환상이다. 결론적으로 사람이란 무엇인가? 우리가 사람을 정의할 때, 삶의 주체인 인간의 진정한 모습을 기술하는가? 아마도 이러한 정의는 아무것도 보여주지 못하는 형이상학적 환상일 뿐이다. 더 큰 문제는 정의되는 인간의 모습은 유럽 사람들이 그들을 보는 관점일 뿐이라는 것이다. 유럽인, 남자, 백인 또는 기독교인이라는 특징을 보편화하려고 하나 이것은 보편적인 것이 아니다. 만일 그렇다면, 인간성을 윤리의 핵심으로 가정하는 윤리 이론은 일부의 경험이나 문화를 다른 사람에게 강요하는 것일 수 있다. 이와 유사하게, 인간을 효용이나 행복 추구자로 보는 것은 자본주의 경제학자들에게 지지되는 관념일 수 있다. 따라서 이 이론은 자본주의의 이익을 대변할 수 있다. 우리는 중요하고 공유되는 인간성을 찾기를 멈추고 차이와 독특성의 중요성을 인지할 필요가 있다.

진리란 무엇인가에 대한 이슈를 분석하여 보자. 많은 철학자들은 사람들이 그들이 속한 문화 속에서 받아들이는 해석적 틀을 통해서 세계를 경험한다고 주장한다. 우리는 세계를 동일한 방식으로 보지 않는다. 아마도 인간은 모두 서로 대체할 수 없는 다른 세계에 살고 있기 때문일 것이다. 절대적인 진리란 없다. 왜냐하면, 남자 또는 여자의 경험이 따로 있고, 유럽계 미국인, 아프리카계 미국인 또는 남미계 미국인의 경험이 따로 있고, 이들에게는 서로 다른 진실과 세계를 보는 방식이 있기 때문이다. 우리가 가진 진실은 우리의 배경과 정체성이 침윤된 진리이다. 따라서 모든 진리는 부분적이고 관점에 제한되는 진리이다. 어떠한 진리도 전체적이고 완전한 진리가 아니다. 모든 진리는 진리를 주장하는 사람의 관점을 가정하고 있다.

이러한 생각들이 어떻게 연결되는지에 주목하여 보자. 진리가 부분적이고 관점이 내재된 것이라고 보는 사상에서는 순수하게 보편적인 윤리 이론이 있다고 가정하기 어렵다. 우리는 서로 대체할 수 없게 다르다. 모든 이론은 특정한 사람의 경험을 가정하고 있다. 우리를 인간으로 또는 효용추구자로 보려고 하는 관점은 일부의 진리를 모두의 진리로 강요하는 것이다. 따라서 윤리적 일반화의 시도는 억압적일 수 있다. 이러한 윤리 이론들은 우리의 정체성을 부정하고, 인간의 당위성에 대한 다른 사람들의 정의를 강요한다.

포스트모더니즘에 대해서 여기에서 기술한 대로 우리가 포스트모더니즘을 수용하는 것은 아니다. 그러나 포스트모더니즘의 주장을 신중하게 고려할 필요는 있다. 첫째, 포스트모더니즘은 이전에 우리가 논의했던 것들에 대해서 의문을 제기한다. 따라서 포스트모더니즘을 통해 우리가 배울 필요가 있는 것이 무엇인지를 생각하는 기회를 가져야 한다. 둘째, 포스트모더니즘은 윤리 이론을 구성하는 사람들이 주의하여야 할 사항들을 일러준다. 일반적인 사람들에 대해서 또는 보편적인 윤리 이론이 있을지라도 우리는 이 이면에 있는 문화와 편향성에 주의할 필요가 있다. 모든 윤리 주장들을 주의 깊게 검증할 필요가 있다. 특히 우리가 우리와 다른 배경을 가진 사람들과 관련되어 있을 때, 더욱 더 주의할 필요가 있다. 셋째, 포스트모더니즘의 주요 주장은 교사들이 직면하는 다원주의와 다양성에 관해 제기되는 문제들에 유용한 관점을 제공한다.

이 장에서는 우선 소외, 차이, 진리의 분파성 등을 강조하는 종교적·문화적 다양성의 관점을 소개한다. 그리고 이 관점과 우리가 논의했던 결과주의와 원칙주의 관점으로부터 파생되는 다양성의 관점과 비교하여, 각각의 강점과 약점을 분석한다.

급진적 다원주의

미국인은 한 민족인가? 그래야만 하는가? 학교는 미국을 한 민족으로 만들어야 하는 책무를 가지고 있는가? 과거에 많은 교육자들은 민족 형성에 대한 학교의 책무를 인정하였다. 이민자들을 미국화하는 것은 학교의 일이었다. 다양한 언어, 종교, 관습을 가진 사람들은 학교라는 커다란 용광로에 넣어져 혼합되어 미국인이 되는 것이었다. 다양성은 강조되기보다는 미국인이라는 새로운 사람으로 창조되기 위해서 제거되어야 하는 것이었다.

물론 미국인은 일부의 다양성을 인정하여 왔다. 권리장전에 따르면, "종교의 자유를 억압하는 법률을 제정해서는 안된다."라고 규정되어 있다. 그러나 실제에서 종교적 관용은 제한되었다. 1960년대까지 많은 주에서 학교 일과를 성경과 주기도문을 읽으면서 시작하도록 의무화하고 있었다. 종교적 관용은 개신교의 종파에 한정되었다. 19세기 미국의 공립학교가 가톨릭에 대해 우호적이지 않았기 때문에 가톨릭은 자신들을 위한 학교체제를 구축하기 시작하였다.

다른 종류의 다양성은 존중되지 않았다. 아프리카인은 노예화되었다. 미국 원주민들은 서쪽으로 밀려나거나 멸종될 정도로 탄압당하거나, 보호구역에 연금되었다. 소수자나 이민자들은 미국이 자신들의 문화, 종교, 민족성 등을 존중한다고 보지 않았다. 일부는 오히려 미국이 자신들을 사악할 정도로 핍박하거나 착취하는 것으로 보았다.

공립학교는 여러 민족을 하나로 만들려고 노력하였으며, 마치 이미 하나가 된 것처럼 행동하려고 노력하였으며, 여기에서의 '하나'는 개신교, 백인, 북유럽을 의미하였다. 다른 사람들은 이 하나의 사람으로 재탄생하거나 이를 수용하여야 하며, 그렇지 않으면 소외되었다.

이것이 잘못되었는가? 그렇다면 그 이유는 무엇인가? 첫째, 사람들의 종교, 문화, 민족성은 그들의 정체성에 매우 중요하고, 다른 사람의 종교, 문화, 민족성을 존중하지 않는 것은 사회적으로 구성된 자아에 대한 폭력으로 간주된다.

앞의 사례에서 학교는 일부의 학생들에게 중요한 것, 종교, 문화 또는 민족성을 부인하였거나 제대로 인식하지 못한 모습을 보였다. 어떻게 해야 하나? 사람들의 종교, 문화, 민족성은 단순한 사실이 아니라 그들의 정체성을 이해하는 데 핵심적인 것이다. 예를 들어 수잔은 올드어스 학교의 학생이고, 기독교인이다. 전자는 그에 관한 단순한 사실이고, 후자는 그녀의 정체성이다. 수잔이 다른 학교로 전학을 간다면, 그는 다른 학교의 수잔이 될 것이다. 그러나 그가 더 이상 기독교인이 아니라면, 그는 근본적으로 다른 사람이 되는 것이다. 그에게 있어 종교는 그의 일부이다. 이러한 논리는 인디언 부족에게도 적용될 것이다. 인디언 부족이라는 것이 그들에게 단순한 사실이 아니라 그들의 일부인 것이다. 민족성이나 문화가 그들의 정체성을 규정한다.

그렇다면 다양성을 인정해야 하는 하나의 이유는 다양성을 인정하지 않으면 그 사람의 정체성을 인정하지 않거나 거부하는 것이 되기 때문이다. 이것은 그 사람의 가치를 부인하는 것이다. 따라서 다양성을 인정하지 않는 것은 그 사람에 대한 내면적인 폭력을 가하는 것이다.

다양성을 존중하는 것은 진리에 대해 의문을 제기한다. 무엇이 진리로 간주되는가? 진리로 간주되는 것을 결정하는 사람은 누구인가? 올드어스 교육청에서 종교적 다양성을 고려하지 않은 것은 진화론을 가르친 것이고, 진화론은 일부의 미국인에게는 종교적 신념과 반대되는 것이다. 만일 종교가 어떤 학생의 정체성에 가장 중요하다면, 이 학생이 수업시간에 진화론을 배우는 것은 일종의 자기부정으로 느껴질 수 있다. 선생님이 학생들의 신념에 반하는 것을 가르친 것은 그 학생들의 정체성에 중요한 무엇을 부인하는 것이다.

이와 동일하게 미국에 있는 여러 문화와 역사를 다루고 이들이 미국 사회에 기여한 바를 가르치는 것은 그 문화를 공유하는 사람들에게 매우 중요하다. 인디언 부족 학생들이 자신의 문화가 인정받고 자신의 선조들이 미국 국가의 기초를 다지는 헌법 작성에 지대한 공헌을 하였다는 것을 알게 되었을 때, 이들은 자신들이 인정받고 있다고 느끼게 될 것이다. 그들이 자신들을 인디언 부족으로 여기고, 인디언 부족이 가치 있는 문화를 가지고 있고 미국 사회에 기여하였다는 것을 인지하는 것은 그들의 자존감을 높이는 데 도움이 될 것이다.

그러나 만일 인디언 부족이 헌법 기초에 기여하였다는 것이 사실이 아니라면 어떻겠는가? 그 사실 때문에 인디언 부족 학생들이 위축되어야 하는가? 그들이 인디언 부족의 일원으로 생각하고 있는데, 그들의 선조들이 그러한 기여를 하지 않았다는 것을 알았을 때 그들이 자긍심을 잃어야 하는가? 아마도 사람의 자긍심을 증명하기 어려운 문화적 가치 또는 역사적 가치와 연결시키는 것은 실수일지 모른다. 모든 문화가 우리의 문화에 중요한 기여를 해야 하는가? (그리고 왜 그것이 우리의 문화에?) 만일 그렇지 않다면, 그 점에 있어서 각 문화는 불평등한가? 우리가 모든 사람들이 동등한 가치를 가지고 있다고 주장한다면, 모든 문화 역시 동등한 가치가 있는 것이 아닌가? 우리는 어떻게 이것을 알게 되는가?

앞의 두 사례에 대해서 학교와 교사들은 어떻게 인식해야 하는가? 사람들이 동등한 존엄성을 가지고 있는가? 학교가 진화론과 같은 사상을 가르치거나 다양한 집단들의 사회적 기여에 대해 의문을 제기할 권한이 있는가? 이 질문에 대해 숙고할 때, 한 사회의 주도 집단의 역사는 자기 긍정적인 신화일 수 있다는 것을 고려할 필요가 있다. 모든 사람들은 자신의 집단이 승인되어지기를 바란다. 그러나 주도 집단은 자기 스스로를 승인하는 힘을 가지고 있다.

이 문제와 관련하여 유의할 점이 많다. 첫째, 이러한 사고는 다음의 두 단계를 생각할 수 있게 한다. 사례를 소개할 때, 사람들의 자기 가치에 대한 인식, 종교, 문화, 또는 역사에 대한 진리에 있어서 갈등이 있는 것처럼 기술하였다. 학교는 학생들의 동등한 가치를 인정하기 위해서 진실을 속이거나 감추어야 하는가? 이러한 것은 용인되지 않을 것이다.

그러나 다음의 두 가지 생각을 받아들인다면 딜레마를 피할 수 있을지 모른다. 첫째, 진리라는 것이 중요한 이론적 가정 또는 문화에 상대적이라고 가정하자. 둘째, 사람들이 각자 무엇이 진리인지를 결정할 수 있는 권한을 가지고 있다고 가정하자.

이 가정들이 창조론과 진화론에 어떻게 적용될지를 살펴보자. 진화론을 부인하는 종교인들은 다음과 같이 주장한다. 우주의 기원과 생물의 진화에 대한 이른바 증거는 많은 의문점이 있다. 그것은 신이 존재하지 않는다는 것을 가정한다. 예를 들어 우주의 기원에 대해 살펴보자. 우리가 과학자들이 말하는 우주의 거대한 크기와 빛의 속도에 대해서 신뢰하려면, 우리는 광속으로 수백만 또는 수십억 년 멀리 있는 물체를 볼 수 있어야 한다. 그렇다면, 창조론자들이 주장하듯이, 우주는 몇천 년 정도의 역사를 가지게 된다.

창조론자들은 신이 우주를 창조했을 때, 신이 멀리 있는 별과 은하수로부터 전해 오는 빛으로 빛을 창조했을지 모른다고 주장한다. 우주의 기원에 대한 진화론자들은 신의 존재가 없는 우주를 가정한다. 우주의 기원에 대한 논의에서 이것이 신에 의해 창조되지 않았다는 것을 가정하지 않으면 우주의 진화론은 성립하지 않는다.

창조론자들은 이 논의를 일반화할 것이다. 우리가 신을 믿는다면 우주와 사람은 그에 의해 창조되었고, 진화론의 증거들이 이 믿음에 일치하는 것으로 해석할 수 있다. 진화론자들은 신의 존재를 부인하기 때문에 우주가 우연과 적자생존에 의해 지배된다고 본다. 그러나 진화론자들이 우연과 적자생존으로 보는 것을 창조론자들은 목적과 계획에 의한 창조로 본다. 모든 것이 우리가 생각하는 가정에 의해 지배된다.

다음으로 진리가 시작점에 의해 결정된다면, 왜 진화론의 시작점을 창조론의 시작점보다 중요하게 다루어야 하는가? 진화론자에게 창조론을 믿는 학생들의 마음을 지배할 수 있도록 하는 것은 무엇인가? 이 권리가 진정한 진리에 근거하지 않는다면(위에서 보여준 바와 같이 절대적인 진리가 아님), 임의적인 것에 지나지 않는다. 진화론자들이 무슨 근거로 진화론만이 진리라고 간주되는 공립학교에 신앙이 있는 학생들도 다니도록 강요하는가? 창조론자들은 진리를 결정할 수 있는 권한을 가지고 있지 않는가?

인디언 부족들도 유사한 주장을 할 수 있다. 역사적 진실은 해석의 문제이다. 인디언 부족들은 자신들의 입장에서 역사를 해석할 수 있으며, 학교에서 보여주는 인디언의 역사에 대해서 최종적인 판단을 할 권한을 가지고 있다.

이와 관련하여 더욱 더 흥미로운 사례가 있다. 인디언 부족들이 미국 헌법의 기초에 기여하였다는 사실 여부에 왜 인디언 부족들이 그렇게 관심을 가져야 하는가? 이것은 헌법의 중요성을 전제로 한다. 그러나 백인에 의해 그리고 미국 정부에 의해 탄압받아온 인디언들이 왜 그들이 백인의 헌법 기초에 기여하였다는 것을 강조해야 하는가? 인디언들이 백인이 가치 있게 여기는 어떤 것에 중요한 기여를 했다는 점을 들어 백인에게 감동을 줄 필요가 있는가? 인디언들이 발견하고 통제하고 싶은 것은 그들의 문화로부터 나오는 가치 판단의 기준이다.

이 논의를 일반화하면, 결론은 다음과 같다. 모든 문화는 자체의 가치와 진리를 판별하는 기준을 가지고 있다. 이러한 기준은 그 문화에서는 옳은 것이다. 모든 문화에 적용되는 일반적인 진리가 있는 것이 아니기 때문에, 한 문화의 가치 기준을 다른 문화에 강요해서는 안된다. 모든 문화는 각자의 기준을 가지고 있다.

이러한 논의를 우리가 받아들인다면 개인의 종교와 문화를 인정하게 되고, 모든 문화를 동일하게 가치 있는 것으로 보게 되고, 모든 종교와 문화는 그 자체의 진리를 갖고 있다고 인정하게 되어, 개인의 존엄과 가치를 보장하게 된다. 이러한 논의는 급진적인 다원주의로 이끈다. 사회는 차이와 그 차이에 의해 구별되는 집단으로 구성된 것이다. 하나의 문화를 다른 문화의 판단기준으로 강요하지 않는다. 차이가 우선이다.

다양성에 대한 다른 논의

이제 결과주의와 원칙주의 관점에서 종교적 또는 문화적 다양성을 살펴보자. 원칙주의는 다양성에 대해서 다음과 같이 볼 것이다: 사람에 대해서 가장 중요한 사실은 그들의 민족이나 종교가 아니라 인간이라는 점 그 자체이다. 평등한 권리와 인간에 대한 존중의 기초는 인간으로서 도덕적 주체로서의 지위이다.

그러나 우리가 사람을 도덕적 주체로서 존중한다면, 우리는 그들의 선택을 존중해야 한다. 우리가 생각하기에 우리가 옳고 그들이 잘못되었다고 생각한다고, 그들에게 우리의 종교, 우리의 인생관, 우리의 가치 기준을 따르라고 강요할 수 없다. 우리가 다른 종교와 문화를 존중하는 것은 그것들이 진리이거나 동등하게 가치가 있어서가 아니라, 동일한 권리를 가진 사람들에 의해서 선택된 것이기 때문이다. 3장과 4장에서 논의되었던 것을 여기에서 보완한다.

이 관점의 특징을 주목하자. 첫째, 인간의 권리는 인간의 존엄에 뿌리를 두고 있으며 권리는 제한될 수 있기 때문에, 학교에서 모든 것을 용인할 필요는 없다. 예를 들어 인종차별주의를 용인할 수는 없다. 학교에서 서로 다른 인종, 민족, 종교에 대해서 이해를 도모하는 교육을 할 수 있으며, 인종차별적인 행동을 금지할 수 있다. 원칙주의자들은 사람들은 공정해야 할 의무를 가지고 있으며 또한 바른 삶에 대한 자신의 관점을 가지고 이를 추구할 수 있는 권리가 주어져 있다고 주장한다. 이것이 종교와 문화를 포함하여 올바름에 대한 자기 선택이며, 우리가 그 선택에 반대하든 또는 우리의 것이 더 낫다고 하더라도 그 선택을 존중해야 하는 것이다.

따라서 원칙주의자들은 사람들이 공통적으로 지녀야 할 것과 사람들이 서로 다른 것을 추구할 수 있는 것을 설명할 수 있게 된다. 모든 사람은 정의로워야 하며, 정의란 무엇인지를 탐색하고 공유된 정의의 관점을 강요할 수 있다. 그러나 올바른 삶에 대한 사람들의 다양한 관점을 제한하려고 해서는 안된다. 미국의 학교를 미국인으로 만들기 위한 도구로 사용할 수 있는가? 만일 학교에서 정의의 본질을 가르치고 이에 근거한 정치문화를 고양하기 위해 학교를 활용하는 것은 가능하다. 그러나 정의에 근거한 공유된 정치문화를 넘어서 특정한 종교나 문화 또는 정체성을 형성하기 위해 학교를 이용해서는 안된다.

이 관점은 문화적 상대주의나 이해의 근거가 아니다. 우리가 다른 사람의 종교가 거짓이고, 우리의 종교가 우월하다고 확신하더라도 다른 사람의 종교를 용인해야 한다. 우리의 문화가 우월하다고 확신하더라도 다른 사람들의 문화를 존중해야 한다. 우리가 존중하는 것은 그 사람들의 선택이지, 그 선택의 적합성이 아니다.

이러한 논의가 헉슬리 선생님의 생물학 수업에 어떻게 적용될 수 있는지 보자. 선생님이 생각하기에 창조론이 어리석고 무지몽매한 이론으로 보일지라도, 선생님은 학생들의 종교적 관점을 존중할 의무를 가지고 있다. 그러나 창조론을 존중해야 한다는 것이 선생님이 창조론이 창조론자들에게는 진리라는 주장을 받아들여야 한다는 것이 아니다. (창조론자들도 진화론이 선생님에게는 진리라는 것이라고 주장해서는 안된다.) 선생님에게 요구하는 것은 학생들이 자신의 관점을 가질 수 있는 권리가 있다는 것을 인정하는 것이다. 예를 들어, 이것이 의미하는 것은 생물학의 기초로서 학생들이 진화론을 알아야 한다고 주장하는 것과 그것을 믿으라고 하는 것의 차이를 구분할 수 있어야 한다는 것이다. 선생님은 진화론에 대한 믿음을 검증하는 질문이 되지 않도록 시험문항을 만들어야 한다. 선생님은 어떤 학생이 진화론을 거부한다는 이유만으로 평가에서 감점을 할 수 없다. 그러나 선생님이 진화론에 대해서 상대주의가 될 필요는 없다. 용인이 진리를 넘어설 수는 없다.

학교에서 학생들에게 용인을 가르칠 때, 자신들이 인정하지 않는 관점이나 삶의 방식에 대해서도 용인할 필요가 있다는 것을 이해할 수 있도록 도와주어야 한다. 그러나 학교는 동시에 특정한 관점이나 삶의 방식에 대한 학생들의 거부권도 인정하여야 한다. 예를 들어, 학교에서 종교적 신념이 동성애를 죄로 생각하는 학생들에게 그럼에도 불구하고 동성애자들에게 동일한 권리가 부여되었다는 것을 설명할 필요가 있다. 그러나 학교에게 동성애를 부인하는 학생들이 동성애를 삶의 여러 방식 중의 하나로 인정할 것을 요구해서는 안된다.

다양한 문화를 존중하는 것은 학교에서 학생들을 가르칠 때, 미국 문화의 다양성을 반영해야 한다는 것을 의미한다. 따라서 인디언 학생들이 밀집한 학교나 다른 학교에서 인디언 문화를 가르치는 것은 중요하다고 볼 수 있다. 그러나 특정 문화의 긍정적인 측면을 보여주기 위해서 역사를 왜곡하거나 만들어 내서는 안된다. 특정 문화의 모든 면을 승인할 필요는 없다. 특히 지배세력의 문화와 관련하여 이러한 것들은 매우 중요한 주제이다. 학교의 첫 번째 책무는 진리가 있는 경우에 진리를 가르치는 것이다. (우리는 인디언 연합과 헌법에 대해서 무엇이 진리인지 안다고 공언하지는 않는다.) 진리를 알기는 어려우나 위의 예에서 보듯이 상대적이지 않으며, 각각의 문화들이 각자의 진리를 갖고 있는 것도 아니다.

원칙주의자들은 사람들이 자신의 문화나 역사에 대해서 불편한 사실들을 접할 때, 상처를 입을 수 있다는 것을 인정한다. 따라서 불필요하게 이러한 상처를 줄 수 있는 것들은 피해야 한다. 그러나 이러한 상처를 주는 것이 인간으로서 그들의 존엄을 거부하는 것은 아니다. 사람들의 자아가치는 그들이 사람이고 도덕적 존재라는 것에 기인하는 것이지, 그들의 종교나 문화의 성취에 의존하는 것은 아니다.

근본적 다원주의자들은 백인이 소수자에 대한 탄압을 인정하고 이를 바로잡아야 한다는 주장에 동조하지 않을 수 있음을 원칙주의자들은 주목한다. 진리가 상대적이고, 사람들마다 저마다의 진리가 있다고 가정한다면, 백인이 자신들의 선호에 맞게 역사를 지어내지 않을 이유가 없을 것이다. 과거에(아마도 현재에도) 학교에서 가르친 역사의 상당 부분은 백인의 지배와 우월성을 지지하고 정당화하고 소수자의 탄압에 대한 사실을 축소하기 위해 쓰였다. 노예제도는 자비로운 보호주의로 표현되기도 하였다. 그렇지 않은가? 만일 백인이 그렇게 생각하기를 선택하였다면, 그것들을 진리로 여기는 것이 유용하지 않을까? 원칙주의자들은 학교 교사들이 논쟁이 되는 관점이나 삶의 방식에 대해서 줄타기 할 것을 요구하지 않고, 가야할 길이 있다고 본다.

다양성에 대한 결과주의 관점을 보기 위해서 밀(Mill)의 논의를 보자. 밀(Mill)은 다양성을 개별성(individuality)이라고 명명하고, 다양성을 용인할 때 삶의 여러 가지 방식을 시험해 볼 수 있다고 주장하였다. 진리탐구를 위해서 자유롭고 공개적인 토론이 필요하듯이,

무엇이 가장 좋은 삶의 방식인지 찾기 위해서는 경험적인 증거가 필요하다. 밀(Mill)은 개별성을 여러 가지 삶의 방식에 대한 일종의 실험으로 보았다. 따라서 다양성과 여러 시도가 가치롭게 여겨지고 보호될 때, 우리는 서로를 통해 올바른 삶에 대해서 배울 수 있게 된다.

밀(Mill)은 또 다른 논거를 제시한다. 예를 들어 다양한 삶의 방식이 인생을 보다 다양하고 흥미롭게 만든다고 주장한다. 그는 사람들이 서로 다른 방식으로 각자의 행복을 추구한다고 주장한다. 우리는 다른 취향과 선호를 가지고 있다. 다양성이 없는 사회는 모든 사람이 동일한 것에 행복을 추구할 것이다. 그러나 다양성은 사람들이 자신의 행복의 관념에 적합한 삶의 방식을 추구할 수 있게 한다. 따라서 다양성이 최대 다수의 최대 행복에 기여한다.

밀(Mill)은 정부 또는 사회가 통제할 수 있는 삶의 영역과 개인들이 통제할 수 있는 삶의 영역을 구분하기를 바란다. 그는 원칙주의자들의 구분과는 다르게 공적 영역과 사적 영역을 구분한다. 결과주의자로서 그의 관점은 개인의 선택보다는 행동이나 아이디어의 결과를 강조한다. 그러나 실제로는 밀(Mill)과 대부분의 원칙주의자들은 무엇이 공적 영역이고 사적 영역인지에 대해 동일한 결론에 도달한다. 이번 장의 사례에서, 밀(Mill)과 원칙주의자들 모두 언어, 종교, 문화, 삶의 방식, 즉 사람들의 올바름에 대한 관점은 개인적 관점으로 여길 것이다. 또한 공통적으로 상대주의를 인정하지 않는다. 아이디어와 삶의 방식에 대한 진리의 추구는 밀(Mill)과 원칙주의자 모두에게 중요한 목적이다. 진리를 추구하기 위해서는 지적인 자유, 삶에 대한 여러 가지 시도, 열린 토론, 실증, 대화 등을 필요로 한다. 밀(Mill)은 진리에 대한 다음의 두 가지 태도가 대화를 방해하는 것으로 볼 것이다. 첫째는 확실성이다. 만일 우리가 진리를 알고 있다고 확신한다면, 대화가 무슨 필요가 있겠는가? 둘째는 회의주의이다. 만일 결론적으로 진리가 없다면, 대화가 무슨 소용이 있겠는가? 밀(Mill)은 오류가능성(즉, 진리 탐구는 중요하나 우리가 진리에 도달하였는지는 불확실하다)을 강조한다.

4. 찬반 논쟁

지금까지 다양성의 용인을 정당화하는 세 가지 접근을 기술하였다. 각각에 대한 찬반을 살펴보자. 우선 원칙주의자와 결과주의자들의 주장에 대한 반대 논거이다.

1. 다른 사람에 대한 존중의 관점은 자아가 사회적으로 형성되는 정도를 적절하게 반영하지 못하고 있다. 우리는 우리 자신을 단지 추상적인 "인간(persons)"으로 보지 않는다. 오히려 우리 자신을 우리의 역사, 문화, 종교, 그리고 다른 요인들에 의해 형성된 "사회적인 자아(situated selves)"로 인식한다. 또한 이 관점은 우리가 사람을 왜 가치롭게 여기는지에 대한 생각을 적절하게 반영하지 못하고 있다. 우리는 단지 우리가 사람이기 때문에 가치 있게 여겨지기를 바라지 않는다. (물론, 우리는 우리가 특정 집단의 일원이기 때문에 가치롭게 여겨지기를 바라지 않는다.) 우리는 개인으로서 특별한 인간으로 여겨지기를 바란다. 우리가 잘못된 종교를 가지고 있고, 문화가 가치가 없고, 문화유산이 가치가 없다고 말하면서 우리가 인간이니까 권리가 존중된다고 말할 때, 우리가 인정받고 있다고 생각할 수 있을까? 하늘은 그러한 수사로 우리를 구원한다! 사람의 가치를 그들의 상황과 유리시키고 추상적인 인간으로

보는 관점은 무엇인가를 결여하고 있다. 우리는 모두 인간이지만, 우리는 모두 특별함을 가지고 있고, 그 특별함 때문에 가치 있게 여겨질 필요가 있다. 인간이라는 특성과 더불어 특별함이 적절한 방식으로 다루어져야 한다.

2. 앞에서 이야기한 근본적인 문화적 상대주의는 정당화하기 어렵지만, "적정한 수준의 상대주의(modest relativism)"는 정당화될 수 있다. 적정한 수준의 상대주의는 다음의 두 가지를 인정한다. 첫째, 합리적인 관점은 사람들이 그들의 문화와 교육으로부터 배운 관념이 세상에 대한 그들의 관점에 영향을 주고 또한 세상을 구성한다는 것을 인정한다. 둘째, 사람들이 진리라고 여기는 것은 합리적으로 믿을 수 있는 것뿐만 아니라 사람들의 관심과 편견에 의해 채색된다. 때때로 합리적 추론은 우리의 특정한 관심과 편견이 사물의 본성에 내재하고 있음을 보여주는 것에 지나지 않는다.

푸트남(Putnam)은 사상이 항상 공유된 관념의 맥락에서 형성된다고 주장하고, 여러 학파의 철학자들이 지적하는 두 가지 사항이 균형을 이루어야 한다고 주장한다. 첫째, 특정 영역 또는 지역에서 옳은 것과 그른 것은 전통의 맥락에서만 이해된다. 둘째, 전통 그 자체는 분석되고 비판될 수 있다.

푸트남(Putnam)의 주장은 모든 추론 또는 합리화는 전통(역사적 맥락)의 안에서 이루어진다는 것을 보여준다. 그러나 그는 전통에 대한 비판이나 논쟁이 불가능하다는 것을 보여 주기 위한 것은 아니며, 또한 합리성이라는 것이 단지 우리의 관심과 편견의 표현에 지나지 않는다는 것을 보여주기 위한 것은 아니라고 설명하였다. 푸트남(Putnam)의 논점은 우리가 보지 못하는 부분을 보고 편견이 무엇인지를 알기 위해서는 서로 다른 전통, 종교, 문화에 대한 담화와 논쟁이 꼭 필요하다는 것이다. 이것이 우리가 다른 방식으로 보기 위해서 배울 수 있는 유일한 방식이다.

"적정한 수준의 상대주의"의 다른 측면이 있다. 밀(Mill)의 "삶의 실험" 논의는 사람들이 삶의 방식을 다양하게 선택하는 것이 이 중에서 가장 좋은 삶이 무엇인지를 실증적으로 보여주는 실험을 의미하지는 않는다. 밀(Mill)은 사람들이 서로 다른 방식으로 자신의 행복을 찾는다고 믿는다. 이것이 사실이라면, 사람들이 자신의 행복을 추구할 수 있는 사회가 최대 다수의 최대 행복에 기여할 것이다.

이 관점에 대해서 논의할 사항이 많지만, 이러한 관점에서는 사람들이 가치 있게 여기는 것에 문화가 얼마나 영향을 주었는지 명확히 설명할 수 없다. 만일 행복이 사회적으로 형성되는 것이라면, 개별성을 존중하는 것이 중요하듯이, 문화적 다원성을 존중하는 것이 중요하다. 다원주의를 인정하는 것은 단순히 다양성을 존중하는 것 이상의 의미를 가지고 있다. 종교와 문화는 우리를 다양하게 만들며 또한 집단의 구성원이 되도록 한다. 다원주의를 인정하는 것은 종교와 문화가 다양성과 다양한 삶의 선택이 가능하게 근원이라는 것을 인정하는 것이다. 종교와 문화는 우리가 가치 있게 여기는 방식과 가치 있게 여기는 대상을 형성한다. 다원주의는 다양성의 전제조건이다. 다양성에 대해서 밀(Mill)이 제안하는 개별성의 개념보다는 집단차원의 이해가 필요하다.

가치판단에서 문화적 다원성을 인정할 때 우리는 문화적 편견에 의한 비판을 피할 수 있다. 다양한 삶은 특정한 기준에 의해 성공 또는 실패로 평가된다. 어떻게 밀(Mill)이 제시한 "삶의 선택 실험"

을 평가하는가? 성공을 판단하는 기준은 무엇인가? 19세기 영국 사람들의 성공 기준을 적용할 수 있을까? 밀(Mill)이 살던 시대 국가는 자신들의 삶의 기준에 비추어 다른 사람들의 삶을 평가하기로 악명이 높았다. 그들은 다른 사람들을 야만인이라고 평가하면서, 다른 사람에 대한 제국주의와 지배를 정당화하였다. 밀(Mill) 역시 자유론(On Liberty)에서 어린이와 야만인을 위해서 보호주의가 적합하다고 주장하였다. 만일 우리가 가치판단의 기준이 사회적으로 구성된다는 것을 인식하지 못하고 또한 행복의 중요한 기준이 문화에 영향을 받는다는 것을 인식하지 못한다면, 다른 사람들을 평가할 때 무비판적으로 우리 문화의 가치판단 기준을 적용하게 되고 다른 사람의 경험을 존중하거나 그들로부터 배울 수 있는 기회를 잃게 될 것이다.

이것은 문화적 상대주의가 아니다. 우리는 다른 문화를 평가하고 비판할 수 있다는 것을 부인하지 않으며, 다른 문화로부터 배울 것이 있다는 것을 부인하지 않는다. 그러나 가치판단의 문화적 다양성을 인정하는 것은 우리가 무지 또는 순진한 비판을 피하도록 하고, 우리의 가치를 절대적으로 보는 것을 경계하게 하고, 절대주의와 상대주의 사이의 중도를 찾을 수 있게 도와준다.

밀(Mill)의 관점은 사람들 사이의 다름 또는 사람들이 자신의 행복을 추구하는 방식에 항상 옳음과 그름이 있어야 한다는 것을 가정하지 않는다. 음식에 대한 선호가 유용한 예이다. 음식에 대한 사람들의 선호는 분명히 그 사람의 가정 또는 문화에서 가치있게 여기거나 주식의 문제이다. 그들은 다른 종류의 음식을 좋아하게 될 수도 있고 아닐 수도 있다. 그러나 음식에 대한 선호가 단지 특정 음식을 좋아하고 다른 것은 싫어하는 것이 타고난 본성은 아니라는 것은 사실이다. 그것은 문화적으로 형성된 것이다. 우리가 다른 문화권의 음식을 경험할 때, 우리 문화권의 판단기준이 다른 나라 문화권 음식에 대한 선호나 선호 방식에 영향을 준다. 밀(Mill)의 논의로 돌아가서, 그의 개인주의에 대한 주장이 다원주의로 보여질 수 있다. 가치판단의 기준이나 가치의 대상이 진실/거짓, 선진/후진 등으로 구분할 수 없기 때문에 특정문화에 대한 선호를 존중하여야 한다. 문화는 사람들이 다른 방식으로 행복을 추구하게 하는 이유가 된다.

급진적 다원주의의 결점 중의 하나는 왜 사람들을 평등하게 대하고 동일한 권리를 가진 존재로 존중해야 하는지를 설명하기 어렵다는 것이다. 문화적 상대주의는 모든 문화를 동일하게 보기 때문에 사람들이 평등하다고 주장한다. 문화적 상대주의는 다른 문화를 평가할 수 있는 기준이 있다는 것을 부정함으로써 모든 문화가 평등하다고 주장한다. 그러나 이 주장이 어떻게 모든 개인과 문화를 평등하게 만들 수 있는가? 각각의 문화들이 자신들의 가치판단을 존중하기 때문에, 사람들이 다른 문화를 평가할 때는 그 판단기준을 유보해야 하는가? 그러나 자기 문화의 가치판단 기준으로 볼 때 부정적으로 보이는 문화를 평가할 때 그렇게 할 것 같지는 않다.

문화적 용인은 객관적인 가치이기 때문에, 문화적 상대주의자들은 우리가 다른 문화를 용인해야 한다고 주장할 수 없다. 그들은 또한 평등이 객관적 가치라고 주장할 수도 없다. 그들에게는 객관적인 가치가 존재하지 않는다. 그들에게는 특정한 문화에서 그 문화의 구성원들에게만 적용되는 가치가 있을 뿐이다. 예를 들어, A문화에서는 B문화를 가치가 없고, B문화의 사람들을 열등하게 보는 가치판단 기준을 갖고 있다고 가정하자. A문화에게 평등과 문화적 용인을 주장할 수 있는 근거가 있는가? 문화적 상대주의가 사실이라면, 특정한 문화의 가치판단 기준에 없는 한 그러한 주장의 근거는 없게 되고, 따라서 A가 B문화를 용인해야 한다고 할 근거가 없게 된다.

문화적 상대주의는 현대 윤리학으로부터 도출되는 용인과 평등의 전통에 기생하고 있는 것처럼 보인다. 문화적 상대주의는 다른 민족이나 문화를 동일하고 가치 있게 여겨야 한다고 주장하면서, 현대 윤리학은 그렇게 하지 못하고 있다고 주장한다. 그러나 문화적 상대주의는 용인이나 평등에 대한 근거를 제공하지 못하고 있으며, 용인을 받아들이지 못하는 문화에 대해서 어떠한 주장도 하지 못한다.

진리가 특정 집단이나 문화에 한정된 진리라고 주장하는 상대주의는 가치에 대한 평가가 중요함을 절하시킨다. 만일 가치 기준이 전적으로 상대적이라면, 모든 문화의 가치 기준은 임의적인 것이다. 어떤 것이 가치 있다고 주장하는 것은 우리가 단순히 그것을 가치 있게 여긴다고 말하는 것 이상의 무엇이 있어야 한다. 가치 있다고 주장하는 것은 다른 사람의 평가 기준으로 볼 때도 그 기준을 충족한다는 의미이다.

하나의 예를 들어 보자. 한 남자가 낭만적인 분위기 속에서 어떤 여자에게 "당신은 아름다워."라고 말했다고 가정하자. 만일 우리가 미에 대한 평가 기준이 없다고 믿는다면 이것이 찬사가 될 수 있을까? "자기야, 아름다움에 대한 객관적인 기준은 없어. 그리고 자기는 아름다워."라는 표현은 찬사로써 무엇인가 부족하다.

우리는 아름다움에 대한 객관적인 기준이 있으며, 또한 다양한 방식으로 아름다움이 표현될 수 있다고 믿는다. 아름다움이 다른 문화에서는 다르게 보여지거나 표현될 수 있다고 믿는다. 우리가 다르게 배웠거나 다른 문화에 익숙해진다면 지금까지 우리에게 아름답게 보이지 않았던 것이 아름답게 보일 수 있다는 것을 믿는다. 간단히 말해서, 우리는 아름다움에 대한 기준은 문화에 따라 다를 수 있음을 믿는다. 이러한 명제들은 아름다움을 평가하는 기준들이 있음을 전제한다.

우리는 다른 사람들이 아름답다고 하는 것을 평가할 수 있다. 다른 사람들은 아름다움을 설명할 수 있고, 우리는 그 설명에 따라 이해할 수 있다. 문화적 상대주의는 이러한 관점을 지지하지 않을 뿐만 아니라, 오히려 모든 가치판단 기준이 임의적이라고 주장하면서 부인한다.

상대주의는 비판이 중요할 때 그것을 부정하게 된다. 만일 진리가 상대적이고 각각의 문화는 자신들의 진리가 있다면, 다른 문화의 가치를 비판하는 것은 가능하지 않다. 사실상, 이것이 상대주의의 의도이다. 상대주의는 지배집단이 그의 문화를 소수 집단에게 전파하는 것을 막기 위해 제안되었다. 그러나 비판이 중요하고 또한 가능한 순간에 소수집단이든 지배집단이든 비판을 부정하게 한다. 예를 들어 우리가 비판하고 싶은 문화적인 행태는 노예제도, 경제적 착취, 성적 비하 행위, 종교적 탄압 등이다. 만일 모든 진리가 특정 문화에 한정된 것이고 각자 다른 진리관을 가지고 있다면, 어떤 근거로 이러한 것들을 배척하거나 비판할 수 있겠는가? 실제로 급진적 다원주의는 지배적 문화를 정당화하는 논거로 사용될 수 있다.

마지막으로, 급진적 다원주의는 반대화적(anti-dialogical)이다. 우리는 문화적 갈등이 모든 사람을 동등하게 보고 대화에 의해 해결되어야 하고, 대화의 결과는 힘이나 다수가 아닌 증거에 기반해야 한다는 관점을 지지한다. 문화가 사람들이 세상을 보는 방식에 큰 영향을 주고 다른 문화를 자신의 문화와 동등하게 보는 만큼 자신의 문화에 대해 올바르게 볼 수 있다고 믿는다면, 우리와 다른 문화에 대해 경청하게 되고 우리만이 진리를 안다거나 우리의 문화가 더 가치롭다고 주장할 때 주의를 기울이게 될 것이다. 우리는 다른 문화를 평가할 때 비판과 배움의 두 가지 관점을 모두 가지게 될 것이다. 그러나 이러한 종류의 대화를 할 때, 합리적인 근거가 있다는 것을 믿어야 한다. 우리가 다른 사람들의 마음을 바꾸기 위해서는 합리적인 근거를 제시할 수 있어야 하며, 다른 사람이 우리의 마음을 바꾸려고 할 때에도 합리적인 근거를 제시할 수 있어야 한다.

그러나 문화적 상대주의는 서로 다른 문화 간에 타당성이 있는 합리적 근거가 있다는 것을 부정한다. 그렇다면 대화가 무슨 소용이 있겠는가? 우리에게 필요한 관점은 우리 자신에 대한 인식에서 우리의 맥락성(situatedness)을 인정하고 올바름에 대한 판단 기준이 상당 부분 문화에 의존하고 있다는 것을 인정하는 것이다. 이 관점은 동시에 1) 평등과 관용에 대한 믿음은 객관적인 것으로 간주될 수 있는 합리적 근거를 제시할 수 있으며, 2) 가치의 평가 기준이 있다는 것을 부정해서는 안 되며, 3) 정의롭지 못한 것을 비판할 수 있다는 것을 부정해서는 안 되며, 4) 대화의 의미를 부정해서는 안 된다는 것을 주장하는 것이다.

5. 시민으로서의 인간

다음 장에서, 도덕적 규범을 파악할 수 있는 원리를 구성하고 평가하는 과정에 초점을 두는 윤리적 논거를 논의할 것이다. 이 과정은 우리의 도덕규범들이 사회화 또는 문화의 산물이라는 관점과 정합된다. 여기에서 자유와 평등을 강조하면서 동시에 사람들은 문화의 영향을 받으며 단지 인간 이상의 무엇이 있음을 인정하는 윤리의 핵심인 인간다움(personhood)에 대해서 검토한다.

이 책에서 우리는 인간다움을 기술하기 위해서 인간의 역량 관점에서 인간이 의미하는 바를 설명하고자 하였다. 우리는 관찰할 수 있는 것과 유리되어 있는 형이상학적인 인간으로 우리 자신을 간주하지 않는다. 사람을 규정할 때, 적절한 방식으로 양육을 받은 모든 정상적인 사람이 갖게 되는 역량을 기술한다. 사람들은 정의를 인식할 수 있는 역량이 있으며, 자신의 방식으로 올바름을 규정할 수 있는 역량을 가지고 있다.

정의와 올바름의 관점이 문화에 근거를 두고 있지만, 비판의 대상으로 정의와 올바름을 이해할 수 있으며, 또한 합리적인 근거가 있을 때 이를 수정할 수 있는 역량이 있다는 것이 인간의 핵심이다. 자아가 어떻게 형성되었든지, 자아가 반성과 비판에 필요한 거리를 두지 못할 정도로 문화에 근거하고 있지는 않다. 사람이 도덕적 존재로 불릴 수 있는 가장 중요한 이유는 이렇게 비판적 거리를 둘 수 있는 능력이 있다는 것이다.

사람을 특징짓는 역량을 형성하는 데 문화의 영향이 있는 것은 사실이다. 그러나 그러한 인간의 역량 그 자체가 특정한 집단(예를 들어, 유럽의 남자)의 경험에 근거한다고 주장하는 것은 다른 집단은 정의나 올바름에 대한 자신들의 관점이 없다고 보거나 도덕적인 반성능력이 없다고 보는 오류를 범하는 것이다.

이전의 장에서 검토한 정당한 절차, 지적인 자유, 평등의 도덕적 개념은 우리 사회와 모든 자유 민주 사회에서 법적 정당성을 가진 개념들이다. 우리는 이러한 개념을 윤리의 전체로 보기보다는 시민윤리로 본다. 이 책에서 우리가 시민윤리를 강조하는 것은 이 책이 시민윤리가 핵심이 되어야 하는 공립학교에 근무하는 사람들을 위해 쓰였기 때문이다.

사람에 대한 우리의 관점은 시민윤리에서 강조될 필요가 있는 것이다. 다원주의 사회의 시민윤리에 중요한 것은 사람의 개념이다. 왜 그럴까? 그 이유는 시민사회의 맥락에서 다름(differences)으로부터 추출되는 사람의 개념을 필요하기 때문이다. 그 이유가 사람들이 다르지 않다거나 이러한 다름이 중요하지 않다는 것을 의미하지는 않는다. 시민사회의 윤리는 특정 집단이나 특정 집단의 특징에 의해 편견이 생기지 않도록 구성되어야 한다. 시민윤리는 상충하는 이해관계, 관점, 종교, 인종, 민족, 그리고 성 사이에 공정해야 한다.

공정성은 사람들의 독특한 특징들이 공적인 맥락에서 고려될 수 없다는 것을 의미하지는 않는다. 공정성이 의미하는 것은 한 사회의 기본적인 규범이나 기준이 특정 집단에게 유리하게 형성되어서는 안 된다는 것을 의미한다. 우리는 개신교, 유대교, 이슬람교보다 가톨릭을 유리하게 할 수 없다. 우리는 여성보다 남성을 우대할 수 없다. 우리는 흑인, 인디언, 아시아인보다 백인을 우대할 수 없다.

스포츠게임에서 공정성을 생각해보자. 공정성이 선수들의 힘, 속도, 기술을 고려하지 않는 것은 아니다. 경기의 규칙이 경기와 무관한 다른 요인으로 구성되어서는 안 된다는 것을 의미한다. 이와 유사하게 우리는 특정인을 유리하게 하는 규칙이 없어, 자신이 올바르다고 생각하는 것을 추구할 수 있는 기회를 공정하게 주는 정의로운 사회의 관점이 필요하다.

인간의 자유와 평등을 인간의 개념으로 할 때 인간은 평등한 자유와 평등한 대우의 권리를 갖게 되며, 이러한 인식은 다원주의를 존중하는 사회를 구성하고 유지하는 데 기여한다. 이러한 인식은 시민으로서 사람들의 사회적 지위에 대해 관심을 가지며 사회적 정의를 우선시 한다. 인간의 관점은 사람들을 서로 다르게 만드는 특징들을 추상화하여, 사회에서 어느 누구도 특권을 가지지 않는다는 점에서 공정하고 편견이 없는 사회의 규범을 형성한다.

이러한 인간의 관점은 사회화 이전에 인간이 갖고 있는 본성을 기술하는 것인가? 아니다. 사람다움을 형성하는 인간 역량의 개발은 사회화를 요구한다. 그렇다면 사람다움이 특정 사회 속에서 형성되기 때문에 그것의 윤리적 적합성을 부인하는 것인가? 아니다. 사회적 맥락은 실제 사람의 정체성의 중요한 측면이고 그들을 대할 때 고려되어야 한다. 이 관념이 교묘하게 특정 집단(백인 남자)의 특징을 모두의 규범으로 만드는 것은 아닌가? 우리는 그렇게 생각하지 않는다.

사람다움의 개념과 그것에 토대를 둔 시민윤리의 개념은 정당화될 수 있다. 실제로 이러한 개념들이 다원주의에 매우 중요하다. 그러나 우리는 사람들이 사회적 존재이며, 사람들은 단순한 인간이 아니라 사회 속에서 형성되는 존재이며, 종교, 문화, 인종, 성 등은 개인의 정체성을 형성하는 데 중요하다는 것을 인정한다. 이러한 사실들은 도덕적인 담론의 관점에서 중요하게 고려되어야 한다. 왜냐하면 이러한 사실들을 고려할 때 다양한 의견에 귀를 기울일 수 있고, 우리만의 특수성을 성급히 일반화하는 것을 막을 수 있기 때문이다.

6. 다른 사례

다음 장으로 넘어가기 전에, 다문화 또는 종교적 차이에 대한 또 다른 사례를 분석하여 보자. 크리스마스는 기독교인의 주요한 기념일이고 기독교인이 아닌 사람들이 있는 국가에서도 즐기고 있다. 이것이 다양한 의견을 고려해야 한다는 시민윤리에 타당한 것인가? 한 집단의 특수성을 일반화하는 것은 아닌가?

크리스마스 캐럴

텐더빌은 역사가 있는 중산층이 거주하고 있는 도시이다. 이 마을은 1800년대 초에 형성되었고, 1936년에 독자적인 행정구역이 되었다. 2차 세계대전 시기에 이 도시는 발전하기 시작하여 1950년대에 번영기를 맞았다. 시민들은 훌륭한 교육체제, 도서관, 공공서비스 등을 자랑스러워 하였다. 1960년대와 1970년대에 이 도시는 조용한 천국이고 아이들을 양육하기 좋은 곳으로 소문이 나게 되어 주변의 큰 도시로부터 많은 백인 사무직 노동자들이 이주하였다. 이 도시는 자율적으로 그리고 성공적으로 인종 통합학교를 실시한 북부 지역의 하나였다. 모든 사람들이 서로 사이좋게 지내는 것으로 보였다. 이 도시의 개방성과 친절함으로 인해 유대인들이 이사를 오고 유대교회를 만들었다. 1980년대와 1990년대에는 많은 아시아인들이 이주하였다. 이 도시는 관용과 민주주의의 천국으로 보였다.

그런데 문제가 생겼다. 이 도시의 문화인 타인에 대한 존중과 차이에 대한 관용은 교육위원회가 학교에서의 크리스마스 행사와 관련한 문제를 제기하는 계기가 되었다. 크리스마스는 연극, 캐럴, 트리장식, 선물교환, 휴일 등으로 기념되었다. 교육위원회는 주요한 크리스마스 행사에 대해서 유대인, 이슬람, 불교, 유교, 또는 무신론자들이 어떻게 생각할지를 고민하였다. 무엇인가 부자연스러운 것이 있는 것으로 보였다. 텐더빌처럼 작은 기독교인 공동체가 큰 다문화 그리고 다종교 공동체로 성장할 때, 학교 체제가 이전과 동일해서는 안되는 것 아닌가? 그러나 어떻게 해야 하는가?

교육위원회에서는 여러 제안들이 수집되었다. 공청회에 여러 제안이 있었고 그 중의 일부에 대해서 반대의 의견이 제시되었다. 교육감은 크리스마스를 위해서 학교에서 트리장식, 노래, 특별활동 등을 금지하는 정책을 제안하였다. 또한 휴일의 이름을 공식적으로 겨울 휴가로 변경하는 것을 제안하였다. 학교에서 어떠한 선물 교환도 금지할 예정이다. 그렇게 되면 크리스마스 선물과 관련된 과시의 문제도 해결될 수 있다. 교육감은 교육위원회가 동의해주면 이 정책을 강력하게 추진할 것이라고 말하였다.

그러나 일부는 이것이 불가능하다고 생각하였다. 학교 밖의 상황을 고려할 때 크리스마스 행사를 금지하는 것은 어렵다. 그리고 학생들은 크리스마스 행사를 고대하고 있다. 오히려 크리스마스를 인정하고 이에 대해 교육하고 이와 더불어 하누카(11월이나 12월에 8일간 진행되는 유대교 축제) 휴일을 갖는 것이 나을 수 있다. 텐더빌에서 유대교와 기독교인을 합한 숫자는 85%가 넘는다. 그러나 또 다른 사람들은 그럼 나머지 다른 종교를 가진 15%의 사람들은 어떻게 할 것인지에 대해 의문을 제기하였다. 그들도 존중을 받아야 하고, 학교에서 그들 종교의 주요 기념일을 행사해야 하는 것이 아닌가?

일부 사람들이 국가와 종교의 분리 원칙을 제시하였다. 헌법적으로 볼 때 학교에서 종교교육은 직접적 또는 간접적으로 금지되고 있지 않는가? 그러자 청중 중의 일부가 고함을 질렀다. “관용이 있기 위해서는 다른 관점을 이해하여야 하지 않는가? 다른 사람들이 믿는 것에 대해서 배우지 않는다면 어떻게 이것이 가능하겠는가?”

그 회의는 자정을 넘어서까지 지속되었다. 주목할 점은 이 회의에 독선이 없었고, “그들”에 대항하는 “우리”가 없었고, 절대적인 반대가 없었다는 것이다. 통합의 공동체를 형성하기 위해 건설적인 방향을 찾는 진지한 회의였으나 해결방법을 찾는 데까지 이르지는 못하였다.

논의 주제

1. 당신이 이 회의에 참석하였다면, 어떠한 제안을 하겠는가?
2. 종교와 국가의 분리 원칙이 공립학교에서 종교에 대한 논의나 교육을 금지하는 것인가? 이것이 허용하는 범위는 어디까지인가?
3. 관용은 다름의 근원에 대한 이해를 전제로 하는가? 아니면 그 근원을 이해하지 못하더라도 그저 다름을 인정하면 되는 것인가?
4. 텐더빌의 학교에서는 종교적 다원성뿐만 아니라 문화적 다원성도 있다. 학교의 주요 정책에서 문화적 다양성도 고려되어야 하는가? 어떻게 고려할 것인가?

심화학습 자료

Appiah, Kwame Anthony. The Ethics of Identity. Princeton, NJ: Princeton University Press, 2005.
윤리학에서 개인의 정체성의 역할에 대해 논의하고 있다.

Banks, James A. Multicultural Education, Transformative Knowledge, and Action. New York: Teachers College Press, 1996.
다문화에 대한 저명한 학자의 다문화주의에 대한 논의를 담고 있다.

Bull, Barry L., Royal T. Fruehling, and Virgie Chattergy. The Ethics of Multicultural and Bilingual Education. New York: Teachers College Press, 1992.
다문화주의와 이중언어론에 대한 자유주의적, 민주적, 공동체적 접근을 비교하여 소개한다.

Feinberg, Walter. Common Schools: Uncommon Identities. New Heaven, CT: Yale University Press, 1998.
다원주의와 미국의 정체성 공유 사이의 균형에 대해 논의한다.

Fullinwider, Robert. "Multicultural Education." In A Companion to the Philosophy of Education, edited by Randall Curren, pp. 487-500. Oxford: Blackwell, 2003.
다문화주의를 논의한다.

Galston, Robert. "Church, State and Education." In A Companion to the Philosophy of Education, edited by Randall Curren, pp. 412-429. Oxford: Blackwell, 2003.
교육에서 종교의 자유를 논한다.

Macedo, Stephen. Diversity and District. Cambridge, MA: Harvard Univeristy Press, 2000.
다원주의 사회에서 시민권의 성격에 대해 논의한다.

Mill, John Stuart. On Liberty. Indianapolis, IN: Bobbs-Merill, 1956.
언론과 생활방식의 자유에 대한 고전적인 논의이다. 3장에서는 밀(Mill)이 명명한 개별성(individuality)을 논의한다.

Rawls, John. Political Liberalism. New York: Columbia University Press, 1993.

롤스(Rawls)는 정의론에 대한 논쟁을 재검토한다. 그는 공정성으로서의 정의는 정치이론으로 검토되어야 하며, 종합적인 윤리 이론으로 검토되어서는 안된다고 주장한다.

Strike, Kenneth A. "Is Liberal Education Illiberal? Political Liberalism and Liberal Education." In Philosophy of Education 2004, edited by Chris Higgins, pp. 121-29. Urbana, IL: Philosophy of Education Society, 2005.

창조과학과 지적 설계론에 대한 교육을 포함하여 양심에 따른 교육에 대해 논의한다.

Taylor, Charles. "The Politics of Recognition." In Multiculturalism: Examining the Politics of Recognition, edited by Amy Gutmann. Princeton, NJ: Princeton University Press, 1994.

사람을 평가하기 위해서는 그를 형성하게 한 문화를 평가해야 한다고 주장한다. 모든 문화는 나름의 가치체계를 가지고 있다.

Young, Iris Marion. Justice and the Politics of Difference. Princeton, NJ: Princeton University Press, 1990.

영(Young)은 억압과 지배가 분배적 정의의 문제가 아니라는 관점을 비판한다. 이러한 관점은 다름의 정치학을 보완한다.

제 6 장

민주주의, 전문가주의, 소신과 가르침

1 사 례
2 반성적 균형
3 결정권의 문제
4 전문가주의와 소신에 따른 가르침
5 윤리적 대화
6 다른 사례

제 6 장

민주주의, 전문가주의, 소신과 가르침

1. 사 례

New World Chronicle의 퍼시 기자는 뉴월드웨스트 초등학교에서 최근 발생한 사건을 조사하고 있었다. 이 사건은 2학년 선생님인 아이렌과 관련이 있다. 아이렌 선생님이 교육청에서 최근 개정한 수학교육과정지침을 거부하였기 때문에, 교육청은 아이렌 선생님에 대한 징계를 위해 조사하고 있다. 개정된 교육과정지침에 따르면, 2학년에서 분수에 대한 기초를 다루어야 한다. 또한 분수의 셈을 비롯하여 다양한 수학적 계산 능력을 검증하기 위한 평가관련 규정을 포함하고 있다. 아이렌 선생님은 개정된 교육과정을 실행하다가 그만 두기로 결정하였다. 선생님은 교장선생님에게 이와 관련하여 편지를 보냈다. 교육적인 관점에서 볼 때, 2학년 학생의 대부분이 분수 계산을 따라가지 못한다는 것이었다. 또한 학생들이 분수 계산을 못하여 좌절감을 느끼며, 이 좌절감은 다른 교과에도 영향을 미친다는 것이다. 이러한 상황에서 교실은 더 이상 행복한 공간이 아니었다. 이러한 이유로 아이렌 선생님은 교육과정지침대로 가르치지 않기로 결심하였다.

교장선생님은 선생님과 비공식적인 대화를 통해서 선생님이 생각하기에 적절한 방식으로 교육과정을 따르는 것은 가능하지만 교육과정지침 자체를 무시하여서는 안 된다는 의견을 전달하였다. 교장선생님은 또한 노골적인 불복종은 결코 묵인하지 않겠다는 암묵적 메시지도 전달하였다.

아이렌 선생님은 교장선생님의 조언에 감사하면서도, 이 문제가 원칙에 관한 문제라는 것을 분명히 밝혔다. "새로운 교육과정이 학생들의 정서와 성취에 부정적인 영향을 주었다. 따라서 앞으로 그것을 따르지 않겠다. 또한 행정적인 요건에 맞추는 척하기 위해 위선을 하지 않겠다. 만일 교육청이 본인에게 징계 등의 조치를 취하려 한다면, 교육위원회에 출석하여 그 이유를 설명하겠다." 선생님은 이것이 학생들을 위한 의무를 다하는 것이라고 믿었다.

교장선생님과 선생님의 갈등에 대해서 여러 학부모들이 개입하면서 퍼시 기자 또한 이 사실을 알게 되었다. 학부모들은 선생님이 훌륭한 교사로 알려져 있기 때문에 여론이 선생님을 지지할 것으로 믿었다. 학부모들은 교육청의 "생각없는 관료들"이 가장 훌륭한 교사를 어떻게 비난하고 있는지를 알리고 싶었다. 퍼시 기자는 교장선생님과 선생님을 인터뷰하여 그들의 입장을 정리하였다. 기자는 이 사건을 두 사람의 개인적 견해에 대한 논쟁으로 정리하면 좋은 기사가 될 것으로 판단하였다. 이 기사를 읽은 독자들은 누가 옳은지 판단할 수 있을 것이다.

선생님: 나는 교장선생님이 자신의 의무를 다하고 있다고 생각한다. 그러나 내가 제시한 관점에서 이 문제를 볼 수 있어야 한다. 나는 학생의 교육과 정서적 안정에 책임이 있다. 나는 경력이 있는 교사이다. 또한 내 분야에 필요한 충분한 교육을 받았다. 나의 전문적 지식과 경험에 비추어 볼 때, 이 또래의 학생들에게 개정 교육과정은 적절하지 않다. 만일 내가 개정된 교육과정을 따른다면 그것은 무책임한 것이다. 학생들은 제대로 배우지 못할 것이다. 그대로 가르친다면 학생들에게 수학에 대한 부정적인 생각만 키울 것이고 불필요한 스트레스만 줄 것이다. 나는 이 교육과정을 만들기 위해서 교육청에서 열심히 일했다는 것을 알고 있으나, 학생들에게 해가 될 것이 분명한 것을 가르친다는 것은 용납할 수 없다. 학생들은 내가 가장 먼저 책임져야 할 대상이다. 학생들에게 피해가 가는 교육과정이라는 것을 알면서도 그것을 따르는 것은 도덕적으로도 온당하지 못하다. 교장선생님은 자신이 내 입장이 되었다면 어떻게 해야 하는지를 생각해보아야 한다. 교장선생님이 어리석은 종이서류 때문에 학생들에게 적절하지 않은 조치를 할 것인가?

교장선생님: 나는 아이렌 선생님이 학생들을 위해 최선을 다하고 있으며, 소신에 따라 새로운 교육과정에 반대하고 있다는 것을 알고 있다. 그러나 새로운 교육과정은 학부모, 교사, 행정가로 구성된 교육청 위원회에서 만들어진 것이다. 또한 학생을 대표해서 6학년 학생도 참여하였다.

> 교육과정 개정을 위해서 수개월 동안 논의를 하였고, 이 과정에서 2학년에 분수를 가르치는 것에 대해서도 논의가 있었으며, 의견이 분분하였으나 교육과정의 수준을 높이는 차원에서 분수를 2학년에 가르치기로 결정하였다. 교육과정 개정에 의문을 제기한 위원도 있었지만 결국은 설득하여 잠정적인 지지를 얻어냈다. 그들이 옳든 그렇지 않든 요점은 교육과정 개정을 위해 오랜 시간 검토하였고, 교육위원회의 승인을 얻었다는 것이다. 선생님도 나도 교육위원회의 판단을 우리의 판단으로 대체할 수 없다. 선생님은 내 입장을 고려해야 한다. 선생님이 개정된 교육과정이 잘못되었다고 믿기 때문에 내가 교육과정위원회의 집단적 판단과 교육위원회의 결정을 무시해야 하는가? 그들이 잘못된 결정을 하였는지도 모른다. 그럼에도 나는 교육청의 정책을 집행할 의무가 있다.

퍼시 기자는 취재 결과를 정리하고, 최종적으로 이를 보도하지 않기로 결정하였다. 그는 편집장에게 다음과 같이 말하였다. “만일 선생님이 뇌물을 받아 교장선생님이 이 때문에 그를 징계하려 하거나, 선생님이 학생을 추행하였다면, 독자들이 관심을 가질지 모른다. 그러한 내용으로 학교에서의 도덕 문제를 시리즈로 보도하면 재미있을 것이다. 그러나 이 사례에서와 같이 원칙과 관련된 의견의 불일치는 지루할 뿐이다. 나는 독자들이 분수를 2학년에 가르쳐야 하는지에 대한 고차원적인 문제에 관심이 있을 것으로 보지 않는다.”

New World Chronicle의 독자와 달리, 우리는 이 문제를 검토할 것이다. 사례에서 양 당사자들은 서로 합의할 수 없는 방식으로 의견을 달리하고 있다. 어떻게 대응할 수 있을까? 여러 가지 해결책이 제시될 수 있을 것이다. 한편으로 이러한 불일치를 도덕적 회의주의로 간주할 수 있다. 그러나 이 책의 저자들은 윤리적 추론 과정에서 적용할 수 있는 기준이 있으며, 결론에 도달할 수 있다고 주장한다.

윤리적 추론이 가능하다고 우리는 왜 믿어야 하는가? 저자들은 우리에게 윤리적 추론을 통해서 이 문제를 어떻게 해결할 수 있는지를 전적으로 묻고 있지 않는가? 한편으로, 이 사례를 의사결정의 적법한 권한의 문제로 보고 논의할 수 있다. 당사자들의 의견이 일치하지 않지만 반드시 결정해야 한다면, 누가 결정해야 할지를 어떻게 결정해야 하는가? 누가 최종적인 결정권을 가지고 있는가?

다른 한편으로 이 사례는 윤리적 사고 과정 자체에 대한 질문을 제기한다. 누군가는 이 사례에서 요구되는 것은 논쟁이 있는 주제에 대해 당사자들이 더 많은 대화를 하는 것이라고 주장한다. 당사자들은 이 문제를 드러내 놓고 더 많이 논의하고 공감대를 형성할 필요가 있다. 아마도 윤리적 문제에 대한 생산적인 대화의 조건에 대한 이해가 강조될 필요가 있을 것이다.

다음 부분에서, 우리는 네 개의 주제를 다룬다. 첫째, 반성적 균형(reflective equilibrium)에 대해 다룬다. 이를 통해 윤리적 추론에 대해서 상세히 기술한다. 둘째, 적법성 또는 권위에 대해 논의한다. 학교에서 사람들 사이에 의견이 일치하지 않을 때, 결정 권한은 누구에게 주어져 있는가? 셋째, 교원의 전문가주의와 소신에 따른 가르침에 대해 논의할 것이다. 마지막으로, 사회적 과정으로 윤리적 숙고에 대해 논의한다. 윤리적 대화의 사회적 과정은 바람직할 뿐만 아니라 반드시 필요하다. 윤리적 숙고는 본질적으로 사회적 과정이고, 따라서 윤리적 결정을 타당하게 하는 데 중요한 특징을 가지고 있다.

2. 반성적 균형

우리가 이 책에서 제시하는 사례에서 볼 수 있는 도덕적 모호성 때문에 독자들은 과도한 스트레스를 받을 필요는 없다. 윤리적 문제들이 항상 논쟁적인 것은 아니다. 불일치의 정도가 심하고 오랫동안 지속되었다고 하더라도, 윤리적인 문제에서 합리적인 합의가 불가능하다는 것은 아니다. 예를 들어, 과학에서 아주 오랫동안 합의에 이르지 못한 문제들이 결국에는 해결된다. 따라서 어떤 문제가 해결하기 어렵더라도, 이것을 해결될 수 없는 문제로 상정할 이유는 없다.

윤리학에서도 사람들이 아주 오랫동안 합의하지 못한 문제들이 결국에는 해결된 것들이 있다. 예를 들어, 수세기 동안 노예 제도의 비윤리적 측면에 대해서 불분명한 태도를 취하였지만, 현대에는 노예 제도의 비윤리성은 당연한 것으로 받아들인다.

우리는 또한 윤리적 추론에 대해 부적절한 기대를 갖지 않도록 유의할 필요가 있다. 윤리학은 정확성의 정도나 이에 대한 기대수준의 측면에서 수학이나 과학보다는 법규범에 가깝다. 법학과 유사하게 윤리학은 연구될 수 있으며 실제의 문제를 해결하는 데 이용될 수 있으나, 수학처럼 절대적인 결론에 이르지 못하고, 윤리학의 목적은 세계를 있는 그대로 기술하기보다는 당위적인 측면을 기술하는 것이다.

우리는 윤리적 사고를 모든 사람을 평등하게 여기고 이들의 관심을 존중하면서 행동을 규제하는 원리에 대한 합의를 이끌어 내는 것으로 본다. 우리는 반성적 균형이 윤리적 사고의 적합한 기준이며 폭넓은 대화를 반성적 균형의 전제조건으로 본다.

우리의 입장을 간단하게 제시하면서 반성적 균형에 대한 설명을 시작한다. 핵심 아이디어는 다음과 같다: 선택과 행동에 대한 도덕적 결정을 위해서는 도덕적 감수성, 이성, 그리고 윤리 이론이 있어야 한다. 윤리적 직관(옳고 그름에 대한 우리의 지각)은 윤리적 추론과 윤리 이론 구성의 가장 기초적인 자료이다.

그러나 모든 윤리적 직관이 동등하게 유용한 것은 아니다. 직관적으로 볼 때 가장 그럴듯하고 논쟁이 없어 보이는 직관으로부터 시작해야 한다. 그러고 나서 윤리 이론의 구성은 윤리적 직관을 설명할 수 있는 원리를 구성하면서 진행한다. 우리는 옳고 그름에 대한 우리의 지각을 가져오는 도덕적 관점들을 기술할 수 있어야 하며, 우리가 그렇게 느끼도록 만드는 암묵적 규칙들을 발견할 수 있어야 한다. 이것은 단순히 우리의 마음과 머리에서 옳음 또는 그름으로 떠오르는 것을 받아들이는 것이 아니다. 이것은 우리의 직관을 형성하는 기초들을 찾고, 그것을 기술하고 분석하는 것이고, 우리의 능력을 최대한 활용하여 검증하는 것이다.

이런 점에서 윤리 이론을 구성하는 것은 문법을 기술하는 것과 유사하다. 우리는 말을 할 때, 일일이 문법을 생각하지 않더라도 정확하고 의미 있게 언어를 사용할 수 있는 직관을 가지고 있다. 말을 할 때 의미 있고 올바른 것을 인식하는 것은 문법에 비추어 이것이 옳은지 그른지를 검토할 수 있는 자료가 된다. 실제로 문법학자들은 이렇게 문법을 연구한다. 그들은 스스로에게 왜 "모든 소년은 케이크를 먹는다"는 이해가 가지만 "케이크 소년 먹는다 모든"은 이해가 가지 않는지에 대해서 질문한다. 이처럼, 우리는 우리의 도덕적 직관에 내재하는 규칙과 원칙들을 분명히 드러내야 한다.

문법으로부터의 유추를 발전시켜 보자. 언어의 원칙에 대한 깊은 이해는 우리가 처음에 의미가 있거나 옳다고 했던 것에 대해서 달리 생각하게 할 수 있다. 원리를 이해할 때 불분명하거나 모호하게 보이는 표현을 명확하고 이해가능하게 할 수 있으며, 분명하고 단순하게 보였던 것이 이상하거나 모호하다는 것을 알 수 있게 한다. 이와 유사하게, 윤리 이론은 윤리적 문제에 대한 우리의 직관을 수정하거나 뒤엎도록 한다. 우리가 윤리적 판단에 내재하는 원칙들을 분명하게 본다면, 윤리적 판단을 수정하길 원할지 모른다. 따라서 윤리적 숙고에서 윤리 이론과 윤리적 직관은 서로 영향을 주면서 상호작용을 한다.

그러나 우리의 윤리적 직관과 이론 사이에 반성적 균형점을 찾는 것이 어려운 것이다. 반성적 균형은 윤리적 문제에 대한 숙고의 과정에서 윤리적 직관과 이를 설명하는 이론이 만족할 정도로 일치한다고 느끼는 지점이고 우리의 결정이나 행동이 윤리 이론에 의해 정당화될 수 있는 지점이다. 물론 과학적 이론에서처럼, 새로운 사실, 사건, 그리고 가정들은 윤리 이론을 재검토하고 재구성하도록 하고 우리의 결정과 행동을 수정하게 할 수 있다.

윤리 이론 역시 모든 종류의 이론형성의 공통적인 조건들을 충족해야 한다. 윤리 이론은 이론에 적합한 상황을 해석할 수 있어야 한다. 윤리 이론은 일관성이 있어야 한다. 정교함, 단순함, 균형 등의 요건을 충족할 때 좋은 이론이 된다. 또한 윤리 이론은 다른 분야의 지식을 고려하여야 한다. 다른 분야의 이론과 사례는 윤리 이론을 실제 사례에 적용되는 방법을 탐색하는데 중요하며, 윤리 이론이 해결해야 할 새로운 문제를 제기하거나 윤리 이론을 정교하게 하는 개념들을 수정할 수 있게 하기 때문에 중요하다. 예를 들어 프로이드의 무의식의 개념은 자율성의 개념에 매우 어려운 과제를 제시하며 심리적 조작에 대한 새로운 윤리적 이슈를 제기하였다.

종합적으로 잘 정리된 윤리 이론만으로 충분하지는 않다. 감정을 가진 인간으로서 우리는 윤리적인 문제에 민감할 필요가 있으며 다른 사람과 감정을 공유하고 관심을 갖는 공유능력을 가져야 한다. 윤리적 직관은 사고할 수 있는 능력뿐만 아니라 감정을 느끼고 공감할 수 있는 능력에 근거한다. 합리적인 윤리적 논의와 결과에 대한 관심과 더불어 도덕적인 행동을 위해서는 감정과 이성이 모두 작동되어야 한다. 감정은 여러 가지 방식으로 윤리적 사고에 개입된다.

첫째, 감정은 우리 자신을 다른 사람의 입장에서 볼 수 있게 하고, 다른 사람과 동일시하고, 무엇이 상처를 주고 무엇이 도움을 주는지 알게 한다. 다른 사람의 삶을 그들의 관점에서 경험하지 못하게 되면, 그들의 가치와 존엄을 존중하는 것은 무용지물이 될 것이다. 다른 방법으로 어떻게 그들을 존중할 수 있겠는가? 그들의 존엄을 존중하는 것을 보여주는데 중요한 것을 어떻게 알 수 있겠는가?

둘째, 감정은 올바른 행동을 하도록 동기를 부여한다. 사람이 윤리적 사고를 할 수 있는 컴퓨터를 개발할 수 있다면, 그것의 주요한 결점은 그것은 "윤리적으로 행동하는 것"에 관심을 두지 않을 것이라는 것이다. 올바른 것을 아는 것과 그것을 실천하기를 바라는 것은 다르다. 다른 사람들에게 잘못된 일을 마음 아파하고 좋은 일을 기쁘게 생각하는 공감 능력은 올바른 일을 하려는 동기에 큰 영향을 준다. 윤리학에 많은 기여를 한 칸트는 "진실로 옳으면서 유일한 것은 바른 의지(good will)이다."라는 명언을 남겼다.

윤리적 논쟁을 어떻게 해결할 것인가? 우리는 옳음과 그름을 구별하는데 내재하는 윤리적 원칙을 찾는 것으로부터 시작한다. 윤리적 직관이 가정하고 있는 원칙이 무엇인지를 볼 수 있을 때, 일부 사람들은 그들의 마음을 바꾸게 될 것이다. 또는 서로 다른 윤리 원칙들이 가져올 결과를 예측하여 상충하는 윤리 이론을 검증해야 한다. 만일 제안된 어떤 원칙들이 특정 영역에서 혐오스러운 결과를 초래하게 된다면, 그것은 그 원칙들을 폐기해야 하는 근거가 된다.

우리는 이제 우리의 윤리적 직관이 어디에서 오는지에 대해서 질문하여야 한다. 이 질문은 윤리적 문제에 대한 객관적인 반성적 균형의 가능성에 대한 것으로 보인다. 일부 철학자들은 우리의 윤리 의식이 타고난 것이라고 주장한다. 다른 철학자들은 윤리적 직관을 하나의 관점이라고 주장한다. 우리가 눈으로 색깔을 구분하듯이, 마음의 눈으로 볼 수 있는 윤리적 문제가 있다는 것이다. 또 다른 사람들은 우리가 문화로부터 언어를 배우듯이 윤리적 원칙들도 배운다고 주장한다. 이것이 중요한 질문인가? 사람들이 윤리적 관념을 타고났거나 객관적인 실재를 가진 윤리적 사실을 보는 것이라면, 그것이 윤리적 사고의 객관성을 증명하는 것이라고 주장할지 모른다. 물리적인 세계에 대한 질문들처럼, 윤리적인 질문들도 정답을 가지고 있다.

반면에 문화로부터 윤리적 직관을 가져오는 원칙들을 습득한다면, 이것은 근본적으로 상대주의가 진리라는 것을 의미한다. 이러한 경우에 윤리적 추론으로부터 기대할 수 있는 것은 이미 근본적인 원칙들을 공유하는 사람들 사이에서 좀 더 높은 수준의 합의를 이끌어 내는 것이다.

그러나 우리는 윤리적 직관의 원천에 대한 질문이 그다지 결정적이지는 않다고 본다. 그것을 결정적이라고 보는 것은 객관적 지식으로 간주될 수 있는 요건에 대한 과장된 요구나 인간의 공통성에 대한 과도한 비관주의와 관련된다. 만일 우리가 윤리적 지식의 명확성을 요구하거나 모든 지식은 실재의 궁극적 본질을 담고 있어야 한다고 요구한다면, 우리는 지식을 획득하기 어려울 것이고, 이것은 비단 윤리학만의 문제가 아니다. 만일 우리가 반성적 균형을 잠정적인 것으로 본다면, 객관성을 충족할 수 있는 기준을 설정할 수 있고 우리의 삶에 도움이 될 것이다. 인간의 기본적이고 필수적인 생활에 적합한 방식으로 객관적인 지식의 기준을 설정하는 것이 불가능해 보이는가?

또한 윤리적 직관이 사회로부터 습득되는 것이라고 하더라도, 이것이 서로 다른 사회에 속한 사람들끼리 반성적 균형을 이루는 것이 불가능하다는 것은 아니다. 사회가 다른 만큼 반성적 균형을 찾는 것이 더 어렵긴 할 것이다. 불가능하다고 전제하는 것은 모든 사회의 사람들이 공유하고 있는 공통적인 생물학적 특징, 근본적인 필요, 물리적 환경, 기대 등을 간과하는 것이다. 또한 사람들이 학문을 공유하고 세계적 문제에 대해 연합하며 이 지구에 살고 있다는 것을 간과하는 것이다. 이러한 공통성이 인간의 윤리적 직관의 근본적인 근거이다.

우리는 반성적 균형이 쉽게 이루어질 정도로 유사하지 않다. 그러나 동시에 반성적 균형이 불가능할 만큼 다르지도 않다. 일부는 인류의 역사에서 보다 인간적인 그리고 보다 광범위하게 공유되는 윤리적 관점을 볼 수 있다고 주장한다. 따라서 인간의 능력에서 도달할 수 있는 윤리적 지식의 가능성을 믿을 여러 가지 이유가 있다. 우리는 확실성이 없으나 합리적이고 객관적일 수 있으며, 상대주의에 빠지지 않고 다른 관점을 용인하고 그것에 개방적일 수 있다.

그럼에도 불구하고 윤리적 상대주의를 신뢰하게 하는 그럴듯한 이유들이 있다. 그것은 인간의 자유를 향한 욕구, 즉 책임과 의무에 구속되지 않고 싶어 하는 것이다. 우리가 도스토예프스키(Dostoevski)를 잘못 이해하여 상대주의가 진실이라고 믿는다면 우리에게 모든 것이 허용된다고 믿게 된다. 개인들은 자신이 선택한 대로 행동할 수 있고, 어느 누구도 우리가 잘못되었다고 할 수 없으며, 다른 방식으로 하라고 요구할 수 없다. 이러한 생각을 지지하는 사람은 누군가가 어떤 것이 절대적으로 "옳다 또는 그르다"라고 주장하는 것은 사실상 자신의 관점을 다른 사람에게 강요하는 것이라고 본다.

이러한 생각은 혼동이며 또한 문제점이 있다. 이 생각은 강요와 설득을 동일하게 인식한다는 점에서 혼동이다. 설득은 개인을 합리성과 감정을 가진 자유로운 윤리적 주체로 인정하고 영향을 미치려는 것이다. 누군가를 설득한다는 것은 선택은 결정하는 자신이 하는 것이고 책임 있는 윤리적 주체로서 합리적인 근거에서 선택하기를 바란다는 것을 전제로 한다. 합리적인 근거를 제시하는 것은 그들이 스스로 선택할 수 있는 권리를 가진 자유인으로서의 지위를 인정하는 것이다.

설득을 일종의 강압으로 보는 것은 자유의 윤리적 근거를 제대로 이해하지 못했기 때문이다. 우리가 자유로운 것은 객관적인 의무가 없어서가 아니다. 윤리적 문제는 상대주의에 근거해서 설명될 수 없기 때문에 자유를 윤리적 상대주의로 설명할 수 없다. 우리는 스스로를 위해 결정할 수 있는 윤리적 주체이기 때문에 자유롭다. 책임이 따르는 선택을 해야 할 때, 그 사람의 자유를 간섭하는 것은 윤리적인 침해이다.

인간이 다른 생명체와 구분되는 기준을 인간의 사유능력이라고 보는 주장이 있다. 우리의 견해로 볼 때, 인간들은 의무를 설정할 수 있는 능력과 의무를 선택할 수 있는 독특한 능력을 공유하고 있다. 우리가 받아들여야 할 윤리적 의무가 무엇인가를 질문하는 것은 우리가 선택할 수 있는 자유가 있다는 것과 어떤 선택을 지지하고 어떤 선택을 비판할 수 있는 근거를 제시할 수 있다는 것을 전제로 한다. 근거를 제시하는 것은 그 근거들이 잠정적인 합의에 도달하는 데 필요한 객관적인 근거가 되고 반성적 균형과 윤리적 성장의 근거가 된다는 것을 전제로 한다.

진지하게 고려할 때, 상대주의는 윤리적 성장에 중요한 근거들을 유보하게 할 수 있다는 점에서 문제가 있다. 이 선택이나 다른 선택이 동일하니까 어떠한 선택을 해도 문제가 되지 않는다고 한다면 인간은 책임을 지고 선택하는 것을 배우지 못한다. 사람들은 결정하여야 할 문제에 대해서 논의와 논거를 평가하는 방법을 배우면서 책임 있는 선택을 할 수 있게 된다. 이러한 것들은 윤리적인 문제가 심각하게 고려되고 논의되는 환경에서 참여하게 될 때 가장 잘 배우게 된다. 윤리적 상대주의는 자유로운 인간에게 적합한 윤리교육의 가능성을 저해한다.

3. 결정권의 문제

결국에 많은 논의와 숙고의 과정을 통해서 윤리적 문제에 대한 합의는 가능하다. 그러나 때때로 사람들이 의견이 일치하지 않는 상황에서 시급히 결정이 필요할 때가 있다. 그러면 우리는 의견이 일치하지 않는 상황에서 무엇이 결정을 정당화할 수 있는지 알아볼 필요가 있다. 무엇이 결정권을 부여하는가(즉, 결정할 수 있는 권위 또는 권한)?

단순한 사례를 생각해 보자. 어떤 사람에게 결정권을 주는 것은 그 사람이 그 문제의 해결책에 대해서 가장 잘 아는 경우라고 가정해 보자. 앞의 사례에서 아이렌 선생님이 이 경우일지 모른다. 선생님은 자신이 새로운 교육과정이 아이들에게 적합하지 않다는 것을 가장 잘 아는 위치에 있기 때문에 새로운 교육과정을 거부할 수 있는 권한이 있다고 생각한다. 그러나 누가 옳은지 모르는 갈등의 상황(갈등의 정의로 볼 때)에서, 이 입장은 유지되기 어렵다. 따라서 올바른 선택을 할 수 있는 사람이 결정해야 한다는 주장은 실익이 없다. 올바른 결정이 무엇인지에 대한 질문과 결정의 정당성에 관한 질문은 별개로 볼 필요가 있다. 물론 둘 다 중요한 질문이지만, 우리가 특정 결정이 최선인지에 대해서 일치가 되지 않는 상황에서도 그 결정이 정당하다고 판단할 수 있어야 한다. 어떻게 할 수 있을까?

한 가지 방법은 정당한 결정은 적법한 절차를 거친 것이라는 것이다. 예를 들어, 의사결정이 투표에 의해 결정되는 것이 적법한 절차이고 다수표를 얻은 대안이 결정된다는 것이다. 이러한 관점은 의사결정이 어떻게 정당화되는지를 설명하고 정당성을 다수에 의한 결정에서 찾는다. 그러나 다수의 결정이 최선의 결정인지에 대해서는 보증하지 못한다.

올바른 결정에 대한 질문에도 답할 수 있는 또 다른 적법 절차를 찾아보자. 아이렌 선생님의 사례를 좀 더 자세하게 검토해 보자. 결정권은 무엇이 바른 결정인지를 가장 잘 알 수 있는 위치에 있는 사람에게 주어져야 한다고 주장할지 모른다. 이 주장으로 해석하면, 아이렌 선생님은 자신이 가장 잘 알기 때문에 결정권이 자신에게 있어야 한다고 주장하기보다는 여러 당사자 중에서 학생들에게 최선의 결정이 무엇인지를 가장 잘 알 수 있는 위치에 있기 때문에 자신이 결정권을 가져야 한다고 주장할 것이다. 선생님은 필요한 교육을 받았고 경력이 있으며 그녀의 학생들에 대해서 가장 잘 안다. 따라서 선생님에게 결정권이 주어져야 한다는 것이다. 우리는 전문성 때문에 결정권이 주어진다는 입장을 전문가주의(professionalism)라고 명명할 것이다.

전문가주의는 결정권이 최선의 선택을 할 수 있는 사람들에게 주어져야 한다고 주장한다. 물론 전문가주의를 지지하는 사람들 역시 민주적 절차의 정당성을 인정한다. 그러나 그들은 종종 민주사회에서도 특정한 결정들은(예를 들어, 뇌 수술) 다수결에 의해서가 아니라 특별한 역량을 가진 사람들에 의해 이루어져야 한다고 주장한다. 전문가주의에 대한 논의는 민주적 결정이 부적절하거나 비효과적일 때 그리고 결정권이 전문가 또는 전문가 집단에게 주어졌을 때 가장 효과적인 상황에 대한 논의이다.

민주적 의사결정의 목적 중 한 가지는 결정과정에서 모든 사람의 이익을 공평하게 고려한다는 것이다. 특정 개인이나 집단이 공공의 문제에 대해서 결정할 수 있는 특권을 가지고 있을 때, 그들이 그들 자신의 이익에 가장 부합하는 결정을 할 가능성이 있기 때문이다. 액튼(Acton)이 지적하듯이, 권력은 부패하기 마련이다. 민주주의는 공공의 문제에 대해서 모든 사람에게 평등한 권력과 논의 과정에 참여를 보장함으로써 이 문제를 해결한다. 대의민주주의 사회에서 이러한 문제들은 선거제도와 언론출판의 자유와 청원의 자유 그리고 의회 등을 통해서 (불완전하지만) 해결된다. 선출된 관료들은 국민을 대표하고 국민으로부터 활동에 대한 감시와 비판을 받아야 한다. 그들이 국민을 대표하는 방식에 문제가 있는 경우에는 투표를 통해서 그들을 배제할 수 있다.

그럼에도 불구하고 민주주의가 공공의 이익을 보호하는 데 비효과적인 경우가 있을 수 있다. 어떤 결정들은 소수만이 알 수 있는 특별한 지식을 필요로 할 때가 있다. 소수만이 알 수 있는 지식은 일반인이 알 수 없는 경우가 많으며, 이 지식을 습득하기 위해서는 장기간의 교육이 필요하다. 의사결정을 효과적으로 하기 위해서 특별한 지식이 필요한 상황에서, 일반시민이나 선출된 관료들이 대안들을 평가할 수 있는 역량이 부족한 상황에서 민주적인 의사결정 방식들은 비효과적일 수 있다. 이러한 경우에 필요한 지식을 가진 전문가에게 결정권을 부여하는 것이 바람직할 수 있다.

전문적 결정권은 입법부와 같이 민주적 기관에 의해 공식적으로 권한을 위임받은 전문가 단체에 의해 행사되는 경우도 있다. 이러한 단체들은 세 가지 서로 관련된 권한을 부여 받는다. 첫째, 전문지식의 승인권을 가지고 있다. 전문적 지식으로 인정받기 위해 필요한 요건과 그것을 평가하는 다양한 방식에 참여한다. 둘째, 구성원인 전문가들의 행동을 규제한다. 전문가로서 해야 하는 일을 규정하고 그렇게 하지 않을 경우 이를 규제함으로써 구성원의 행동을 통제한다. 마지막으로 새로운 구성원의 영입을 제한한다. 필요한 교육요건을 규정하거나 직접 교육하거나 또는 자격요건을 설정하여 새로운 구성원의 영입을 제한한다.

결정권이 전문가들에게 위임되었을 때, 그 권한이 국민의 이익을 위해서 행사되었다는 것을 어떻게 확인할 수 있을까? 이 질문에 대한 일반적인 대답은 전문가들이 전문적인 판단기준과 의뢰인의 이익을 강조하는 윤리교육을 받았다는 것이다. 전문가들이 국민의 이익에 봉사하도록 전문가로서의 책무와 봉사의 윤리가 강조된다.

교육에서 전문가주의의 표현으로 아이렌 선생님의 주장을 분석할 때 가장 잘 이해할 수 있다. 선생님은 수학교육과정에 대한 결정권의 근거로 교육과 교직경력, 전문성에 호소하고 있다. 또한 선생님이 최선의 결정을 할 수 있는 위치에 있기 때문에 자신이 결정을 해야 한다고 주장하고 있다. 또한 전문직의 윤리에 대해서도 강하게 호소하고 있다. 선생님의 첫 번째 의무는 자신의 전문성과 이에 따른 행동규범 그리고 학생들의 이익에 있음을 강조한다. 이러한 의무들이 관리자나 교육위원회보다 중요하다.

이 주장이 성공하였는가? 한 측면에서 볼 때, 분명히 그렇지 않다. 법률에 따르면 교육에 대한 결정권은 교사나 교원단체가 아니라 주민에 의해 선출된 자들로 구성된 입법부와 교육위원회에 주어져 있다. 입법부와 교육위원회는 교사들의 결정을 존중할 수도 있지만, 그렇게 할 의무는 없다. 법적으로 교직은 전문직으로 간주되지 않고 있다.

이러한 절차가 현명해 보이지는 않는다. 교직이 전문적으로 인정되고 교사들이 더 많은 자율성을 가질 때, 교육이 공공의 이익에 더 부합하게 될 것이다. 이것은 현재 열띤 논의가 진행 중인 이슈이다. 게다가 이 문제는 여기에서 논의하기에 너무나 복잡하다. 그러나 이에 대한 몇 가지 점만 지적하고자 한다.

우리 사회에서 교직을 전문화하자는 주장은 종종 교육에 대한 민주적 통제에 대한 반대의 주장이다. 교사들이 스스로 자신들의 행동을 규율한다면, 교육에 대한 포괄적인 결정권을 행사하고 있는 입법부와 교육위원회의 권한은 대폭 감소되거나 제한되게 될 것이다. 선출된 관료와 전문가인 교사 사이의 분업의 형태가 새롭게 구성될 것이다. 교육에 대한 결정권이 새롭게 구조화될 것이다. 전문가주의와 민주주의가 이런 식으로 경쟁하는 것이 바람직하지 않다거나 양립불가능하다는 것을 의미하지 않는다. 그러나 민주적 의사결정을 우선해야 한다는 가정을 반박하기 위해서는 적절한 이유가 있어야 한다. 의사결정에 전문적인 지식이 필요한 경우에도 마찬가지이다.

적절한 이유가 되기 위해서는 두 가지 요건을 충족하여야 한다. 첫째, 교직의 전문성을 뒷받침하는 지식기반이 있어야 한다. 아이렌 선생님의 사례에서 가장 중요한 특징의 하나는 선생님이 아이들을 위해서 최선이 무엇인지를 아는 위치에 있다는 것이다. 이 주장이 전문가주의의 근거가 되기 위해서는 교사들은 다른 사람들은 잘 모르는 전문적인 지식이 있어야 한다. 의사들이 받은 교육이 그들로 하여금 전문적인 선택을 할 수 있는 능력을 부여한다는 점에서 교사들도 의사와 같아야 한다. 둘째, 교사들이 받은 교육이 전문적 책무와 의뢰인의 이익을 우선시하는 윤리를 형성하는 데 충분해야 한다. 이러한 윤리의식에 의해 전문적 자율성이 국민의 이익에 부합되게 된다.

교장선생님은 민주적 결정권을 주장한다. 학교 교육과정이 민주적인 절차를 통해 결정되었고 교장선생님은 이의 집행을 위해 정당하게 임명되었기 때문에 학교교육과정의 이행을 촉구할 권한을 부여받았다고 보고 있다. 교육과정은 학부모, 교사, 그리고 행정가의 대표로 구성된 위원회에 의해 개발되었다. 그 교육과정은 교육위원회에서 채택되었다. 교장선생님은 이 과정이 최선의 결정을 할 수 있는 과정이라고 주장하지는 않는다. 대신에 결정이 민주적으로 이루어졌기 때문에 그 결정이 정당하다고 주장한다.

교장선생님은 자신이 교육위원회의 권한을 위임받았다고 보고 있다. 교장선생님은 교육위원회의 결정을 이행하도록 그들에 의해 고용되었다. 따라서 교장선생님은 교육위원회의 결정을 따라야 한다. 교장선생님은 선생님에게도 동일한 의무가 있다고 본다. 선생님이 교육청의 임용을 수락하였을 때, 선생님은 민주적으로 선출된 관료의 결정권을 따라야 하는 공무원이 되었다. 그들의 결정에 반하여 자신의 결정대로 하는 것은 민주적 결정권의 정당성을 거부하는 것이다.

교장선생님의 주장을 자세히 검토하여 보면, 교장선생님이 민주주의의 두 가지 관점에 호소하는 것을 볼 수 있다. 처음에 교장선생님은 교육과정이 학교와 관련하여 이해를 가진 다양한 집단을 대표하는 위원회에 의해 개발되었고, 위원회가 광범위한 논의를 하였고, 결국에는 위원들 모두 동의하였다는 사실을 강조한다. 그러고 나서 교장선생님은 핵심 논거로 그 교육과정이 교육위원회의 승인을 받았다는 사실에 호소한다. 교장선생님은 교육위원회의 결정을 최종적인 결정으로 간주하고 그의 권위는 교육위원회로부터 위임받은 것으로 본다.

이 두 가지 주장에서 표현된 민주주의의 두 관점은 서로 구별될 수 있다. 첫 번째 주장에서, 교장선생님은 공동체 민주주의(communitarian democracy)에 호소하고 있다. 공동체 민주주의는 세 가지 특징이 있다. 첫째, 민주적 논의 과정에서 학교 공동체의 구성원들을 참여시키고 있다. 둘째, 의사결정과정에서 논의와 합리적 숙고를 중시하고 있다. 셋째, 합의를 하려고 하고 다수가 그들의 의지를 소수에게 강요하는 상황을 피하려고 한다.

민주주의의 이 관점은 의사결정이 자유로운 토론과 공동체 구성원들의 합의의 산물일 때 정당하다는 것을 강조한다. 여기에서의 공동체는 교육청의 경계 내에 사는 광의의 시민공동체는 아니다. 공동체는 학교에 직접적으로 관련이 있는 사람들로 구성된다. 또한 의사결정의 정당성에서 투표보다는 숙고의 과정과 합의가 더 중요하게 여겨진다.

교장선생님은 교육청의 결정이 이러한 과정을 거쳤기 때문에 정당하다는 것을 강조한다. 선생님의 주장에 대한 반론으로 이 주장이 설득력이 있기 위해서는 선생님이 이 공동체의 한 구성원임을 강조해야 한다. 이를 위해서 교장선생님은 선생님에게 이렇게 이야기한다. "보세요, 이것이 우리가 결정한 것입니다. 이 결정을 거부한다면, 선생님은 공동체를 거부하게 되는 것입니다. 선생님은 더 이상 우리의 일원이 아닌 것으로 보입니다." 열린 참여에 의해 소속감이 공고해지고 합의를 거부하는 것은 공동체를 파괴하는 것이라는 관점은 민주적 공동체 윤리의 중요한 부분이며 결정을 정당화하는 강력한 수단이다.

민주주의의 이 관점은 공립학교에 대한 결정권을 적절하게 설명하지 못한다. 공립학교는 주정부 또는 지역 주민들로부터 징수하는 세금으로 운영된다. 또한 이러한 시민들은 그들이 학교와 직접적으로 관련이 없더라도 교육의 질과 성격과 관련하여 이해관계가 있다. 이 사례에서 교육과정위원회는 납세자 또는 시민들의 이해를 대표한다고 보기 어렵다. 만일 교육에 대한 통제권이 이렇게 공동체 내부에 있고 더 큰 공동체에 의해 통제되지 않는 학교 구성원들에 의해 결정이 된다면, 민주주의의 여러 중요한 신조들을 위반하게 된다. 대표성을 부여하지 않고 세금을 부과하게 된다. 주민들은 자신들이 세금을 납부하고, 자녀를 학교에 취학시키고, 교육의 성공과 실패에 영향을 받게 되는데도 불구하고 학교에 영향력을 행사하지 못하게 될 것이다. 이러한 이유로 결정권은 학교 공동체의 밖에 있어야 하고 시민의 대표로 선출된 관료에게 주어져야 한다는 것이다.

이러한 형태의 민주주의를 대의민주주의(representative democracy)라고 한다. 선생님과 의견이 일치하는 상황에서 교장선생님의 대의민주주의에 대한 호소는 비장의 카드이다. 민주사회에서 공립학교에 대한 결정권은 궁극적으로 선출된 사람들로 구성된 입법부에 있다. 교육위원회의 권위를 부정하는 것은 대의민주주의를 부정하는 것이다.

우리사회의 정치적 전통을 고려할 때, 궁극적으로 교장선생님이 옳다는 것에 반대하기는 어렵다. 동시에 대의민주주의의 어두운 면을 보아야 한다. 교육청은 전형적으로 대규모 조직이다. 교육청의 관할하에 수천부터 수백만의 시민들이 거주하고 있다. 교육청은 수백에서 수천 명의 교사와 행정가를 고용하고, 수천 명의 학생들을 교육하고 있다. 교육청의 규모를 고려할 때, 교육위원들이 개별 학교의 일을 직접 처리할 수 없다. 대신에 교육위원회는 정책을· 결정하고 이를 집행할 행정가들을 고용한다. 교사들은 고용자에게 의무를 가진 피고용인들이다. 고용자의 결정에 따라 교사들은 독립적인 결정권을 가질 수도 있고 그렇지 않을 수도 있으나, 일단 공표된 고용자의 의지에 반하는 것은 민주적 권위에 도전하는 불복종이 된다.

학교들은 위계에 따라 조직된다. 교사들은 명령 전달 체계에서 가장 하위에 위치한다. 멀리 떨어진 입법부에 결정권을 둘 때, 교사들은 교육의 전문성이 보증되지 않는 사람들에 의한 결정을 단순히 집행하는 사람들이 된다. 이러한 체제는 정책에서 교사들이 의견을 낼 수 있는 기회를 주지 않으며, 학교들이 교사들의 지식과 참여로부터 얻을 수 있는 기회를 잃게 될 수 있다. 이러한 상황에서 교사들은 전문적인 윤리와 고용자에 대한 의무 사이에 어쩔 수 없는 선택을 해야 하는 상황이 생길 수 있다. 아이렌 선생님의 전문가주의 주장이 교실에서의 교육문제에 대한 결정권을 부여하는데 충분하지 않다고 하더라도, 학생들에게 최선이 무엇인지 가장 잘 알 수 있는 위치에 있는 사람이 선생님이라는 사실을 무시하여서는 안 된다.

이러한 분석은 두 가지 결론을 시사한다. 하나는 학교에서 의사결정의 방법을 고려할 때, 다양한 가치를 반영하는 여러 가지 관점이 있다는 것이다. 전문가주의는 전문성과 역량을 강조하는 반면에, 공동체 민주주의는 참여와 토론을 강조하고, 대의민주주의는 시민의 평등한 대표성을 강조한다. 이러한 가치들은 모두 인정받을 만하다. 또한 이러한 가치들을 동시에 실현하는 것은 어렵게 보인다.

두 번째 결론은 의견이 상충하여 결정권에 대한 이슈가 제기되었을 때, 국민이 결정권을 다른 곳에 주지 않는 한 결정권은 국민에게 있다는 것이다. 이것은 교사들이 보기에 입법부의 결정이 잘못되었다고 하더라도 교사들은 입법부의 결정을 존중하여야 한다. (물론, 이것이 잘못된 결정에 대해 이의를 제기할 수 있는 법적 또는 윤리적으로 올바른 방법이 없다는 것을 의미하지 않는다. 또한 교사들이 스스로 전문가로서의 지위를 추구할 권리가 없다는 것을 의미하지는 않는다.)

4. 전문가주의와 소신에 따른 가르침

아이렌 선생님에게 이 문제는 단지 결정권이나 갈등해결에 관한 문제가 아니다. 선생님에게 이것은 양심 또는 신념의 문제이다. 만일 선생님의 견해와 다르게 결정이 난다면, 선생님은 어쩔 수 없이 비전문적이거나 또는 해로운 것으로 보이는 방식으로 교육할 수밖에 없을지 모른다. 교사들이 보기에 현명하지 못한 것을 직무의 일부로서 해야 하는 상황에서 교사들이 무엇을 해야 할지에 대해 좀 더 논의가 필요하다.

최근 교육정책이 교수행위에 대한 외부통제를 강화하고 교사의 자율권을 축소함에 따라 교사의 전문적 판단과 직무 요구 사이의 갈등이 커졌다. 학교와 교사들은 주정부의 승인을 받은 교육과정에 명시된 내용에 대한 숙달정도를 측정하는 표준화시험의 결과에 의해 평가를 받게 된다. 교사들은 시험에 나오는 것을 가르치라는 요구를 받게 되고, 그들에게는 훌륭한 교수법으로 간주되는 것들이 제시된다. 무관용 정책과 엄격한 훈육지침 등의 정책은 또한 훈육 방법을 규정한다. 그러나 이러한 정책 또는 지침들은 학급과 수업에서 교사의 자율권은 침해하고 교사의 소신과 교사에게 요구되는 의무 사이의 갈등을 초래한다. 교사가 자신의 소신에 따라 가르치는 것이 무엇을 의미하는가? 교사의 소신이 도전 받을 때 교사들은 무엇을 해야 하는가?

아이렌 선생님의 말을 검토하여 보자. “나는 오랫동안 교직에 있었고, 또한 유능하다. 나의 경험으로 볼 때, 새 교육과정은 학생들에게 피해를 준다. 이 문제에 대한 나의 견해와 개인적 윤리 의식은 아이들에게 피해가 되는 교육을 하지 말라고 한다.” 우리는 자신들의 교육법에 대해 확신이 있는 교사들을 존중하지만, 이러한 답변은 설득력이 약하다.

선생님은 학교의 교육방침에 반대하는 이유로 자신의 경험과 생각을 제시한다. 이러한 대응과 다음의 대응을 비교하여 보자. “이 주제에 대한 문헌들을 검토하여 보고, 학생들에게 분수를 가르치는 다른 선생님들과 논의하여 보았다. 연구와 경험에 의해 뒷받침되는 결론은 어린 학생들에게 분수를 가르치는 것은 대부분 실패하였으며 정서적 피해를 가져온다는 것이다. 또한 초등수학교육학회에서 개발한 지침서에 따르면 분수는 초등학교 고학년에서 다루어야 한다고 되어 있다. 우리는 새로운 교육과정이 해롭다는 것을 안다. 양심상 새로운 교육과정을 따를 수 없다.”

두 답변 모두에서 선생님은 자신의 신념이 무너진다고 주장하였다. 그러나 두 번째 답변에서 두 가지 중요한 생각을 뒷받침하고 있다. 첫째, 선생님은 자신의 견해를 뒷받침하는 일련의 지식 체계가 있다고 주장한다. 선생님의 개인적인 견해가 아니라는 것이다. 연구 결과이고 많은 선생님이 공유하는 경험이다. 둘째, 전문직 단체가 이러한 지식 또는 이론을 인정하고 일련의 지침으로 표현했다는 것이다. 결과적으로, 선생님은 자신의 견해가 전문성에 기초한 것이라는 것을 확인받았다. 이러한 방식은 두 가지 특징이 있다: 그녀의 견해를 뒷받침하는 연구와 경험 논의가 있다. 그리고 전문직 단체가 이러한 것들을 인정하였다. 증거와 동료의 승인(개인적 의견이 아닌)은 전문적 승인의 본질이다.

선생님의 견해에 대한 전문적 인증에 더해서, 선생님은 선생님의 지식과 공동체가 선생님의 양심과 신념을 형성하였다고 주장하였다. 이 문제에 대한 단순한 개인적 생각이 아니라, 전문직의 규범이 내면화되었고, 이 규범이 선생님의 판단과 양심을 형성하였다는 것이다. 선생님의 전문가주의와 신념이 서로 연계되었다. 위에서 우리는 전문가주의에 대한 주장은 전문가들이 바람직한 결정을 할 수 있는 위치에 있는 지식을 가지고 있다는 점과 전문가들의 행동은 전문적 책무성과 의뢰인의 이익을 강조하는 윤리에 있다고 하였다. 아이렌 선생님의 주장은 이것에 부합한다.

분명히 우리는 두 번째 대응방식을 선호한다. 그 이유는 선생님이 자신의 관심을 두 번째 방식으로 표현할 때, 이 문제가 객관적이고 평가가능하게 되고, 선생님이 전문적 공동체의 권위에 의존할 수 있게 한다. 선생님은 이 문제에 대해서 교장선생님에게 양심의 문제

뿐만 아니라 전문가들이 검토하고 인정한 합리적인 이유가 있다고 말하였다. 그러니까 그의 동료들이 존중하고 또한 그들이 평가할 수 있는 합리적인 근거들이다. 만일 선생님이 오로지 자신의 경험과 생각에 근거하여 신념을 말하였다면, 선생님은 다른 동료들에게 그들이 왜 자신의 견해에 동의해야 하고, 관점을 따르고, 존중해야 하는지 설명하지 못하였을 것이다. 또한 선생님이 자신의 견해를 두 번째 방식으로 제시하였을 때, 합리적인 토론과 대화를 할 수 있게 된다. 선생님은 자신의 신념이 중요하며, 또한 그에 대해서 토론할 수 있다고 하였다. 토론은 선생님이 조직의 평화를 위해서 신념에 타협해야 하느냐에 대한 것이 아니라 증거, 추론, 그리고 전문직으로서의 규범에 관한 것이고 선생님의 양심뿐만 아니라 다른 동료들의 양심을 형성하는 것에 대한 것이다. 선생님은 최선의 방안을 찾기 위해 공동의 탐색을 제안하였다.

그러나 날이 다가도록 일치에 이르지 못하였다고 가정해 보자. 선생님들이 생각하기에 현명하지 못하고 학생들에게 피해를 줄 수 있는 것을 교육하라고 요구받았을 때, 선생님들은 신념을 지키기 위해서 어떻게 해야 하나?

1. 고용자의 요구를 수용한다. 양심에 관한 문제에서 경우에 따라 굴복하는 것도 괜찮은가? 우리는 그렇다고 생각한다. 실제에서 조직이 모든 문제가 양심의 문제이고 이것이 타협이 불가능한 고차원적인 원칙의 문제라고 보는 사람들로 구성된다면, 조직이 지속되거나 제대로 기능하지 못할 것이다. 성직자를 멀리 떨어져서 볼 때에는 존경할 수 있지만, 이들과 함께 사는 것은 매우 어렵다. 실제로 민주주의는 우리가 특정 정책

이나 제도에 대한 논쟁에서 졌을 때, 우리는 다수의 관점을 존중하고 이에 따라야 할 것을 요구한다. 아이렌 선생님은 앞으로도 학생에게 좋은 일을 하고 피해가 되는 일을 하지 않는 좋은 선생님이라는 사실이 선생님이 보기에 바람직하지 않은 요청을 받아들여야 하는 합리적인 이유가 된다(특히 선생님이 피해의 가능성을 잘 알고 있기 때문에 더욱 주의할 것이다).

2. 자신의 주장을 표현할 수 있는 생산적인 방법을 찾는다. 여기에서 우리는 아이렌 선생님이 할 수 있는 한 모든 방법을 찾아야 한다는 것을 의미하지 않는다. 그러나 선생님은 이 문제에 대해서 합리적인 이유로 불일치가 있으니 이 문제를 재평가하고 다시 검토해야 한다고 주장할 수 있을지 모른다. 어떤 문제가 적법하게 그리고 민주적으로 결정되었다는 사실이 추후에 이와 관련된 논의와 재검토가 금지된다는 것은 아니다. 선생님은 이 문제에 대해서 적당한 시점에서 재검토를 요청하고 대화를 지속할 수 있을 것이다.
3. 정책을 변형하라. 경우에 따라 피해가 있을 수 있는 정책을 생산적인 정책으로 변형하는 방법으로 비합리적인 정책에 순응할 수 있다. 여기에서 우리는 교사들이 기만적으로 행동하라는 것이 아니라 창의적으로 행동하라는 것이다.
4. 사퇴하라. 양심상 도저히 할 수 없는 것을 요구받았고 그 결정을 재검토 또는 변경해달라고 요청할 수 없다면, 그만 두는 방법 밖에 없게 된다. 위에서 언급하였듯이, 모든 불일치의 상황이 그런 것은 아니다. 사퇴는 본인이 요청받은 일이 근본적으로 자신의 양심에 반하거나 명령을 준수할 경우에는 심각하고 지속적인 피해가 발생할 때 고려할 수 있는 대안이다.

5. 윤리적 대화

누군가는 아이렌 선생님이 이 사실을 학교공동체에 알리기 위해 좀 더 노력을 했어야 했는데 하지 않았다고 주장한다. "선생님이 교육과정위원회에 출석하여 실제 교실에서 일어나는 문제들을 설명했어야 한다." 또는 "선생님이 너무 대립적인 것 같다. 선생님이 교장선생님과 교육위원회가 이 문제를 재검토할 기회를 주지 않았다." 이러한 사례들은 이 문제가 대화가 필요한 상황이지 결정권의 문제는 아니라고 본다. 이 문제는 공개적으로 논의되었어야 한다. 왜 그럴까?

대화를 통해서 얻을 수 있는 두 가지 가치를 보자. 우리는 두 가지 가치를 "공동체의 가치(values of community)"와 "합리성의 가치(values of rationality)"로 부른다. 대화는 공동체를 강화한다. 대화는 공동의 관심사라는 것을 강조하고 공동체 정신을 만든다. 대화를 통해서 그 학교가 나의 학교로 전환되고, 학교의 목표가 나의 목표가 되고, 학교의 활동이 나의 활동으로 전환된다. 의사결정이 대화를 통해서 이루어지면, 참여했던 사람들은 의사결정에 대해 책임감을 갖게 되고 이행과정에 관심을 갖게 된다. 대화를 통해 합의에 이르지 못한 경우에도, 대화의 과정이 존중과 이해를 조장할 수 있다. 사람들은 다른 사람의 관점에서 이 문제를 볼 수 있게 되고 합의에 이르지 못하더라도 서로 간의 차이를 이해할 수 있게 된다. 조직이 목적을 달성하기 위해서, 이러한 특징 모두는 중요하다. 이러한 것들은 일이 제대로 추진되고 인간적인 관계가 만족스러운 조직의 주요 특징들이다.

반면에 결정권한에 자주 의지할 때 공동체는 약화될 수 있다. 사람들이 명령에 따라야 한다는 의무 때문에 동기화되거나 좀 더 심한 경우 권위의 강압을 느낀다면, 그들은 공동체, 공동체의 목적, 그리고 구성원에 대한 충성심으로 일하지 않을 것이다. 공동체가 붕괴되었을 때, 사람들이 자신들의 일을 제대로 하지 않을 가능성이 있다. 교육자들이 갈등의 상황을 결정권 행사의 측면에서 보지 않고 대화를 하려고 한다면, 그들은 공동체를 유지하기를 바라는 것이다.

대화는 또한 합리적인 탐구를 가능하게 한다. 대화는 사람들에게 다른 사람으로부터 배울 수 있는 기회를 제공한다. 사람들은 새로운 개념을 습득하거나 새로운 이해방식을 갖게 된다. 아이디어들이 비평의 대상이 될 수 있다. 전문성을 가진 사람들은 전문성을 공유할 수 있다. 성찰의 사회적 과정은 윤리적인 문제에 특히 중요하다. 우리는 윤리적 성찰을 주요 원칙에 기반하여 윤리적 직관을 설명하는 것이고, 이러한 원리를 다른 사례에 적용하고 또한 그것들을 검증하는 것으로 보았다.

우리는 또한 윤리적 성찰은 사회적 과정으로 여겨져야 한다고 주장한다. 이에 대한 여러 가지 이유가 있다. 첫째, 성찰의 과정은 아이디어들이 공유될 때 개선될 수 있다. 둘째, 사회에서 적용되는 윤리적 원칙은 공공의 성격을 가지고 있다. 윤리적 원칙들이 공표되고 공유되어야 한다. 윤리적 원칙들이 공개적으로 논의되고 논쟁이 이루어지지 않는다면 원칙들이 공표되고 공유되기 어렵다. 마지막으로 윤리적 이슈와 개념에 대한 대화는 윤리적 문제에 대해 사람들이 정확히 이해할 수 있는 맥락을 제공한다.

여러분들이 이 책에서 배운 개념들이 윤리 문제에 대한 추가적인 대화에 의해 강화되고 심화되지 않는다면, 여러분들이 이 책에서 배운 것의 효과는 지속되기 어려울 것이다. 선생님들이 학교에서 동료교사와의 대화에서 이러한 개념들에 대해서 논의하지 않는다면,

선생님들이 이 개념들을 습득하기는 어려울 것이다. 윤리적 개념들은 사회적 창조물이고 사회적 자원이다. 윤리적 개념의 생명력과 정교화는 대화에 의해 유지된다. 반성적(성찰적) 균형은 개인적인 일이면서 사회적인 일이다.

윤리적 성찰에서 대화가 중요한 또 다른 이유가 있다. 특정 윤리적 결정은 관련된 사람들이 동의한다는 사실에 의해 정당화될 수 있다. 처음에 보기에 이것은 문제로 보일 수 있다. 분명히 합의가 진리를 보장하는 것은 아니다. 모든 사람이 지구가 평평하다는 것에 동의한다고 해서 지구가 그런 것은 아니다. 은행을 털고 목격자들을 죽이는 것이 괜찮다고 범죄자들이 모두 동의한다고 가정하여 보자. 합의가 강도와 살인을 정당화한다는 것은 합리적이지 못하다.

그러나 윤리적 결정이나 원칙의 올바름이 합의에 의해 정당화된다는 것은 다음의 두 가지 사항을 주목할 때보다 개연성이 있다. 첫째, "지구는 둥글다."와 같은 주장에 대해서 대화와 탐구의 과정에서, 우리가 하려고 하는 것은 지구의 모양을 찾는 것이라고 가정할 개연성이 높다. "지구가 둥글다."라는 명제는 실재에서 지구의 모양이 그렇게 생겼으면 진리가 된다. 그러나 윤리적 문제에 대한 성찰에서, 우리가 실재에 대해서 기술하려고 하고 실재가 그렇게 되어 있으면 진리라고 할 수 있는지 명확하지 않다. 만일 윤리적 주장이 독립적인 실재를 기술하려는 것이 아니라 공정함, 정의, 올바름이 무엇인가에 대한 주장이라면, 논의에 참여하는 사람들의 동의는 윤리적 원칙이나 결정의 판단에 다른 영향을 줄 수 있다.

둘째, 살인과 강도에 관한 예에서 합의의 성격에 대해서 좀 더 자세히 규명할 필요가 있다. 사례에서 살해나 강도의 피해자들은 합의의 당사자가 아니었다. 피해자들이 당사자가 될 수 있을 것인가?

우리가 강도와 예상되는 피해자들 사이에서 강도와 살해에 대해 동의에 이를 수 있는 대화를 상상할 수 있는가? 아마도 가능할지 모른다. 그러나 그때의 대화는 특별한 상황에서일 것이다. 아마도 피해자들이 강압을 받는 상황일 것이다. 피해자들은 또 다른 방식으로 위협을 받고 있기 때문에 동의할 것이다. 그렇지 않으면, 그들은 자신들이 동의하는 상황에 대해서 사기를 당하고 있는지 모른다.

따라서 합의가 모든 윤리적 결정이나 선택을 정당화할 수 없다. 일정한 조건을 충족하는 대화의 결과로서 나온 합의여야 한다. 예를 들어, 대화에 참여하는 사람들이 강압을 느끼거나 기만을 당하여서는 안 된다. 윤리적 결정이나 선택을 정당화하는 대화는 다음의 조건을 충족하여야 한다. 논의에 모든 관계자들이 참여하여야 한다. 논의가 무엇인가에 지배되어서는 안 된다. 즉, 어느 누구도 강압받거나, 세뇌되거나, 조작되어서는 안 되며, 모든 사람이 동일한 대우를 받아야 한다. 다른 사람의 영향력 아래에 있는 사람이 논의의 주도권을 행사하여서는 안 된다. 결정은 완전하게 공개되어야 하고, 특정 의견이 억압되어서는 안 되고, 어떠한 논의도 배제되어서는 안 된다. 마지막으로 논의에 의해 얻은 결론은 상호주의(reciprocity)를 충족하여야 한다. 논의의 참여자들은 다른 사람의 관점으로 사례를 볼 수 있어야 하고 보려는 의지가 있어야 하며, 자신의 관점이 아닌 다양한 관점으로 볼 때 합리적인 대안을 찾을 수 있으며 그러한 의지가 있어야 한다. 이러한 조건들이 개방적이고 공정한 대화(open and undominated dialogue)의 특징이다.

이러한 고려는 합의와 관련한 문제를 다른 관점에서 보게 한다. 윤리적 결정이 일정한 요건을 갖춘 대화에 의해 이루어졌기 때문에 최소한 부분적으로는 정당화되었다고 볼 수 있다. 윤리적 결정이 개방적이고 공정한 대화에 의해 이루어졌다는 것은 그것이 올바른 결정이었다는 것이라고 할 수 있는 한 요인이다. 이렇게 보는 한 이유는 인간의 존중의 원칙을 충족하기 때문이다. 대화에서 사람들이 동일하게 대우받는 조건이 충족된다. 모든 사람들의 이해관계가 존중된다. 모든 사람의 관점이 고려된다. 따라서 개방적이고 공정한 대화는 사람에 대한 평등한 대우의 원칙이 윤리적 숙고의 사회적 과정에 적용된 것으로 본다.

따라서 우리는 전문가주의와 민주주의 중에서 선택해야 한다는 주장을 버리고 대신에 좀 더 개방적이고 공정한 논의를 해야 한다. 우리는 개방적이고 공정한 대화에서 네 가지 중요한 가치를 발견할 수 있다. 이러한 대화는 공동체 형성을 도와준다. 합리적인 추론을 촉진한다. 윤리적 숙고에 필요한 개념과 과정에 대한 지식을 갖게 한다. 마지막으로 개방적이고 공정한 논의로부터 나온 결정은 그 자체로서 그 결정이 올바르다는 것을 보여주는 것이 될 수 있다.

이상의 논의는 윤리적 논의가 좋은 논의가 되는 주요 특징을 찾는 데 도움을 준다. 이러한 특징은 "개방적이고 공정한 논의(open, undominated dialogue)"라는 구절로 요약될 수 있다. 개방적인 논의는 모든 관련 당사자들의 의견을 받아들인다. 게다가 증거와 주장을 존중하고 관련된 제안을 배제하려고 하지 않는다. 공정한 논의는 불평등한 권력관계가 대화에 영향을 주는 것을 피하게 한다. 논의과정에서 평등한 가치와 각 당사자들의 이해관계를 평등하게 본다.

이러한 생각들은 대화가 윤리적 숙고에서 필수적이라는 것을 의미한다. 윤리적 숙고는 협동적으로 이루어지는 사회적 과정의 하나로 인식되어야 한다. 윤리적 대화에서 찾으려는 반성적 균형은 사회적 결과이다. 불일치가 지속되는 것은 반성적 균형이 이루어지지 않았다는 것을 의미한다.

윤리적 숙고를 사회적인 대화의 활동으로 보아야 한다는 관점은 학교 교사들의 윤리적 삶을 두 가지 측면에서 보게 한다. 우리는 이것으로써 이 논의를 마친다. 첫째, 우리 사회에서 학교는 전형적으로 윤리적 문제를 교사들이 혼자서 해결해야 하는 과제로 인식하고 있다. 교사들은 각자의 교실에서 혼자 일한다. 학교에는 윤리적 문제를 논의할 수 있는 포럼이 거의 없다. 게다가 많은 학교들이 실제 대화의 과정을 방해하는 위계적 구조로 운영된다. 결과적으로 교사들은 개방적이고 공정한 대화에 참여할 기회가 많지 않게 된다. 만일 상황이 이러하다면, 이것은 우리의 학교체제의 중요한 결점 중의 하나이다.

둘째, 교사들이 윤리적 결정의 문제에서 자신의 소신에 대해 생각할 때 주의할 필요가 있다. 만일 윤리적 숙고를 혼자 하는 것으로 생각한다면, 결론은 타협의 여지가 없는 것으로 여길 것이다. 다음과 같이 추론할 수 있다. “내가 할 수 있는 한 최선을 다해서 이러한 결정을 하였다. 내가 보기에 무엇이 옳은지에 대한 최선의 선택이다. 그러니까 나는 이 결정이 맞고, 다른 사람이 어떻게 생각하든지, 나는 나의 결정에 따라 행동해야 한다. 나는 내가 세운 원칙에 대해서 타협할 수 없다. 나의 소신은 중요하다.” 이러한 결론을 도출한 사람들은 다른 소신을 가지고 다른 결론에 이른 사람들과 조정할 수 없는 갈등에 놓일 가능성이 있다. 앞의 사례에서 교장선생님과 교사는 모두 이렇게 하고 있는 것으로 보인다. 두 사람 모두 자신의 소신을 희생하지 않고는 움직일 수 없는 입장을 견지하고 있다.

경우에 따라 윤리적인 사람들은 자신의 소신과 타협하는 것을 거부해야 한다. 그러나 우리가 윤리적 숙고를 개인적인 과업인 동시에 사회적 대화의 과정으로 인식하고 또한 결정의 올바름을 결정하는 요인의 하나가 공정한 대화를 통해서 다른 사람을 설득하는 능력이라는 것을 인정하라. 그러면 윤리적 문제로 다른 사람과 갈등의 상황에 놓여있을 때마다 자신의 소신이 위협받는 경험을 덜하게 될 것이다. 우리는 스스로를 윤리적 참호에 가두기보다 합의를 위해 더 노력하게 될 것이다. 마지막으로 우리는 결정과정에서 누구에게 결정권이 있느냐에 대한 질문보다는 공동체를 위해서 개방적이고 공정한 대화에 대한 질문을 하게 될 것이다.

6. 다른 사례

침묵이 금은 아니다

보니 선생님은 퇴직을 고려하고 있다. 선생님은 밀러스빌 고등학교에 생물학 교사로서 4년째 근무하고 있으며, 종신재직권을 받았다. 이 지역은 기독교를 신봉하는 사람들이 거주하는 작은 동네이며, 점잖고 열심히 일하는 사람들이 거주하고 있다. 선생님은 이 지역을 좋아하고 있으나 기독교인 지역에서 생물학을 가르치는 것은 지옥만큼은 아니더라도 매우 어려운 일이다. 이 지역에서 진화론은 인기 있는 주제가 아니었다.

선생님은 지역 교회의 사람들로부터 점심 초대를 받았다. 그들은 점잖았고 진지했다. 선생님은 개인적인 견해로 진화론이 신에 대한 믿음과 불일치하지 않는다고 말했다. 그들은 선생님의 의견이 진리라고 하더라도 성경이 가르치는 내용과는 일치하지 않는다고 설명하였다. 그들은 선생님을 설득하지 못한 것에 대해서 화가 나기보다는 슬퍼하는 것으로 보였다. 선생님은 그들이 선생님을 위해서 기도

하는 것을 보았다. 선생님은 이렇게 좋은 사람들에 대해서 감사하였다. 선생님은 그들이 그들의 신념을 매우 중요하게 생각하고 있다는 것을 알고 있으며, 다른 지역에서는 생물학 선생님들이 훨씬 고생을 하고 있다는 것을 알고 있다.

또한 학생들 역시 진화론에 대해서 논의할 때 예의를 지키고 있으나 진화론을 믿지 않고 있었다. '심하다.'고 선생님은 생각하였다. '진화론이 좋은 삶의 필수 요건은 아니다. 그러나 현대 생물학을 이해하는 데 필수적이다. 진화론은 단순히 대부분의 생물학자들이 믿는 것이 아니라 그들이 생물체에 대해서 생각하는 틀이다. 진화론 없이 생물학을 가르치는 것은 수학에서 정리가 도출되는 과정과 결론이 이 정리로부터 나오는 것과 일치하는 것을 보여주지 않고 암기하도록 가르치는 것과 같다.' 그러면서도 선생님은 학생들의 종교적 신념을 존중하려고 주의를 하였다.

이 주제가 나올 때마다 선생님은 진화론이 진리라고 믿을 것을 학생들에게 요구하지는 않는다고 말하였다. 그러나 선생님은 학생들이 진화론이 무엇인지에 대해서 알고 그것이 현대 생물학에 기여한 바를 알기를 기대하였다. 선생님, 학생, 지역주민들은 일종의 긴장완화관계를 형성하고 있었다. 선생님은 자신이 기대하는 만큼 학생들이 생물학에 대해서 생각하게 하는 데 이르지는 못했지만, 선생님은 자신이 가르치는 교과의 주요 원칙에 충실하였으며 전문가로서의 소신을 지키고 있었다.

그러나 불행히도 변화가 나타났다. 일부 주의원들의 설득에 의해 주교육위원회는 진화론과 관련된 논쟁을 줄이기 위한 여러 방법을 고안하였다. 그들은 진화론을 명시적으로 금지하는 방안과 진화론과 창조론을 동일한 시간만큼 가르치는 방안을 배제하였다. 주교육위원회는 이러한 방안들이 연방대법원에서 헌법에 위배된다는 판결이 있었다는 것을 알고 있었기 때문이다. 그들이 생각한 방안은 다음과 같았다: 주정부는 생물학 교과에 대한 매우 자세한 교수요목을 만들고, 학생들이 졸업하기 위한 요건으로 치르는 시험문항은 이 교수요목을 따른다. 주 교육과정은 건강, 환경보호, 그리고 생태학을 강조한다. 학생들이 교육과정을 이수하면, 학생들은 기본적인 식품군, 재활용의 중요성, 그리고 산성비에 의해 발생하는 문제들에 대해서 잘 알게 될 것이다. 진화론은 주 교육과정에 포함되지 않는다. 교사들이 진화론을 가르치는 것은 금지되지 않는다. 그러나 주어진 주 교육과정을 모두 가르쳐야 하는 책임이 있다.

선생님은 주정부에서 생물학 교육과정을 통해서 교묘하게 교사들이 진화론을 가르치지 못하게 하는 것이 위법인지 아닌지 모른다. 그러나 선생님에게 분명한 것은 새로운 교육과정에서 진화론을 일관적이고 체계적으로 다룰 수 있는 시간이 없다는 것과 새로운 교수요목을 모두 다루기는 어렵다는 것이다. 진화론은 생물학 수업의 각주 정도로만 언급될 것이고, 이것은 도저히 용납하기 어려운 것이다. 주정부의 새로운 교육과정의 주요 주제들은 진화론적 관점이 아니고서는 이해될 수 없는 것들이다. 선생님에게 가르치라고 하는 것은 생물학자들이 이해하는 생물학이 아니었다. 학생들에게 생물학에 대해서 잘못된 관점을 심어주도록 요구받는 것이었다. 이러한 상황에서 선생님이 어떻게 소신대로 가르칠 수 있겠는가?

다섯은 충분하지 않다

주정부는 학생들이 글 쓰는 방법을 알아야 한다고 결정하였다. 모세 선생님 역시 그렇게 생각하였다. 주정부는 8학년 학생을 대상으로 한 시험에서 다섯 문단짜리 작문시험을 내겠다고 결정하였다.

선생님은 이에 대해 불만이다. 왜 다섯 문단이지? 왜 셋이나 일곱 문단은 안되지? 훌륭한 작문은 오직 다섯 문단으로 되어야 하나? 또한 선생님은 작문이 평가되어야 한다는 것을 우려하였다.

일반적으로 선생님이 학생들의 글을 읽을 때, 이에 대한 평가는 매우 다양하다. 선생님은 철자나 어법을 수정한다. 그러나 때때로 문체에 대해 논의하고 논지를 개선하고 글을 세련되게 하도록 도와준다. 필요에 따라 학생들이 글을 일관되게 쓰고 설득력 있게 쓰는데 초점을 둔다.

작문은 예술, 논리, 수사 그리고 또 다른 무엇이다. 선생님은 주정부가 평가표를 만들어 작문을 평가할 때 일관된 기준으로 사용할 것이라고 확신하였다. 작문 평가를 위해 세세하게 만든 평가표는 너무 복잡하여 복수의 채점자들 사이에 일관성을 갖기 어려울 것이라고 보았다. 일관성 있게 적용되기 위해서는 평가표가 단순해야 한다고 생각하였다. 그러나 주정부의 평가전문가들은 그렇지 않다고 주장하였다. 선생님은 기다려서 그 결과를 볼 것이다.

선생님은 그의 수업에서 학생들이 작문시험을 잘 볼 수 있도록 준비해야 한다는 것에 부담이 생겼다. 학교는 학생들이 이러한 시험에 높은 점수를 얻어야 한다는 압력을 받고 있었다. 학교의 점수가 다른 학교의 점수와 비교되어 신문에 보도된다. 따라서 8학년의 영어수업의 초점은 다섯 문단짜리 작문이 될 것이다. 선생님은 학생들이 자신이 가르치는 주요 소재에 대해서 다섯 문단짜리 글을 쓰게 하겠다고 결심하였다.

문제는 주정부의 시험이 학생들에게 익숙한 이야기나 주제를 부과하지 않을 것이라는 것이다. 대신에 학생들은 주어진 글에 대해서 논의하거나 모든 사람들이 글을 쓸 수 있는 주제, 예를 들어 그들에게 익숙한 인물이나 지역에 대한 글쓰기를 제시할 것이다. 표준화된 시험에서 다른 주제를 제시할 수 있겠는가? 게다가 채점표는 논리전개의 정교함이나 문체의 질에 대해서는 강조하지 않고 있다. 채점표가 그리 나쁘게 보이지는 않았다: 학생들은 철자와 어법에 맞는 문장을 쓰는 방법을 알아야 한다, 문단은 잘 구조화되어야 한다, 생각의 전개에 질서가 있어야 한다. 그렇지만 선생님은 평가에 무엇인가 더 많은 요소가 있어야 한다고 생각하였다.

진짜 문제는 학교에서 작문 실습을 더 많이 하고 작문 주제에 주정부의 시험 경향을 반영할 것을 요구하는 것이다. 이것이 의미하는 것은 매주 여러 번의 작문 숙제를 내주고 주정부의 평가표에 따라 채점해야 한다는 것이다. 선생님이 이 요구를 수용하기 위해서는 선생님이 계획한 수업의 일부를 빼야 한다. 선생님은 한참 전에 표준화시험의 결과에 대한 논문을 읽은 것이 생각났다. '저자가 주장한 것이 무엇이더라? 좋았어. 저자가 주장하기를 표준화시험을 보게 되어 학생들이 더 많이 배우게 되었는지는 불분명하다는 것이다. 또한 표준화시험으로 교육과정이 왜곡되고 시험 위주의 교육이 일반적으로 나타났다는 것은 분명하다고 주장한다.'

또한 선생님은 이에 대한 반박도 기억하였다. '만일 시험이 고수준의 숙달정도를 평가하고, 교사들이 교육과정을 그 수준으로 맞추고 시험에 맞는 교육을 한다면 이는 올바른 것이다.' 선생님은 8학년에 비추어 이 기준이 무엇인지 알고 있었다. 이 기준에 따를 때 많은 학생들의 교육을 개선하는데 도움이 될지 모르지만, 선생님 반의 학생들에게는 맞지 않을 수 있다고 생각하였다.

선생님은 이전에 특정 숫자를 싫어한 적이 없었다. 그의 동명이인이 모세 5경을 저술하였다. 그러나 이제 숫자 5를 싫어하게 되었다. 숫자 5와 관련하여 선생님에게 좋은 것은 앞으로 5년만 더 근무하면 주정부의 연금을 받을 수 있는 조건이 된다는 것이다.

논의 주제

1. 소신에 따른 교육에 대한 우리의 분석에서, 전문적 기준에 의한 소신의 판단과 개인적 소신에 의한 판단을 구별하는 두 가지 요소가 있다고 하였다. 두 가지 요소는 증거(evidence)와 인증(affirmation)이다. 이 두 사례에서 두 선생님들이 호소하는 기준들이 모두 증거와 인증을 포함하고 있는가?
2. 각각의 사례에서 선생님들은 새로운 교육과정에 대한 요구가 교과의 특성을 적절하게 반영하지 못하고 있다고 주장한다. 그러나 어느 경우에도 선생들에게 가르치는 교과에 대해서 거짓말을 하거나 명확한 사실을 인정하지 말라는 요구는 없었다. 대신에 선생님들은 자신들이 가르치는 교과의 목적, 교과에서 증거의 기준, 수업에서 학생들이 알고, 이해하고, 할 수 있는 것에 대한 판단을 하고 있다.
   이러한 문제들에 대한 전문적 판단 기준이 있는가? 당신이 가르치고 있는 교과를 생각해 보자. 당신이 맡고 있는 교과에 내재하는 판단기준으로 그것을 부인하거나 인정하지 않을 때 소신의 문제가 되는 것은 무엇인가?
3. 경우에 따라 이러한 문제는 매우 격렬한 논쟁이 된다. 전문적인 견해에 불일치가 있다는 사실이 이러한 문제에 대한 전문적 판단기준이 없다는 것을 의미하는가?
4. 이 장의 처음에 제시한 사례에서 교과의 성격에 대한 문제는 포함되지 않았다. 그 사례는 수학에서 분수를 교육하는 학년에 대한 문제였다. 교과의 전문가는 학자로서 그 분야에 종사하고 있는 사람들이다. 예를 들어 물리학자는 물리학에 대한 전문가이다. 학습의 적정 시기에 대한 전문가는 누구인가? 교수법에 관련한 다른 분야의 전문가는 누가 있는가?

5. 각각의 사례를 보면, 교사들이 보기에 자신들의 전문적 소신을 위협하는 결정이나 정책들이 지역위원이나 이들의 위임을 받는 사람들에 의해 민주적으로 결정되었다. 적법한 절차에 따른 결정에 대해서 교사들이 저항하는 것은 비민주적인 행동인가?
6. 교사들이 우리가 위에서 제시한 접근 방안 중 어떤 것을 따를 것으로 보이는가? 그밖에 다른 방안이 있는가? 사례에서 제시한 전문적 소신에 대한 무시가 교사들이 퇴직해야할 만큼 중대한가?
7. 우리는 대화의 장점에 대해 많이 논하였다. 여기에서 제시한 사례들을 해결하기 위해 대화가 가능할까? 어떻게 대화를 진행할 수 있을까?

심화학습 자료

Benjamin Martin. "Moral Reasoning, Moral Pluralism, and the Classroom." In Philosophy of Education 2005, edited by Kenneth R. Howe, pp. 23-26. Urbana, IL: Philosophy of Education Society, 2005.

이 논문은 윤리학에서 반성적 균형의 아이디어를 논한다.

Gutmann, Amy. Democratic Education. Princeton, NJ: Princeton Univer -sity Press, 1987.

교육적 논의에서 숙의 민주주의의 역할을 강조하는 윤리학과 교육정책에 대해 논의하고 있다.

Gutmann, Amy, and Dennis Thompson. Democracy and Disagreement. Cambridge, MA: Harvard University Press, 1996.

숙의 민주주의에 대해 기술하고 있다.

Habermas, Jüregen. Moral Consciousness and Communicative Action. Cambridge, MA: MIT Press, 1996.

대화를 윤리적 의사결정의 핵심으로 여기는 대화 윤리학(discourse ethics)을 소개하고 있다.

Strike, Kenneth A. "Is Teaching a Profession: How Would We Know?" Journal of Personnel Evaluation in Education 4(1990): 91-117.

민주주의와 전문가주의의 갈등을 논의하고 있다.

Strike, Kenneth A. "Professionalism, Democracy, and Discursive Communities: Normative Reflections on Restructuring." American Educational Research Journal 30, no. 2(1993): 255-75.

Lock의 민주주의 전통과 숙의 민주주의를 구분하고 그 결과를 전문적 공동체의 개념에 적용한다.

Strike, Kenneth A. "Common Schools and Uncommon Conversations." Journal of Philosophy of Education 41, no. 4(2007): 693-708.

창조론에 대한 교육, 게이의 권리, 성경 교육 등 세 가지 주요 논쟁에서 대화의 역할을 논의하고 있다.

THE ETHICS OF TEACHING

제7장

결론 그리고 후기

제 7 장

결론 그리고 후기

1. 결 론

이 책에서 제시한 사례를 분석할 때, 결과주의와 원칙주의 관점을 대비하는 방법을 활용하였다. 이것은 윤리적 딜레마에 대한 논의를 구조화할 때 활용할 수 있는 한 방법이나 유일한 방법은 아니다. 다른 접근 방법보다 이 접근 방법을 선호하는 이유가 있는가? 그 이유를 간단히 제시하면 다음과 같다. 첫째, 어떠한 관점도 그 자체로서 충분하지 않다. 둘째, 각각의 관점이 어느 정도 서로의 결점을 보완한다. 아마도 두 관점이 서로 종합될 수 있는지를 검토할 필요가 있다.

우리의 관점에서 볼 때, 원칙주의 관점이 보다 더 근본적이다. 그 이유는 결과주의 관점의 논의에서 원칙주의 관점들을 전제하고 있기 때문이다. 공리주의에 대해서 다음과 같은 질문을 제기하여 보

자. 우리가 개인들의 평균 행복을 계산할 때, 모든 사람들의 행복을 동일하게 간주해야 하는 이유는 무엇인가? 아마도 어떤 사람들은 다른 사람들보다 태생적으로 더 가치가 있을지도 모른다. 따라서 그들의 행복을 더 중요하게 간주해야 한다. 평균효용을 계산할 때, 그들의 내재적 가치를 가중하여 계산하여야 한다. 이 주장에 대해 역겨울 정도로 반감이 생기는 이유를 설명하기 위해서, 우리는 인간에 대한 평등한 대우, 공정성, 보편성 등과 같은 원칙주의 개념을 떠올린다.

원칙주의 관점의 주요 결점은 인간에 유익한 것이 무엇인지 또는 특정한 행동이 다른 사람의 복지에 미치는 영향에 대해 알지 못한다면 원칙주의 관점을 적용할 수 없다는 것이다. 아마도 평균 효용 원칙은 다른 사람의 존중이라는 원칙을 잘 반영하지 못하는 것 같다. 만일 이것이 사실이라면, 인간에 대한 평등한 대우의 개념이 잘 반영되었는지를 결정할 수 있는 또 다른 원칙을 필요로 한다. 지속될 수 있는 윤리 이론은 원칙주의 관점의 틀에서 결과에 대한 관심을 포함할 것이다.

우리가 이 접근 방식을 취하게 된 실질적인 계기에 대해 논하면서 마치려고 한다. 우리는 많은 시간을 윤리적 상대주의에 대해 논의하고 결과주의 관점과 원칙주의 관점을 비교하는 데 활용하였다. 그 이유는 이러한 관점들을 잘 이해하는 것은 교사들이 학생들을 교육할 때 어떻게 행동해야 하는지를 아는 데 도움이 되고, 교육이 무엇인지에 대한 근본적인 이해에 도움을 줄 수 있기 때문이다.

소크라테스(Socrates)는 반성하지 않는 삶은 살아갈 가치가 없다는 명언을 남겼다. 왜 그런가? 이 명언의 핵심은 사람이 어떻게 살고 있는지에 대해 성찰하지 않는 것은 도덕적 주체로서의 자신의 위치를 인식하지 못한다는 것이다. 이것은 근본적으로 인간이기를 거부하는 것이다.

공리주의자들의 첫 번째 관심이 인간으로서의 성장이 아니라 행복이기 때문에 우리는 공리주의를 만족스럽게 생각하지 않는다. 공리주의에서 성장은 불확실하고 부차적인 가치이다. 상대주의는 모든 것에 대해서 평가의 가능성을 부인하면서 윤리적 성장의 판단기준을 부정하기 때문에 우리는 상대주의를 만족스럽게 생각하지 않는다.

우리는 도덕적 주체로서의 성장이 가장 중요한 문제라고 본다. 도덕적 주체는 다른 사람을 보호하고 자신의 책임을 기꺼이 받아들이고 책임을 다 할 수 있는 사람이고, 공공의 삶에 대해서 다른 사람과 개방적이고 공정한 대화를 할 수 있는 사람이고, 집단의 일원으로 책임을 나누어 질 수 있는 사람이다. 교사가 해야 할 가장 근본적인 의무는 이러한 사람을 만드는 것이다. 우리는 다른 무엇보다도 사람을 만드는 일에 종사하고 있다. 우리 학생들의 존엄과 가치를 존중하고 그들이 자유롭고, 합리적이고, 감정을 가진 윤리적 주체로 성장하도록 도와주는 것이 우리의 첫 번째 의무이다.

학교의 출입구 위에 심오한 명언을 새기는 것은 전통이다. 우리는 거기에 적합한 문구로 닥커 수스(Dr. Seuss)가 남긴 "아무리 작더라도 사람은 사람이다(A person's a person no matter how small)."를 추천한다.

2. 후 기

이 책의 저자인 스트라이크(Strike) 교수와 솔티스(Soltis) 교수는 학생들 그리고 철학과 동료교수 한 명과 함께 점심 식사를 하였다. 학생들은 "가르침의 윤리(Ethics of Teaching)" 강좌를 직전 학기에 이수한 학생들이다. 철학과 교수와 학생들이 이 책 때문에 고민이 있는 것으로 보였다. 다음은 대화의 주요 내용이다.

학생 1: 방학에 집에 갈 때, 이 책을 가져갔고, 아버지가 그 책을 읽었다. 아버지는 이 책에 불만이 있었다. 아버지는 윤리학은 종교와 분리하여 논의할 수 없으며 교수님들이 세속주의 인본주의자라고 주장하였다. 나는 이 문제에 대해서 더 이상 이야기하고 싶지 않으나, 내가 받은 종교 교육이 나의 윤리관의 일부인 것으로 보인다. 나는 종교와 윤리를 분리하여 생각하는 데 어려움을 겪었다.

학생 2: 나는 저자들이 세속적 인본주의자라는 생각을 해본 적이 없다. 그러나 나는 교수님들이 무엇인가를 많이 생략한 것으로 보인다. 최근에 여성주의에 관한 몇 권의 저서들을 읽고 있다. 그들은 배려에 대해서 많이 이야기하고, 교수님들이 쓴 윤리학은 일종의 남성 윤리학이라고 주장하였다. 교육의 윤리학이라면 학생들에 대한 교사들의 배려에 대해 무엇인가를 말해야 하지 않는가?

철학과 교수: 교수님들은 종교와 배려를 무시하였을 뿐만 아니라 철학사의 상당 부분을 다루지 않았다! 교수님들은 지금까지 역사상에 존재하는 철학자는 칸트(Kant)와 몇 명의 공리주의자들인 것처럼 기술한다. 아리스토텔레스(Aristotle), 플라톤(Plato), 듀이(Dewey)는 어디에 있는가? 그들은 모두 윤리학과 교육 모두에 대해서 업적을 남겼다. 어떻게 그들을 언급하지 않을 수 있는가?

스트라이크(Strike): (불편해 하는 모습을 보이며) 음... 적어도 나는 세속적 인본주의자는 아니다. 나는 장로교인이다. 그러나 우리가 제시하는 윤리관은 세속적이고 칸트(Kant)와 공리주의자들의 책에 있는 내용을 중심으로 저술하였다는 것을 인정할 수밖에 없다. 그러나 이 책은 종교를 갖고 있거나 갖고 있지 않는 다양한 학생들이 있는 공립학교에서 가르치게 될 예비교사를 위해 저술되었다. 공공기관을 위한 것이라면, 특정한 종교 관점으로 윤리를 가르치는 것이 여러 문제가 있다는 것은 분명하다. 만일 윤리학이 종교로부터 어떤 식으로든 분리될 수 없다면, 공립학교의 맥락에서 다른 사람의 종교적 자유를 침해하지 않고 윤리를 논하는 것은 불가능하다.

솔티스(Soltis): (자신감 있는 표정을 지으며) 플라톤(Plato)은 윤리가 종교로부터 독립되어야 한다는 것을 이해하는 데 도움이 될 것이다. 플라톤(Plato)은 Euthyphro라는 책을 저술하였고, 거기에서 신성(piety)에 대해 논의하였다. 나는 플라톤(Plato)의 생각과 완전히 같지 않지만 많은 공통점이 있는 주장을 할 수 있다. 누군가가 옳은 일은 신이 명령하거나 신의 의지에 의한 것이라고 주장한다고 가정해보자. 현대의 소크라테스들은 신은 항상 옳은 것만을 명령한다는 명제에 대해 질문할 것이다. 두 가지 대답이 있을 수 있고, 둘 다 만족스럽지는 않다. 하나는 신이 우리에게 하라고 한 것은 무엇이든 옳고 신이 금지하는 것은 무엇이든 그르다. 그러나 이것이 진리라면, 신이 살인을 하라고 한다면 살인은 올바른 것이 되고, 신이 선행을 금지하면 선행은 그른 것이 된다.

학생 1: 그러나 나는 신이 어떤 것을 임의대로 명령하거나 금지하지 않는다고 생각한다. 나는 신이 올바르고 선하다는 것을 확신한다. 따라서 신은 오로지 올바르고 선한 것만을 명령할 것이다.

솔티스(Soltis): 물론 그것은 다른 대답이다. 어떤 행동은 그것이 신이 명령한 것이기 때문에 옳은 것이 아니다. 그 행동이 옳기 때문에 신이 명령한 것이다. 그러나 이 주장은 신과 인간의 관계에서 자의적이지 않게 하는 장점이 있으나, 동시에 옳은 것과 그른 것의 차이는 신의 의지에 달려있지 않다는 것을 의미한다. 만일 신이 무엇인가가 옳기 때문에 그것을 명령한다면, 신의 의지와 무관하게 그것을 옳게 만드는 무엇인가가 있어야 한다. 이런 측면에서 볼 때, 신은 현명하고 정의로운 통치자와 크게 다르지 않은 것으로 보인다. 그러나 올바름과 정의의 기준은 그것이 신으로부터 명령을 받았다는 것과는 관련이 없다. 이렇게 본다면, 어떤 것이 신의 의지인지 판단하지 않고서도 옳음과 그름의 판단기준을 말할 수 있어야 한다.

철학과 교수: 맞아요, 맞아. 그러나 교수님은 그것이 훨씬 더 복잡하다는 것을 안다. 예를 들어, 일부 신학자들은 신의 명령은 신의 의지가 아니라 신의 섭리(nature)를 표현한다고 주장한다. 플라톤(Plato)의 주장(또는 교수님의 해석)은 이러한 관점을 성공적으로 반박하지 못한다.

스트라이크(Strike): 실제로, 난 신학적 윤리학이 관심을 갖는 것은 신의 명령과 거의 관계가 없다고 생각한다. 내가 보기에 중요한 것은 신학적 윤리학이 세속적 윤리학에서는 볼 수 없는 독특한 윤리적 관점을 가지고 있다는 것이다. 예를 들어 고해와 구원과 같은 개념은 신과 연결하지 않더라도 매우 중요하다고 생각한다. 일부는 종교적 윤리학의 주요 부분은 관계를 회복하는 것이라고 주장할지 모른다.

학생 2: 거기에 배려에 대한 것이 있을지도 모른다.

스트라이크(Strike): 나도 그렇게 생각한다.

철학과 교수: 글쎄요, 그럴듯해 보이지만, 불쌍한 아리스토텔레스(Aristotle)와 듀이(Dewey)는 여전히 멀리 있다. 그리고 여전히 교수님의 책에서 배려, 구원, 고해 등에 대해서는 다루지 않았다. 아리스토텔레스(Aristotle)는 인격의 발달에 대해서 주목할 만한 가치가 있는 많은 업적을 남겼고, 듀이(Dewey)는 교육의 철학에 대해서 많은 업적을 남겼다.

스트라이크(Strike): 나는 아리스토텔레스(Aristotle)의 인격형성에 대한 관점에 항상 감동한다.

솔티스(Soltis): 그리고 나는 듀이(Dewey)의 교육 이론을 높게 평가한다.

학생 2: 스트라이크(Strike) 교수님은 관계와 아리스토텔레스(Aristotle)에 동의하고 솔티스(Soltis) 교수님은 듀이(Dewey)의 교육관을 좋아한다면, 그렇다면 왜 이 책에서는 그러한 내용을 담지 않았는가?

스트라이크(Strike): 이유 중의 하나는 우리는 “좋은 삶이란 무엇인가?” 또는 “좋은 교육이란 무엇인가?”와 같은 질문에 답하고 있지 않기 때문이다. 우리가 답하고자 하는 것은 공공기관에서 이러한 질문에 대해 의견의 불일치가 있을 때 사람들이 어떻게 협력하고 문제를 해결할 수 있는지에 관한 것이다.

학생 1: 혼란스럽다. 예를 들어 왜 교수님이 이러한 문제에서 신을 배제하였는지 의문이다.

스트라이크(Strike): 너와 무신론자가 너의 자녀를 교육하는 것과 같은 어떤 공동의 과업에 함께 참여하고 있고 네가 참여하는데 몇 가지 기본적인 사항에 대해 동의를 하여야 한다고 가정해 보자. 만일 무신론자가 네가 참여하려면 무신론을 믿어야 한다고 주장한다면 너는 어떤 느낌이 들까?

학생 1: 분명히 나는 그것을 원치 않을 것이고, 협력하지 않을 것이다.

철학과 교수: 그러면 너는 대신에 무신론자에게 너의 종교적 신념을 받아들이라고 주장할 것인가?

학생 1: 글쎄, 그것은 공정하지 않은 것 같다. 비록 그가 나의 의견에 동의하면 더 행복해질 것이라 생각하지만... 그러나 그에게 그의 무신론을 주장하지 못하게 한다면, 나 역시 그에게 나의 종교관에 동의하라고 주장하지 못할 것이다.

스트라이크(Strike): 네가 너의 종교관을 주장하지 못하고, 그 역시 그의 무신론을 주장하지 못한다면, 어떻게 협력을 할 수 있겠는가?

학생 1: 그렇다면, 우리는 우리의 종교적 차이를 사적인 문제로 간주하고 학교 밖에서 추구하는 것으로 동의할 수 있지 않을까요?

학생 2: 그리고 우리가 종교적 신념에서 일치하지 않더라도 우리가 동의할 수 있는 윤리적 관점을 발견할 수 있다.

철학과 교수: 만일 당신이 공공기관의 윤리학에 대해서 이런 식으로 생각하길 주장한다면, 종교와는 상당히 중립적인 윤리적 원칙들을 발견할지 모른다. 또한 그러한 윤리적 원칙들은 좋은 삶에 대한 다양한 관점에 대해서도 중립적이고 또한 좋은

교육에 대해 상충하는 관점에 대해서도 중립적일 수 있다.

스트라이크(Strike): 내 생각에는 그것이 기본적으로 옳은 것 같다. 다원주의 사회에서 공공의 윤리는 중요한 많은 것들로부터 중립적이어야 한다. 좋은 삶과 교육에 대한 공공의 관점은 비교적 명확하지 않을 것이다. 이것이 좋은 삶과 교육에 대한 분명한 관점이 중요하지 않다는 것을 의미하지 않는다. 이것이 의미하는 것은 자유사회에서 분명한 관점을 강요할 수 없다는 것이다.

학생 2: 그렇다면 중요한 문제에 대해서 심오한 차이가 있는 사람들이 동의할 수 있는 윤리적 관점에는 무엇이 있을 수 있는가?

솔티스(Soltis): 그것들은 대부분 정의로움이나 공정성과 관련된 것이다. 우리가 이 책에서 논의한 윤리적 원칙들이 좋은 예이다. 언론의 자유, 정당한 절차, 사생활 보호, 그리고 민주적 의사결정과 같은 원칙들이 생각이 다른 사람들이 모여서 공정하게 협력하는 방안으로 동의할 수 있는 원칙으로 보인다. 예를 들어, 무신론자와 신자가 정당한 절차에 대해서 이견을 가져야 하는 이유가 있다면 매우 놀랄만한 일이다.

학생 2: 인격의 발달이나 배려와 같은 관계에 대해서는 어떻게 생각하는가? 스트라이크(Strike) 교수님은 이러한 이론들이 잘 정리되었고, 또한 윤리학에서 중요한 것으로 보는 것 같다. 그러나 솔티스(Soltis) 교수님은 이에 대해서 별로 이야기하는 것 같지 않다.

솔티스(Soltis): 나는 이러한 주제들이 중요하다는 것에 대해서 스트라이크(Strike) 교수와 같은 생각이다. 사실 가르침의 윤리학에서 그러한 주제는 중요하다. 교사들은 좋은 성격을 가진 사람이어야 하고 학생들을 배려하는 마음을 가져야 한다. 동시에 인격이나 배려심은 장기간에 걸쳐서 형성되는 것이고 인지적인 문제는 아닌 것으로 보인다. 짧은 책에서 사람들의 인격을 개선하고 배려심이 있는 사람으로 바꾸는 것은 쉽지 않아 보인다. 그러나 우리가 생각하기에 언론의 자유와 정당한 절차가 무엇인지 이해하게 하고 윤리적인 문제에 대해서 합리적으로 생각해서 논의가 가능하고 정당화가 가능한 결정을 할 수 있도록 도와줄 수 있다.

학생 2: 교수님의 말은 공정성과 정의의 공공윤리와 관계의 윤리가 완벽하게 양립하는 것이 가능한 것처럼 들린다. 그러나 사람들은 이들을 대안적인 것으로 여기지 않는가?

스트라이크(Strike): 일부 저자들이 이들의 관점이 서로 반대에 위치하는 것처럼 보는 것은 사실이다. 그러나 나는 그렇게 보지 않는다.

철학과 교수: 교수님은 어떻게 보는가?

스트라이크(Strike): 내가 보기에 배려의 윤리학 또는 관계를 중심으로 하는 윤리학은 인간관계의 이상적인 모습을 기술하려고 한다. 사랑, 배려, 우정과 같은 관계는 사람들의 삶의 질에 매우 중요하다. 게다가 이러한 관계가 핵심적인 관심사가 되어야 하는 것은 중요한 상황이 있다. 그 상황에서 협력의 기초가 되는 규칙을 만들거나 정의에 대해서 걱정할 필요가 거의 없다. 사람들이 서로 사랑하고 배려하는 가정에서는 정의나 공정성에 대해서 논의할 필요가 거의 없다. 사실상 친구나 가족이 공정성에 대해서 많은 시간을 쓰고 있다면 이것은 우정이나 배려의 관계가 문제가 있다는 것을 보여주는 것이다.

학생 2: 그렇다면 선생님은 배려가 당연한 것으로 여겨지지 않는 곳에서 정의가 중요하다고 보는 것인가?

스트라이크(Strike): 그렇다. 이상적인 세계에서 인간관계는 우정, 사랑, 배려에 의해 형성되어야 한다. 그러나 세상은 그렇게 완벽하지 않다. 게다가 배려와 우정에 대해서 책을 쓴 많은 사람들은 배려와 우정이 특별한 사람과의 관계라는 것을 강조한다. 우리가 모든 사람과 친구가 될 수 있는 것은 아니며, 모든 사람을 배려할 수 있는 것은 아니다. 우리는 우리가 배려하는 사람이 아닌 사람들과 책임감있게 관계를 형성할 수 있는 방법을 결정해야 한다. 다르게 말하자면 우정이나 배려는 사람들과 그렇게 관계를 맺는 것이 바람직하고 가치있는 방법이라고 표현하는 것이다. 그러나 정의는 우리가 사람들에 대해서 어떻게 생각하든지에 관계없이 또는 그들을 좋아하는지에 관계없이 관계를 형성해야 할 때 우리가 어떻게 해야 하는지를 설명한다. "공공윤리"는 최소한의 기준을 제시한다. 이것은 일종의 도덕적 안전망이다.

철학과 교수: 글쎄, 이 모든 것이 나에게는 분명히 다가오지 않는다. 그러나 교수님들이 특정한 내용을 이 책에 포함한 것과 포함하지 않은 이유는 분명히 알게 되었다. 그런데 왜 이 모든 논의를 결과주의와 원칙주의의 윤리학 관점에서만 보는가?

솔티스(Soltis): 그 이유는 그동안 철학자들이 다양한 정의의 관점을 설명하기 위해 두 가지 관점을 활용하였기 때문이다. 배워야 할 것이 더 많지만, 이 두 가지 관점으로부터 시작할 때 철학자들이 다원주의를 존중하는 자유민주사회에서 구성원 간의 협력을 이루는 윤리적 관념을 탐색하는 방법을 이해하는 데 도움이 될 것이다.

철학과 교수: 스트라이크(Strike) 교수님이 좋은 삶에 대한 다양한 정의에 대해 중립적인 입장을 취할 때 솔티스(Soltis) 교수님이 침묵하는 것을 보았다.

솔티스(Soltis): 음, 맞다. 때때로 나는 스트라이크(Strike) 교수가 너무 나갔다고 생각한다. 나는 지속가능한 교육체제가 그가 생각하는 것보다 좋은 삶에 대한 분명한 정의를 필요로 한다고 생각한다. 스트라이크(Strike) 교수가 말한 내용 중에서 수정하고 싶은 부분이 몇 군데 있다.

스트라이크(Strike): 솔티스(Soltis)는 좋은 동료이자 심오한 사상가이지만, 그가 여러 가지 주제를 완전하게 이해하고 있는지 확신할 수 없다. 더욱이 내 자신 또한 일 년에 두세 번 입장을 바꾸는 경우가 있다.

철학과 교수: 두 교수님이 책을 함께 저술하는 것에는 동의하였지만, 내가 두 교수님의 관점을 깊게 이해하다면 두 분 사이의 근본적인 불일치를 찾을 수 있겠다.

스트라이크(Strike): 그럴 수 있다. 그러나 우리가 생각하기에 이 책의 가장 중요한 교훈은 사람들이 윤리적 관점에 대해서 근본적인 불일치가 있는 상황에서도 사람을 공정하게 대하는 방법에 대한 기본적인 규칙에 합의하는 것이 가능하다는 것이다.

솔티스(Soltis): 나도 스트라이크(Strike)에 동의하지만, 이 책의 가장 중요한 교훈은 사람들이 어렵거나 중요한 문제를 해결하기 위해서는 대화와 성찰이 필요하다는 것이다. 의심할 여지없이 나의 동료이자 공저자 역시 대화와 성찰의 중요성을 인식한다.

스트라이크(Strike): 분명히 그렇다.

철학과 교수: 모든 대화에는 끝이 있게 마련이다. 대화의 마지막 부분은 누가 점심값을 지불해야 하는지를 결정하는 데 사용하자. 내가 생각하기에 스트라이크(Strike) 교수가 우리를 대화에 초청하였으니, 절약하고 싶은 마음을 억누르고 점심값을 지불해야 한다고 생각한다.

스트라이크(Strike) 교수는 이 제안에 다소 마음이 아팠지만 학생들의 얼굴에 드러난 안도감을 보고 지난번에는 솔티스(Soltis) 교수가 식사 값을 내었다는 사실을 기억해냈다. 그는 계산서를 들고 종업원에게 가면서 공정성의 모호함을 생각하였다.

THE ETHICS OF TEACHING

제 8 장

사례연구

1 부적격 교사의 문제
2 학생과 학부모 권리의 문제
3 긴축재정에 따른 교사의 고민
4 상담내용에 대한 비밀보장
5 사제지간의 인간관계
6 교수활동에서의 두 가지 문제 사례
7 학생진로지도
8 가치관 교육의 문제
9 부모의 아동학대
10 교사 사이의 친근함의 표현
11 평가방침의 문제

제 8 장

사례연구

지금까지 살펴본 사례들은 도덕적 문제들을 설명하고 여러분이 교직윤리에 관한 기본개념들을 생각해 보도록 구성되었다. 그러나 현실의 윤리적 상황은 단지 설명이나 사고만이 아니라 결정과 행동을 요구한다. 복잡한 현실을 살아가는 도덕적 주체로서 여러분은 타인들의 정당한 도덕적 입장과 권리를 인정할 필요가 있다.

교육자로서 여러분이 학생들뿐만 아니라 동료 교직원, 학부모와 같은 사람들의 입장과 권리를 고려해야 하며, 나아가 상대방의 입장에서 생각하고 느껴야 한다는 것을 의미하는 것이다. 또한 여러분은 최선을 추구하되 그렇지 못할 때에는 피해를 최소화해야 한다는 기본적 원칙들을 지켜야 한다. 또한 도덕적 개념과 결론에 기초해서 행위의 과정을 합리적으로 고려할 필요가 있다. 아울러 자신의 결정과 행동을 스스로 정당화할 수 있어야 한다.

물론, 여러분이 어떤 것을 결정하거나 행동함에 있어 직면하게 되는 모든 상황이 촉박하거나 위태로운 것은 아닐 것이다. 일상적인 인간관계에서 우리는 항상 복잡하고 난해한 방식만이 아니라 단순한 방식으로 윤리적 관계를 맺고 있다.

이 책의 목적 중의 하나는 일상적인 인간관계에서 언제라도 나타날 수 있는 도덕적 문제에 대해 민감하게 만들어 여러분으로 하여금 그것이 언제 발생하더라도 이성적인 행동을 취할 수 있도록 만들고자 하는 것이다. 이는 타인에 대한 존중, 즉 개성의 존중이나 인간평등에 대한 신념을 의미한다. 이를 위해서는 깊은 성찰과 부단한 탐구, 주의 깊은 판단과 민첩한 행동을 필요로 한다. 아울러 여러분이 타인들과 생각, 감정, 이성을 공유하면서 그러한 윤리적 판단 능력을 활용한다면 여러분은 한 인간으로서 그리고 교육자로서 도덕적 성장과 균형적 판단을 효과적으로 추구해 나갈 수 있을 것이다.

이 장에서 여러분들이 직접적인 현실을 생생하게 경험하기는 어려울 것이다. 그러나 여기서 제시하는 가상적 사례들을 통해 여러분은 광범위한 도덕적 개념과 합리적인 결론들에 대해 충분히 숙고해 볼 수는 있을 것이다. 이러한 사례들의 연구를 통해 여러분은 이 책에서 배운 개념들을 적용하여 윤리적인 사고와 이론화를 직접 시도해 볼 수도 있을 것이다.

우리는 여러분이 이 사례들에 대해 다른 사람들과 토론해 보기를 희망한다. 우리는 사례들을 교육현장에서 일상적으로 일어나고, 일어날 수 있는 상황에 가장 근접한 것으로 만들려고 노력했다. 그래서 대부분의 사례들은 현직교사들의 경험을 기초로 하였다.

여러분은 여기에 실린 사례들을 검토할 때, 윤리적 판단이 단지 규칙을 따른다거나 어떤 문제이든지 간에 하나의 도덕적 원리만을 고집스럽게 적용하는 것은 아니라는 점을 명심해야 한다. 도덕적 행위에 대한 올바른 결정을 하기 위해서는 맥락을 고려하고, 도덕적 직관을 사용하여 관련된 도덕적 판단과 그 개념 및 원리들을 찾으며, 그것들을 검증하고, 여러분의 도덕적 입장과 타인들의 권리·이익·감성·이성들 간의 관계를 고려하는 것이 필요하다.

여러분이 이 사례들을 소재로 다른 사람들과 토론하면서 잠정적이나마 타당하고 객관적인 윤리적 합의에 도달하려고 노력하는 동안 여러분 스스로 자문하게 되고 다른 사람들의 생각도 듣게 될 것이다. 여러분은 도덕적 직관과 관련해서 서로의 의견이 일치되는 것을 보고 놀랄 것이며, 또한 타인의 견해를 존중할 뿐만 아니라 타당한 근거가 있다면 그에 비추어 자신의 관점을 기꺼이 수정하려는 다른 사람들의 태도에 놀랄 것이다.

그러나 이러한 태도는 결코 합의 그 자체를 위해서가 아니라 각 상황에서 가장 도덕적으로 받아들일 만한 결정을 만들기 위해 필요한 것이다. 물론 합의될 수 없거나 해결되기 어려운 사례들이 있을 것이다. 세상은 그렇게 질서정연하거나 단순한 것이 아니다. 따라서 도덕적 문제에 대한 객관적이고 합리적인 토론이 모든 사례에 있어 항상 합리적인 균형적 판단을 보장하지는 않는다고 할 수 있다. 그러나 분명한 것은 그래도 그것이 '이래도 좋고 저래도 좋다.'는 식의 상대주의보다는 도덕적 성장과 감성을 더욱 더 증진시켜 줄 수 있다는 것이다.

다음의 절차와 제안은 여러분이 사례들을 토론하고 그 결과를 자신에게 적용하여 분석하는 데 도움을 줄 것이다. 그러나 그것이 도덕적 결정에 도달하는 유일한 방식은 아니다. 유일한 방식이란 있을 수 없다. 여러분이 합리적이고 진지한 자세로 도덕적 직관을 이용하고, 예상되는 수많은 결과들을 고려하고, 공감적으로 이해하고, 여러 가지 대안들을 찾아보겠지만 이에 있어 성공적인 추론을 보증하는 특별한 비법은 없다. 다만 적절한 태도와 끈질긴 자세로 그러한 절차를 수행함으로써 창의적인 도덕적 사고를 증진시킬 수 있을 것이다.

1. 각 사례를 한번 통독한 후에 여러분이 그 사례에 등장하는 교사라고 가정하고 판단 또는 결정해 보라. 교사로서 여러분은 그러한 결정이 어떠한 도덕적 개념, 원리, 결론들로 설명되고 정당화될 수 있는지를 자문해 보라.
2. 사례를 다시 한 번 읽은 후 각 사례에 등장하는 다른 주요 인물의 입장에서 생각해 보라. 입장을 바꾸어 생각해 보면서 여러분의 결정을 변경시켜야 할 정도로 중요한, 타인의 정당한 주장이나 권리 혹은 윤리적 원리들이 있는지를 찾아보기 바란다.
3. 교사의 입장에서 사례를 다시 한 번 생각해 보라. 어떤 도덕적 개념들을 적용할 수 있는가? 결과주의적 주장과 원칙주의적 주장들로 설명할 수 있는가? 그 중 어떤 입장에 설 것인가? 왜 그 주장을 합리적이라고 생각하는가? 혹은 그것들을 양립시킬 수는 없는가? 다른 여러 사례들을 적용시켜 사고실험(thought experiments)을 해 보라.
4. 다른 사람들과 그 사례에 대해 토론해 보라. 그들과 함께 여러분의 주장을 점검해 보라. 다른 사람들의 생각과 논리들을 적극적으로 수용하려고 노력해야 하겠지만 동시에 여러분의 입장과 그들의 입장 중 어느 것이 더 합리적인 것인지에 대

해서도 진지하게 검토해 보아야 한다. 도덕적 이론이나 원리에 관해 합리적인 도덕적 판단을 이끌어 낼 수 있는 합의는 과연 가능한가? 이러한 사례들을 고려함에 있어서 중요한 점은 그것들이 문제를 해결하는 실질적인 유용성이 있는가라는 관점에서 뿐만 아니라 그 결론이 윤리적인가, 그리고 여러분의 도덕적 성장을 담보할 수 있는 것인가라는 관점에서 생각해 보는 일이다. 합의에 도달한 것이라 하더라도 혹시 그것은 토론에 참여한 사람들이 우연히 같은 생각을 가지고 있었기 때문은 아닌가, 혹은 다른 사람들이 어떤 사정에 의해 어쩔 수 없이 동의한 것은 아닌가? 유력한 반대논리는 생각할 수 없는가? 여러분의 생각에 대해 다른 사람은 어떻게 반응하겠는가? 어떠한 합의도 이루지 못한다면 그 쟁점이 되는 기본적인 문제는 무엇인가? 그것들은 항상 대립할 수밖에 없는 것인가? 각각은 서로 상이한 도덕적 이론으로 귀결되는가?

여러분이 교직윤리에 대한 탐구를 계속하고 그에 대한 문제의식이 점차 치밀해지면서 이 사례들에 관한 질문들은 끝없이 늘어날 것이다. 여러분이 이 단원에 실린 모든 사례들을 객관적이고 합리적인 접근방식을 통해 완전히 탐구하고 논의하는 것은 확실히 불가능할 것이다. 여러분들 각자가 특히 관심을 가지고 있는 사례들을 골라 읽을 수 있도록 하기 위해서, 그리고 각 사례가 무엇에 관한 것인가를 개괄적으로 보여주기 위해 우리는 다음의 <표 1>에 그 요점을 사례의 제목과 주제, 그리고 쟁점이 되는 중심적인 도덕적 개념이나 원리 등을 포함시켜 체계적으로 제시해 놓았다. 이 장의 사례들을 검토하면서 교육자로서 그리고 도덕적 인간으로서 여러분이 활발한 사고활동을 전개하고 윤리적 감수성을 발달시키는 계기를 마련했으면 한다.

표 1 사례연구의 개관

순	제목 및 주제	쟁점 및 주요개념
1	부적격 교사의 문제 불성실하고 알코올중독자인 교사의 발견	교사의 성실 의무, 교육의무, 동료에 대한 밀고
2	학생과 학부모 권리의 문제 낙태를 둘러싼 학생 및 부모의 권리	생명, 친권, 학생의 복지, 사생활 보호권
3	긴축재정에 따른 교사의 고민 납세에 상응하는 교육적 혜택 : 긴축재정 하에서의 교사의 특별보충교육	학생의 복지, 동료교사와 교원단체에 대한 책임감
4	상담내용에 대한 비밀보장의 문제 마리화나를 피운 사실을 자백한 학생에 대한 처리	학생에 대한 신의, 사생활 보호권, 교칙을 이행할 책임
5	사제지간의 인간관계 교사가 주최한 파티에 학생 초대	직업적 활동 영역과 개인으로서의 사적 영역
6	교수활동에서의 문제사태: 두 가지 사례 가. 학생들이 교사에게 교장선생님과 학교방침에 대한 평가를 요구하는 경우 나. 동료교사와 팀티칭을 하기로 한 약속을 재고해야 하는 교사의 경우	교사라는 직업과 관계된 몇 가지 문제들
7	학생진로지도의 문제 취업반 학생과 학부모의 대학 진학요구	학부모와 학생의 권리, 전문직적 판단과 그 결과
8	가치관 교육의 문제 학부모가 반발하는 가치관 교육 강좌	교사의 자율성, 학부모의 권리, 가치관 교육
9	아동학대의 문제 교사가 부모의 아동학대를 의심	아동 학대, 아동 방임, 신체적 처벌, 부모의 권리
10	교사 간의 친근함 표현의 문제 교사와 감독자의 관계	성적 학대, 정상적인 인간관계
11	평가방침의 문제 동일한 교과에서 강좌와 담당교사에 따라 다른 평가결과	공정한 성적평가, 형평성, 전문적 판단의 자유

여러분은 제시된 사례에서 어떤 등장인물에게는 그와 다른 배역을 맡기는 것이 보다 현실적이라고 생각할 수도 있을 것이며, 자신의 경험에 기초해서 보다 실감나는 사례를 만들어 다른 사람들과 토론하는 것이 낫겠다고 생각할 수도 있을 것이다. 여러분 스스로 사례를 직접 만들어 쓰는 경우에는 다음과 같은 점을 참고하는 것이 도움이 될 것이다.

1. 여러분이 교직에서 경험한 친숙한 문제들에 대해 쓰는 것이 가장 좋고 가장 쉽다. 우리는 개인적 경험, 관찰, 분석을 통해 현실적이고 의미있는 사례를 만들 수 있다.
2. 교육의 과정에서 직면하는 문제들을 제시하고 그에 포함되어 있는 윤리적 쟁점들을 제시해 보라. 사례는 쟁점을 가지고 있어야 하고 작자인 여러분은 목적의식을 가지고 있어야 한다.
3. 제기되는 문제들은 어떠한 결정이나 정당화도 쉽지 않은 모호한 상황을 포함하고 있어야 한다. 질문은 너무 편향적이거나 폐쇄적이거나 완결적인 것이어서는 안되며 독자로 하여금 자발적이고 자유롭게 해석할 수 있는 여지가 있는 것이어야 한다. 때때로 사례에 포함되어 있는 일반적인 쟁점만을 언급하는 것이 보다 바람직할 것이다.
4. 사례를 기술할 때는 배경을 제시하는 것이 필요하다. 우선 이야기가 전개되는 상황을 기술하고 다음으로 등장인물과 그들의 행동, 관점 등을 소개한다. 인물들의 관점이 양립 불가능한 경우라 하더라도, 독자로 하여금 각각의 인물들의 입장에 대해 공감할 수 있도록 만드는 것이 중요하다. 문제는 갈등이나 결정의 순간까지 작자에 의해서 서술되는 사건경로를 따라 전

개되어야 한다. 모순되는 관점들을 대립적으로 정당화하는 것을 잊어서는 안 된다. 끝으로, 독자들이 더 생각할 수 있는 소재로써 관련 질문이나 대안적인 행위과정을 제시해 보라.

5. 그 사례를 처음 읽는 다른 사람인 것처럼 여러분이 작성한 사례를 다시 한 번 읽어 보라. 사실들과 쟁점들은 분명하게 제시되어 있는가, 처음 설정한 목적을 달성할 수 있을 정도로 잘 기술되어 있는가 등을 자문해 보고 필요하면 수정을 가하라.

1. 부적격 교사의 문제

마이클은 최근에 발령을 받은 고등학교 역사 교사이다. 그는 대학시절에도 우수한 학생이었고 수습교사를 할 때에도 매우 인정받는 교사였지만, 막상 교직에 들어와서는 자신의 능력에 대해 많은 회의를 갖게 되었다. 그는 교직경험이 짧아 어떻게 가르쳐야 할지를 잘 몰랐으나 교사 지침서에는 수업시간의 복잡하고 미묘한 부분까지 충분히 기술되어 있지는 않았다. 마이클은 일상의 문제와 고등학교 교사의 직무에 대해서 조언 받을 수 있는 사람이 있었으면 얼마나 좋을까 하는 생각을 늘 갖고 있었다.

그러던 차에 그는 조언자이자 친구가 될 수 있는 사람으로 톰슨이라는 교사를 알게 되었다. 톰슨은 그 학교에서 12년 동안 역사를 가르쳐 왔으며 우수한 교사라고 인정받는 사람이었다. 그는 학생회에서도 인정하는 인기 있는 교사 중의 하나였다. 그가 담당하고 있는 학급은 항상 활발했고 전국시험 성적에서 다른 어떤 학교보다 훨씬 더 높았다.

톰슨은 마이클에게 교사로서의 경험을 나누자고 제안했다. 일과 후 술자리에서 그는 교직생활에 관한 이야기를 들려주면서 마이클을 즐겁게 해주었다. 동료교사들의 개성과 재미있는 면들, 그리고 학생들 간의 소문까지도 들려주었다. 톰슨의 조언은 마이클이 더 편안한 마음을 가지고 교직생활을 할 수 있도록 도와주었다. 마이클은 톰슨만큼 그렇게 폭음하고 싶지는 않았다. 그러나 이렇게 즐거운 자리를 가지며 오랜만에 기분 좋게 취해 보는 것도 값진 조언을 들을 수 있으니 그리 나쁘지는 않을 것이라 생각했다.

톰슨은 평소에도 일과 후에 과음을 하곤 했다. 그래서 언제나 다음 날엔 충혈이 되고 맥이 풀린 눈을 하고 학교에 출근했다. 가끔 마이클은 수업이 없을 때 톰슨의 수업을 대신해 주었고, 그 때마다 톰슨은 교직원 휴게실에서 커피를 마시며 피로를 풀곤 했다. 마이클은 친구를 위한 일이라고 생각하여 전혀 싫어하지 않았으며 톰슨의 학급에 들어가서 가르쳐 보는 것도 유익한 경험이 될 것이라고 생각했다. 그 학생들은 역사 시험에서 우수한 성적을 받고 있었기에 마이클은 그 이유가 무엇인지를 알고 싶었다. 톰슨은 자신이 계획된 강의를 거의 하지 않는다고 말하면서 마이클에게 나름대로 과감하게 수업을 해보라고 충고하였다. 그렇게 해야 학생들이 열심히 공부하고 신선함을 느낀다고도 말했다.

그러나 마이클은 그렇게 수업을 하는 것이 전혀 효과가 없음을 알게 되었다. 본격적으로 수업을 시작하기 전에 그는 학생들의 지식수준을 알아보기 위해 미국 근대사에 관해서 몇 가지 질문을 던져보았다. 그러나 대부분의 학생들이 대답을 하지 못했고, 그나마 이끌어낸 대답조차도 오답이거나 부적절한 것이었다. 마침내 그는 실망해서 도대체 톰슨이 평소 수업시간에 무엇을 하는지 물어 보았다. 학생들의 대답은 톰슨이 시사적인 사건들, 텔레비전 프로그램, 스포츠 경기 결과에 대해서 떠드는 것으로 대부분의 시간을 보낸다는 것이었다. 그렇다면 학교시험이나 모의고사는 어떻게 대비하는가? 학생들은 톰슨이 항상 시험을 대비해서 공부할 문제들을 뽑아 준다고 말하였다. 그가 뽑아준 문제들과 그 비슷한 것들은 보통 시험에 나오며 그것을 준비한 학생들은 점수를 잘 받게 된다는 것이었다. 톰슨은 모의고사도 같은 방식으로 준비할 것이라고 말했으며 사실 벌써 그것을 준비하고 있었다.

마이클은 매우 당황스러웠다. 학생들은 역사에 대해서는 제대로 배우지 못하고, 단지 시험에서 좋은 점수를 얻을 수 있도록 길들여지고 있을 뿐이었다. 지금 그들은 주에서 실시하는 모의고사를 대비하고 있었다. 그것은 결코 바람직하지 않았기 때문에 마이클은 톰슨에게 이런 상황에 대해서 얘기를 나눠 보아야겠다고 생각했다.

톰슨은 쉬고 있는 중이었지만 여전히 술이 덜 깬 상태였다. 그는 매우 무뚝뚝한 반응을 보였다. 마이클이 문제 삼는 것에 대해 톰슨은 전혀 중요한 문제가 아니라고 대답했다. 톰슨은 최근 자신의 교육이 학생들의 삶에 거의 의미가 없으며 그것이 자신을 행복하게 만들지도 않는다는 것을 깨달았다고 했다. 아무리 열정을 지닌 사람이라도 교실 앞에 선다면 그 결과는 같을 것이라고 덧붙였다. 똑똑한 아이는 언제나 좋은 성적을 얻고, 모자란 아이는 항상 나쁜 성적을 받게 되므로 노력은 그 산출에 큰 변화를 주지 못한다는 것이다. 그래서 그는 가능한 한 그 과정에서 고통을 줄이기로 결심했다는 것이다.

톰슨은 수업시간을 즐겁게 만들면서 동시에 그의 방과 후 시간을 방해받지 않고 잘 보낼 수 있는 방법을 생각했다. 그래서 그는 학생들과 한 주제에 관해 재미있는 대화를 나누면서 대충 수업을 진행하였다. 그는 시험 전에 문제들을 나누어 주어 학생들이 답할 수 있으면 그것으로 만족했고 학생들 역시 그것으로 만족했으므로 그들 모두에게 더 이상 좋은 수업방식은 없다고 여기게 되었다는 것이다. 주에서 시행하는 모의고사에 대비하여 그는 예전에 학생들에게 나누어 주었던 문제들을 모아 두고 있었다. 여러 곳에 전화를 해서 최근의 출제경향도 알아내었다. 그 덕택에 좋은 성적이 나오면 그는 자신의 과업을 성공적으로 완수한 것이라고 알고 만족했다. 이는 사실 성적이 자신과 학교의 이미지를 좋게 보이도록 하는 가장 결정적인 것이었다. 이것이 수업을 진행하고 시험을 대비함에 있어 그가 한 모든 것이었다. 그는 앞으로도 정년을 맞이하는 그 화려한 날까지 계속해서 이러한 과정들을 통해 학생들을 가르칠 것이라고 말했다. 그는 마이클에게 상관하지 말라고 충고했다.

마이클은 자신이 상관할 일이라고는 느꼈지만 어찌해야 할지를 몰랐다. 톰슨은 분명 올바로 행동하고 있지 않았다. 그는 본분을 망각한 채 술에 취해 살고 있으며 학생들은 바람직하지 못한 교육을 받고 있다. 마이클은 다른 사람들에게 알려야 한다고 느꼈다.

논의 주제

1. 우정과 전문적 관계는 상호 신뢰, 책임감, 그리고 무엇보다도 존중에 기초한다. 이 사례에서 마이클은 이러한 원칙들이 지켜지지 않고 있다고 생각하였다. 여러분은 톰슨에게 주의를 주기 위하여 이러한 상황에 대해서 상급자에게 보고해야 할 적합한 이유가 있다고 생각하는가?
2. 톰슨이 잘못을 했는가? 그는 학교에서는 음주하지 않으며, 술이 취한 상태로 학교에 오지 않는다. 그는 시험을 위해 시험 위주로 가르친다. 그러나 많은 교사들도 그렇게 한다. 더욱이 주정부의 표준화시험은 여러 학교와 교육청 사이에서 평가의 통일성을 확보하기 위해 시행된다. 누군가는 톰슨이 올바른 행동을 하고 있다고 주장할 수 있다. 톰슨의 학생들은 제대로 된 교육을 받고 있는 것인가?

3. 효용극대화의 원칙과 다른 사람에 대한 존중의 원칙을 이 사례에 어떻게 적용할 수 있는가?

2. 학생과 학부모 권리의 문제

리디아는 고등학교에서 <보건위생>을 가르치고 있다. 그녀는 몇 년 전에 대학을 졸업했으며 학창시절에는 다양한 여성단체에서 적극적으로 활동했었다. 그녀는 방황했던 사춘기 시절을 생생하게 기억하고 있을 정도로 아직 어리지만 성인으로서의 판단력은 충분히 갖추고 있었다. 교사로서, 그녀는 학생들에게 현대사회를 사는 여성으로서의 위치와 가치를 인식하도록 일깨워 주고자 노력하였다. 조언자로서, 그녀는 학생들이 그들의 문제와 장래 희망에 대해 상담해 오면 언제나 다정한 눈빛으로 들어 주었다. 그래서 여학생들은 그녀를 따랐고, 그녀의 그러한 애정 어린 관심에 친절한 반응을 보였다. 학교라는 공간적 테두리를 뛰어 넘어 리디아와 학생들 사이에서 피어난 이러한 애정과 신뢰는 그녀에게 큰 기쁨을 주었다.

보건위생 교사이자 여성인권론자로서 그녀는 학생들이 성 문제와 관련된 어렵고 복잡한 결정을 하게 될 경우가 많이 발생할 것이므로 그들에게 성적인 권리와 책임에 대해 분명하게 가르쳐 주어야 한다고 생각하였다. 그래서 그녀는 성교육에서 인간의 신체구조나 성기관에 대한 이해뿐만 아니라 성의 가치에 대해 분명히 이해할 수 있도록 가르쳤다. 성문제와 관련한 현실을 들려주고 학생들로 하여금 다양한 성문제와 그에 관련된 다양한 윤리적 관점들에 대해 토론하도록 함으로써 젊은이들이 금욕적 생활이나 다양한 형태의 출산 조절, 불행한 사태에 직면했을 경우 낙태 등 여러 가지 선택을 할 수 있는 능력을 갖추도록 배려하였다. 그녀는 이러한 문제가 학생들의 신체뿐만 아니라 앞으로의 미래생활에 직접적인 영향을 미칠 수 있으므로 이러한 문제에 대해 현명하게 결정할 수 있어야 한다는 점을 항상 강조하였다. 그녀는 자신이 학생들의 권리를 침해하지 않고, 교사로서의 책무를 방기하지 않는다는 점을 보여주기 위해 어떤 편협한 관점을 택하지 않고 균형적인 관점들을 제시하려 하였다. 그녀는 그러한 수업과 조언이 학생들에게 이익이 될 것이고, 그 모든 것이 이러한 민감한 영역에 있어서도 학생들에게 잘 소화되어 전달될 것이라 기대하였다.

그러나 모든 일이 항상 잘 되어 가는 것은 아니었다. 리디아가 가장 아끼는 학생 중의 한 명인 카렌이라는 2학년 학생이 어느 날 침울한 표정으로 그녀를 찾아 왔다. 카렌은 병원에 가기가 두려워 확실히 알아보지는 않았지만 임신한 것 같아 스스로 시약을 이용해 검사를 하였는데, 그 결과 불행하게도 임신으로 나타났다는 것이었다. 그녀의 부모님은 신앙을 가진 엄격한 분들이라서 부모님께는 아직 말도 꺼내지 못했다고 했다. 그녀는 임신과 출산 문제에 대해 부모님들과 의논할 수 없으므로 리디아가 도와주었으면 좋겠다고 울먹였다. 그녀는 리디아에게 자신을 산부인과에 데려다 달라고, 그리고 필요하다면 낙태에 대해서 조언을 해달라고 부탁하였다.

리디아는 어찌해야 할지 몰라 막막하고 당황스러웠다. 몇 가지 서로 모순되는 원리와 감정들이 이 상황에 혼재되어 있었기 때문이었다. 독립적인 인격체로서, 그리고 여성인권론자로서 리디아는 카렌 같은 젊은 여자가 단 한 번의 실수로 인해 현재와 미래의 행복을 희생할 수 없기 때문에 낙태를 택하는 것이 좋겠다고 생각했다. 그러나 순간적으로 그녀는 이러한 민감한 상황에서 스스로에게 그러한 의견을 개입시키거나 적극적으로 주장할 권리가 과연 있는가 하는 생각이 떠올랐다. 어떤 사람들, 특히 카렌의 부모는 낙태를 살인이라고 생각할 수도 있다. 카렌이 자신의 미래와 출산의 자유에 대한 결정권을 가지고 있기는 하지만, 그녀의 부모도 자신의 딸을 양육하고 도덕적으로 지도할 권리와 의무를 가지고 있다. 사생활 보호와 행동의 자유에 관한 카렌의 권리는 미성년자인 자녀들의 행동에 대해 알 부모의 권리보다 우선될 수 있는가? 리디아는 이러한 대립적인 권리들을 조정하여 이 딜레마를 해결할 수 있는 결론이 단 하나만 있었으면 하고 바랐다.

논의 주제

1. 사람에 대한 존중은 매우 근원적인 윤리 원칙이다. 낙태에 대한 논쟁에서 종종 찬성과 반대 논거는 태아가 사람인지 또는 언제부터 사람인지에 대한 이견으로 나타난다. 여러분은 카렌의 권리에 대한 논거와 그녀의 부모의 권리에 대한 논거를 제시할 수 있는가? 이 사례에서 어느 것이 우선시 되는가? 그 이유는 무엇인가?
2. 리디아가 카렌을 병원에 데려가야 할지 결정하기 전에 여러 가지 의무와 향후 문제들을 검토해야 한다. 검토해야 할 사항을 가능한 많이 열거하라. 제시된 사항 중에서 가장 중요한 것은 무엇이고 그 이유는 무엇인가? 여러분이 리디아라면 어떻게 하겠는가?

3. 긴축재정에 따른 교사의 고민

보스톤 차 사건을 일으킨 선조들의 뒤를 이어 매사추세츠 주민들은 과도한 세금을 징수 당하고 있다고 주장하면서 1980년에 다시 한번 항의 시위를 벌였다. 그러나 이번에는 보스톤 항구로 들어오는 모든 상품을 내다 버리는 방식이 아니라, "$2\frac{1}{2}$감세조항"(Proposition $2\frac{1}{2}$)이라고 하는 조례를 제정하여 시와 읍의 재산세 징수액을 감축시키는 방식으로 시 당국과 맞섰다. 이러한 규정에 따른 손실된 재정을 절약하기 위해 시 당국은 모든 분야에서 많은 예산을 삭감해야만 했다. 치안과 소방 관련 예산과 쓰레기 수거 예산이 삭감되었다. 특히 공립학교들은 보충수업과 특별교육 프로그램, 과외활동, 운동경기 등을 크게 축소하거나 폐지해야 할 정도로 큰 타격을 입었다.

1,200명의 학생이 다니는 마쉬베리 고등학교는 매사추세츠 주에서 가장 좋은 공립 고등학교 중의 하나였다. 매년 졸업생 중 다수가 대학에 진학했고 그들 중 대부분은 동부의 명문대학들인 아이비 리그(Ivy League)나 그에 버금가는 명문대학에 들어갔다. 그러나 '$2\frac{1}{2}$감세조항'의 실시로 그 학교는 많은 교사들을 임시 해고하고 몇몇 특별교육 프로그램들을 폐지해야만 했다. 특별 학습과 특별 체육활동뿐만 아니라 우등반(Advanced Placement) 수업과 보충수업에 배당되었던 예산이 삭감되었다. 다행히도 자리를 지킬 수 있었던 교사들은 동료들에 대한 그러한 처사에 대해 준법투쟁(rulebook slowdown)으로 맞섰다. 그 결과 납세자인 학부모들은 더도 아니고 덜도 아니고 그들이 납세한 것에 대해서만 혜택을 받을 수 있었다.

역사과 부장교사인 로스는 거의 20년 동안 그 학교에서 가장 인기 있고 존경 받는 교사였다. 그는 항상 학생들, 특히 우등생들에게 유별난 관심을 보여 왔고, 그들 중 많은 학생들은 대학이나 사회에 나가서도 계속 그와 연락을 하고 있었다. 올해의 2학년 우등반 학생들은 지금까지 그가 가르쳤던 학생들 중에서도 가장 똑똑한 학생들이었다. 그는 그들이 1학년이었을 때에도 가르쳤었고 그들이 3학년이 되어도 다시 가르칠 것으로 기대하고 있었다. 그러나 그 조항으로 말미암아 다음 해에는 그 반이 없어지고 그 학생들은 40명 이상이 수강하는 일반반에서 수업을 같이 듣게 된다.

로스는 이러한 상황이 매우 안타까웠다. 그는 학부모들이 그러한 조치에 대해 찬성표를 던진 것에 대해 어리석다고 느꼈으며 다른 교사들도 마찬가지로 생각하고 있었다. 그러나 그는 부모들의 죄로 인해 아이들이 피해를 입어서는 안 된다고 생각하였다. 로스는 방과 후에 자기 집에서 우등반 학생들을 가르치기로 결심했다. 학생들은 적극적이었으나, 다른 교사들이 따라주질 않았다. 오히려 그들은 로스의 행위가 일자리를 잃은 동료교사들의 처지를 전혀 배려하지 않은 것이므로 그 독자적인 계획을 취소하라고 압력을 가하였다. 로스는 잠시 생각해 보았다. 자신의 행동이 결과적으로 학부모들의 어리석은 행위를 지속하게 만드는 것은 아닌가? 학생들과 동료교사들 중 누구의 입장을 가장 우선적으로 생각해야 하는가?

논의 주제

1. 로스는 학생들에 대한 의무와 동료교사들에 대한 의무 사이에서 고민하고 있다. 인간에 대한 존중의 원칙이나 효용극대화의 원칙에 의한 논거들이 양쪽 다 지지할 수 있는 상황이다. 이 사례에서 한쪽 편을 들어줄 수 있는 다른 요인들이 있는가?
2. 로스, 우등반 학생 중 한 명, 해고된 교사 한 명, '$2\frac{1}{2}$감세조항'을 지지하는 시민 한 명, 우등반 학생 학부모 한 명, 일반반 학생 학부모 한 명, 그리고 교원단체 대표 한 명이 교육위원회에서 의견을 발표하는 역할극을 해보자. 어떤 원칙들이 논의되는가? 교육위원회는 로스의 계획을 승인해야 하는가? 참여자들이 로스에게 주어진 시간에 할 수 있는 것만 하라고 말할 권리가 있는가? 교원단체 대표는 '준법투쟁'에 역행하는 로스

의 행동을 제한하기 위해 어떠한 논거를 제시하는가?

3. 이 사례에서 민주주의 원칙이 적용되고 있는가? 공립학교의 맥락에서 민주주의가 의미하는 것은 무엇인가? 결정권이 어디에 있는가? 민주적으로 어떻게 개선할 수 있는가?

4. 상담내용에 대한 비밀보장

남녀 학생 500여명이 다니는 모닝사이드 중·고등학교는 "스스로 판단하여 행동하고 그 선택에 대해 스스로 책임을 진다."라는 교훈을 내걸고 1904년에 설립된 학교이다. 최근 이 학교에 제닝스 교장선생님이 부임하였다. 그는 철저한 보수주의 교육철학을 신봉하는 대단히 완고한 교장선생님이었다.

교장선생님은 자신의 보수적 교육철학을 학생 생활지도에 엄격하게 적용하였다. 교장선생님은 특히 음주와 약물사용에 대해서는 단호한 입장을 견지하였으며, 교직원과 학생들 모두에게 음주나 약물복용 사실이 적발될 경우 즉시 퇴학당할 것이라는 점을 분명히 밝혔다. 이에 따라 최근에는 춘계 체육대회를 마치고 체육관 대기실에서 술을 마시다 경비원에게 발각된 운동부 학생들이 졸업을 일주일 앞두고 퇴학을 당하였다. 퇴학 처분을 한 이튿날 교장선생님은 지도교사 회의를 소집하여 학생들에게 이러한 학교방침을 다시 한 번 주지시키도록 하였다.

지도교사제는 교사와 학생들 간의 친밀한 관계와 대화를 통해 학생들의 문제를 적극적으로 해결하기 위해 마련된 제도였다. 중학교 2학년생인 제이미는 그의 지도교사인 피터스 선생님과 이전에 한 약속을 두 번이나 어기고 이번 주에 세 번째 상담 약속을 하였다. 만나서 얘기하는 동안 제이미는 계속 무언가를 얘기하려고 했지만, 안절부절 못하면서 초점 없는 얘기만 늘어 놓을 뿐이었다. 무의미한 만남이 끝날 때쯤 제이미는 마침내 학교 뒤편에서 친구와 두 번에 걸쳐 마리화나를 피웠다고 실토했다. 대화를 계속 하면서 제이미는 호기심으로 해보긴 했지만 자신이 다시 그런 짓을 할까봐 너무 두렵다고 토로했다. 제이미는 혹시라도 자신의 행동이 발각되어 퇴학을 당하지나 않을까 하는 걱정을 하고 있었던 것이다. 수업시간이 되어 급히 나가면서 제이미는 피터스에게 도와달라고 간청했다. 교실에서 껌을 씹는 등의 사소한 규칙도 위반한 적이 없는 제이미는 평균 성적이 A학점인 우등생이었으며, 사실 교장선생님의 막내딸이기도 하였다.

교직생활을 시작한 지 2년째인 피터스 선생님은 제이미의 고백을 어떻게 처리해야 할지 난감했다. 그가 이 사실을 교장선생님에게 알린다면 누구보다도 그를 믿고 난처한 상황을 의논한 학생을 배신하는 것일 수도 있다. 학교당국에서는 스스로 자신의 불량행동을 솔직히 고백한 제이미를 퇴학시킬 게 분명하기 때문이다.

한편, 피터스 선생님은 이번 학기말로 2년간의 수습기간을 마치고 계약 갱신을 위한 근무평정을 받게 된다. 만약 제이미가 학내에서 마리화나를 피우다 발각되고, 그가 이 사실을 사전에 알고 있었으면서도 학교당국에 보고하지 않았다는 것이 알려진다면, 그는 교사로서의 자질에 대해 심히 의심받게 되고 결국 재계약을 받지 못할 처지로까지 몰릴 수 있다. 제이미가 교장선생님의 딸이라는 사실도 고민을 더욱 증폭시키는 원인이었다.

논의 주제

1. 이 사례는 여러 의무가 혼재된 사례이다. 하나는 비밀유지 의무를 신뢰하는 학생에 대한 의무이고, 다른 하나는 학교의 교칙을 따라야 할 의무이다. 어느 것이 우선되어야 하는가? 그 이유는 무엇인가?
2. 이 사례에는 본인의 이해관계가 개입되어 있다는 것을 주목할 필요가 있다. 분명히 다른 사람의 안위와 더불어 본인의 안위를 고려하는 것은 잘못된 것이 아니다. 여러분이 피터스 선생님이라면, 이 상황에서 본인을 보호하기 위해서 어떻게 하겠는가? 윤리적으로 그렇게 하겠는가? 당신의 행동을 어떻게 정당화할 것인가?

5. 사제지간의 인간관계

블록시는 뉴욕 북부의 작지만 유명한 공단지역이다. 블록시에 사는 사람들은 미국에 이민 온 2세대, 3세대들로서 자신들이 이 지역에서 이루어 온 업적과 꾸준히 지켜 온 풍습에 대해서 대단한 자부심을 갖고 있다. 시민들이 이러한 자부심을 갖게 된 중요한 요인 중의 하나는 블록 시립고등학교의 풋볼 팀이 전국에서 가장 우수한 팀 중의 하나라는 명성을 지키고 있었기 때문이기도 하다. 팀의 대표선수로 뛰고 있는 학생들은 그 평판의 주인공으로서, 그 실력을 인정받고 있을 뿐만 아니라 지역에서 큰 인기를 얻고 있다. 학생들뿐만 아니라 주민들도 그들을 높이 평가하고 있었기 때문에 그들은 그 지역에서 사회적으로 특별한 위치를 차지하고 있었다.

풋볼 팀 코치인 넬슨은 대학을 졸업하자마자 교직에 들어선 27세의 젊고 잘생긴 코치이다. 그는 고등학교 선수시절 내내 인기를 누렸던 이 학교 졸업생이기도 하다. 그가 코치로 있는 동안 팀은 우승을 놓쳐 본 적이 없었다. 넬슨은 매우 열정적인 코치로서 학생들과 대단히 친밀한 관계를 유지하고 있다. 학생들의 성적에서부터 여자친구 문제에 이르기까지 다양한 문제에 대해 조언을 아끼지 않았다. 대학 진학이나 경기 출전 등과 같은 문제도 그가 나서서 적극적으로 도와주었다. 그래서 많은 학생들이 유명대학에서 장학금을 받으며 선수생활을 할 수 있었다.

지난해에는 그 중에서도 리더그룹에 속하는 몇몇 선수들이 넬슨과 특히 친하게 지냈다. 때때로 그들은 그의 집에 와서 텔레비전 축구 중계를 보거나 정담을 나누면서 주말을 보내곤 했다. 그 자리에 초대되는 것은 그 학교에서 어느 정도 특별한 위치에 있는 것으로 인정되었다.

넬슨과 학생들의 그러한 관계에 대해 학교당국과 몇몇 교사들이 문제를 제기하기도 하였다. 그의 집에서 학생들이 매주 모여 술을 마시고 떠들면서 파티를 벌인다는 소문이 공공연히 나돌기도 했기 때문이다. 그러나 넬슨은 그러한 소문들에 대해 신경 쓰지 않고 아예 무시해 버렸다.

넬슨은 12월 시즌경기에 맞춰 12월 초에 파티를 열기로 하였다. 파티에는 현재 대학 팀의 코치나 스카우터로 있는 자신의 옛 동료들을 초대하였다. 그리고 자신의 학생들 중 주전선수들도 초대했다. 학생들이 자기의 진로에 관계되는 사람들을 만날 수 있는 그 좋은 기회를 마다할 리 없었다.

이 사실이 알려지면서 학교에서는 논란이 일었다. 어떤 교사들은 교장선생님을 찾아가 넬슨이 이러한 파티에 학생들을 초대하는 것은 교사답지 못한 행동이라고 말했다. 어린 선수들에게 술을 마시도록 하는 등 그 파티는 방종으로 흐를 염려가 있다는 주장이었다. 그들은 교장선생님이 넬슨에게 학생들을 초대하는 것을 그만두도록 지시해야 한다고 주장했다. 물론 그 파티가 선수들에게 유익한 만남의 기회를 제공할 수 있기 때문에 절대 나쁜 것이 아니라고 생각하는 교사들도 있었다. 그들은 코치나 선수들이 교외에서 하는 행동에 대해 간섭하는 것은 옳지 않다고 주장했다.

논의 주제

1. 교사의 사생활이 어디에서 시작되고, 교사로서 공적인 책임은 어디에서 끝나는가?
2. 만일 넬슨 선생님이 주립대학 코치를 위해서 부업으로 스카우터로 일하고 있다면, 이 사례가 매우 심각하게 변화되는가? 그 이유는 무엇인가?
3. 우리가 일반적으로 사적인 또는 개인적인 문제로 볼 수 있는 일들이 교장선생님이나 학교위원회에 책임져야 하는 일이 되는 경우를 생각하여 보자. 그러한 경우가 생기는 이유는 무엇인가?

6. 교수활동에서의 두 가지 문제 사례

자네트는 전문대학에서 몇 년 동안 역사를 가르쳐 왔다. 그녀는 강의에 싫증도 나고 변화도 가져 보고 싶어 고등학교에서 교사 생활을 해 보기로 결심했다. 공립학교에는 임용될 수 없었기 때문에 그녀는, 비록 자신이 보수적이지도 않고 신앙을 가지고 있지도 않았지만, 조그맣고 보수적인 기독교계 고등학교에 들어갔다. 물론 적은 봉급을 감수해야만 했다. 그녀는 역사과 1학년 네 개 반과 영어과 2학년 보충반 하나를 맡아 역사과목을 가르치게 되었다. 그녀가 맡을 학생 수는 총 143명이었다.

그녀는 고등학교에서 학생을 가르친다는 것이 매우 흥미롭고 매력적인 일이라고 생각했다. 그녀는 학생들과 함께 있기를 좋아했고, 학생들의 생활을 가까이에서 관찰할 수 있다는 점 때문에 식사지도 담임을 맡기도 하였다. 대학생들을 가르치면서 보다 성숙한 학생들과 인간관계를 맺는 데 익숙해 있던 그녀는 항상 겸손하고 예의바르게 학생들을 대했다. 얼마 지나지 않아 그녀는 학생들과 매우 친밀한 관계를 발전시켰고 학생들 사이에서는 친절한 교사로 통하게 되었다. 매일 아침 일찍 출근해서 학생들과 가벼운 대화를 나누거나 진지한 상담을 하는 것이 습관이 되다시피 했다. 아침마다 학교에는 그녀를 만나려는 사람들이 줄 서 있었는데 그 중에는 담임학생이 아닌 다른 반 학생들도 있었고 심지어 동료교사들도 있었다.

그러나 자신의 일을 사랑하고 그 일에 보람을 느끼는 만큼 그녀는 학교당국으로부터 어려움을 겪고 있었다. 그녀는 개방적이고 발견하는 마음을 가지고 세상을 올바로 바라보는 열린 교육을 자신의 교육철학으로 삼고 있었다. 그래서 그녀는 자유로운 교실 분위기를 조성하려고 애썼다. 그러나 학교당국은 엄격한 규율과 규칙을 강조했다. 그래서 그녀는 교장선생님이나 교무부장과 매우 껄끄러운 관계를 유지했다. 그녀가 보기에, 그들은 절대로 학생들에게 잘 해 주지 못할 사람들이었다. 두 사람 모두 인간에 대한 애정이나 신뢰를 갖고 있지 않은 사람들이었으며, 다른 사람을 대하는 데 있어 불쾌하고 비열하기까지 한 사람들이었다. 그들은 그녀가 적당한 거리를 두지 않고 학생들을 대하기 때문에 교사의 품위를 떨어뜨리고 있다고 말했다.

그러나 그녀는 학교당국자들의 그러한 태도가 자신에게 뿐만 아니라 학생들과 다른 동료교사들에게 부정적으로 작용할 것이라고 생각했다. 자유나 책임이 주어지지 않는 것에 대해 좋아할 사람은 아무도 없을 것이기 때문이었다.

그녀는 어느 날 모든 교실에 양방형 스피커가 설치되어 있고, 그를 통해 교장선생님과 교무부장이 교사들의 수업을 엿듣고 있다는 사실을 알았다. 그러니까 수업을 시작한 지 3일째 되는 날, 그녀는 교실 내에서 학생들이 심하게 떠드는 것을 방관했다는 이유로 교장실에 불려가서 질책을 받았다. 그녀는 즉각 옆방 선생님에게 사과하려 하였다. 그러나 곧 그녀는 그것이 옆방 선생님의 불평 때문이 아니라 교무부장의 고자질 때문이었음을 알았다. 교무부장이 스피커를 통해 엿듣고 교장선생님에게 고했던 것이다.

한번은 그녀가 교무회의에서 학생 휴게실이 필요하다는 점을 지적하고 학생들이 서로 그들의 학습을 도와줄 수 있는 협동학습 프로그램(mutual-help program)을 도입할 것을 제안하였다. 그러나 그 회의에서 그녀는 학생들을 신뢰할 수 없기 때문에 학생들끼리 따로 공부하게 할 수는 없다는 답변만을 들었다.

그녀는 이러한 학교당국의 교육방침과 목표에 정면으로 도전하면서 1년을 지내 왔다. 그것은 긴장의 연속이었다. 그녀는 어려운 결정들을 수없이 내려야 했으며 그에 대해 변호해야 했다. 다음의 두 경우가 그러한 그녀의 고민을 잘 보여주고 있다.

학교 정책 또는 교장선생님의 리더십에 대한 교사의 의견 요구

그녀에게 있어 영어과 보충반은 특별한 의미를 가진 반이었다. 그 반 학생들은 학교에 다니는 것을 좋아하지 않았기 때문에 보충반에 속한 아이들이었다. 그래서 그 반을 맡으면서 그녀는 무엇보다도 학생들로 하여금 공부에 대해 긍정적인 태도와 자신감을 갖게 하는 것이 중요한 일이라고 생각하고 그것을 부추기는 방향으로 수업을 진행시키기로 결심했다. 학생들은 배우기를 원할 때에만 제대로 배울 수 있고 그것은 그들이 긍정적 자아개념을 가지게 될 때에야 비로소 가능하다는 판단 때문이었다. 그녀가 조성한 그러한 분위기 덕분에 수업은 허심탄회하고 화기애애한 분위기 속에서 이루어질 수 있었다. <시끄러운 종>, <알제논의 꽃들>, <돼지인간>과 같은 유명한 우화를 읽고 토론하게 하여 열띤 토론수업으로 몰아가기도 하였다. 특히 시를 읽고 쓰는 데 많은 시간을 할애하였다. 이 때문인지 학생들의 표현력과 사고력이 크게 향상되었고 그녀는 그 사실을 확인하면서 매우 기쁘고 자랑스러웠다.

크리스마스 연휴가 몇 주 지난 어느 날, 그 반 수업에서는 교칙과 교칙의 필요성에 대한 열띤 토론이 벌어졌다. 그녀가 끼어들기도 전에 그 토론은 교장선생님과 교무부장에 대한 개인적 비난을 포함해서 학교정책에 대한 강도 높은 비판으로 이어졌다. 감정이 고조되면서 학생들은 여러 해 동안 억눌러 왔던 학교에 대한 분노를 표출하였다. 격앙된 분위기였기 때문에 그녀는 단지 뒤편에 앉아 폭풍이 지나가는 것을 지켜 볼 수밖에 없었다. 토론이 진정될 무렵 학생들은 그녀에게 여러 가지 난감한 질문들을 하기 시작했다. 그 중 한 가지는 그녀를 정말로 신뢰하고 존경한다는 표정으로 진지하게 묻는 어느 한 여학생의 다음과 같은 질문이었다. "선생님, 선생님은 어떻게 생각하십니까?"

논의 주제

1. 교사들은 때때로 학교의 정책이나 교장선생님의 리더십에 대해 전적으로 동의하지 않는 경우가 있다. 학생들과 이러한 생각을 이야기하는 것은 잘못된 것인가? 당신이 자네트라고 한다면, 이 사례에서 어떻게 이야기하고, 선생님의 의견을 어떻게 정당화할 것인가?
2. 이 사례는 감시인가 아니면 장학인가? 양방향 스피커를 통하여 학급을 모니터링하는 정책에 대해서 찬성하는 논거와 반대하는 논거를 제시할 수 있는가? 찬반 논거 중 어느 쪽이 더 중요한가? 그 이유는 무엇인가?

동료 교사와의 팀티칭

그녀는 대강당에서 영어과 1학년 학생들을 합반하여 가르치고 있었다. 그 반의 담임은 '털보 아저씨'라는 별명을 가진 베리 선생님이었는데, 그는 멋진 수염을 기르고 있는 매력적인 사람으로, 열정적이고 재미가 있어 학생들에게 대체로 인기가 높은 교사였다. 그는 남학생들에게는 무서운 사람이었지만, 그래도 여학생들에게는 매력적인 사람으로 알려져 있었다. 그가 학교에서 가장 거친 교사 중의 한 사람이라는 사실에 비추어 보면 이는 다소간 의외였다.

베리 선생님의 시험은 1학년들에게 매우 유명했다. 그 시험은 2주 전에 공지를 하고 실시하는데 점수가 짜기로 유명했다. 특히 낙제점수를 매우 많이 주기 때문에 학생들은 그 시험을 치르는 데 일종의 공포감을 가지고 있었다. 그와 자네트는 공통적으로 아이들에 대한 깊은 애정을 공유하고 있었다. 그래서 점심도 같이 먹으면서 재미있는 얘기를 주고받곤 했다. 그녀는 자주 그가 가르치는 것을 보았고 그로부터 많은 것을 배웠다. 그녀는 그를 좋아하고 존경하고 있었다. 그래서 그들은 그 학기의 마지막 한 달 동안 두 학과 학생들을 합반해서 팀티칭을 통해 교육하기로 서로 합의하고 구체적인 계획을 수립하였다.

그러나 그 계획을 실행에 옮긴 후 얼마 지나지 않은 어느 날 그녀는 그에 대한 좋지 않은 얘기들을 듣고 상당히 충격을 받았다. 자신의 역사과 학생들로부터 베리 선생님이 무례하고 편파적이며 신경질적이고 인종적 편견을 가지고 있다는 말을 들은 것이다. 그녀는 믿기 어려웠지만, 학생들은 한결 같았고 한 학생은 울먹이기까지 했다. 학생들은 그가 한 학생에게 책을 던진 일도 있다고 말했다. 그들은 그것을 직접 목격했다는 점을 강조했다. 어떤 중국계 학생은 그가 자신을 '되놈'(Chink)이라 불렀다고 흥분하기도 하였다. 학급 학생들은 동요했고 분노했다. 그녀는 분명 학생들의 말에 진심이 담겨있고 베리 선생님에 대해 나쁜 감정을 가지고 있음을 느낄 수가 있었다. 베리 선생님을 교사로서 존경했고 인간적으로도 꽤 그를 좋아했던 그녀는 정말 믿기 어려웠지만, 그것은 그냥 넘어갈 문제가 아니었다. 그러나 그녀는 뾰족한 방법을 찾을 수 없었다. 그녀는 이미 그와의 계획대로 실천하고 있었다. 그렇다고 학교당국에 의해 그 문제가 해결될 것 같지는 않았다. 그 수업은 대강당에서 이루어지는 만큼 학교당국에 의해 모니터 되고 있지도 않기 때문이었다. 그녀는 무엇을 해야 할 것인가?

논의 주제

1. 제네트 선생님에게 베리 선생님과의 팀티칭에 대한 계약을 취소할 권리가 있는가? 이 사례에서 그렇게 할 수 있는 정당한 사유는 무엇인가?

2. 이 사례에서 정당한 절차의 문제들이 개입되어 있는가? 그렇다면, 학생들이 제시하는 증거들이 베리 선생님의 수업에 인종적 편견이 개입되었다고 볼 수 있는가?

7. 학생진로지도

센트럴 고등학교는 역사 깊은 동북부 공업지대의 아이언시에 위치한 유일한 중등학교이다. 아이언시 사람들은 산업화에 따라 경제적으로 풍요로운 생활을 영위할 수 있었지만, 한편으로 산업화로 야기된 많은 문제들과 계속적으로 씨름해야 했다. 이 학교는 시민들이 그러한 경제적, 사회적, 문화적 변화에 적응하도록 하는 데 큰 기여를 하였다.

이 학교는 아이언시 주민들의 생활에 많은 영향을 끼쳐 왔다. 우선 아일랜드계와 폴란드계인 아이언시 주민들에게는 대학진학 기회를 제공함으로써 그들의 사회적 지위 상승에 크게 기여하였다. 여러 세대에 걸쳐 방앗간이나 가게에서 일해 온 노동자들인 아일랜드계와 폴란드계 주민들은 대체로 그들의 자녀들에 대해 큰 희망을 걸고 있었다. 그들은 자녀들이 대학을 졸업하여 자신과 같은 노동자 생활을 청산하고 보다 나은 삶을 살아가기를 원했다. 그들의 그러한 희망은 이 학교에서 시행하고 있는 진학상담 프로그램과 대학진학반 교육을 통해 실현되어 왔다.

한편 이 학교는 그들과 다른 민족 집단의 사람들에게도 중요한 영향을 끼쳐 왔다. 지난 20년 동안 이 도시에는 많은 라틴계 미국인들이 이주해 왔다. 그들은 아이언시의 문화와 학교교육 등에 변화를 몰고 왔다. 이 고등학교는 그들에게 언어교육과 문화사 강좌를 개설

하여 그들을 아이언시 주민으로 동화시키는 데 중요한 역할을 수행하였다. 현재 그들은 전에 1세대 아일랜드계와 폴란드계 학생들이 차지했던 취업반을 차지하고 있다.

이 학교 교장선생님인 앤더슨은 이러한 학교의 역할에 자부심을 느끼고 현재의 상태를 매우 흡족해 하고 있었다. 그는 학교가 학생들에게는 질 높은 교육을 충분히 제공하고 있으며, 지역사회에 대해서도 많은 기여를 하고 있다고 생각했다. 교육과정도 학생들의 개인적 욕구와 흥미를 충족시킬 수 있도록 체계화되어 있고, 진로상담 프로그램을 통해 학생들이 최선의 진로를 선택하도록 적극적으로 도와주고 있다고 생각했다. 대학에 진학하는 학생들이 점차 증가하고 있는 사실에 대해서도 큰 자부심을 느끼고 있었다.

이렇게 생각하고 있었기 때문에 교장선생님은 2학년생 데니스의 어머니인 크루즈 부인의 불평을 이해하기 힘들었다. 그녀의 불평은 그의 아들 데니스가 진로상담교사에게 불공정한 대우를 받았다는 것이었다. 데니스는 대학에 진학해 공부를 계속하고 싶었기 때문에 대학진학반에 들어가기를 희망했다. 그러나 진로상담교사인 케네디 선생님은 그가 대학진학반보다는 취업반에 등록하여 공부하는 것이 좋겠다고 권고했다는 것이었다. 이에 대해 그녀는 상담교사가 다른 많은 학생들에게는 공정한 기회를 부여하면서 왜 자기 아이에게는 어린 나이에 꿈을 포기하라고 하느냐고 항의하였다. 상담교사에게는 그럴 권리가 없으며, 그것은 사실상 상담교사의 편견이 작용했기 때문이라는 것이었다. 그녀가 알아 본 바로는, 과도하게 많은 스페인계 학생들이 취업반에 등록해 있으며, 대학입학보다는 졸업과 동시에 취업을 하거나 군에 입대하도록 권고를 받고 있다는 것이다. 그녀는 자기 아들을 포함하여 수많은 스페인계 학생들을 의기소침하게 만드는 그러한 인종주의적 관행은 즉시 없어져야 한다고 주장했다. 데니스에게도 다른 학생들과 동일한 교육적 배려가 주어져야 한다고 덧붙였다. 나아가 그녀는 자신의 요구가 받아들여지지 않는다면 이 문제에 대해 보다 단호하게 대처할 것이라고도 말했다.

교장선생님은 케네디 선생님과 함께 진로상담교사 회의를 열어 이 문제를 토론했다. 케네디 선생님은 자신의 결정이 절대로 편견에 의한 것이 아니었다고 주장했다. 자신의 그러한 생각은 데니스가 대학에 진학하는 경우와 취업하는 경우 중 어느 것이 보다 바람직한가에 대한 현실적이고 객관적인 평가에 입각한 것이라고 말했다. 데니스는 성적에서 나타나다시피 결코 우등생이 아니었다. 많은 스페인계 학생들과 같이 그는 대학수학에 필요한 기본적인 언어구사력과 문화적 소양을 제대로 갖추고 있지 않았다. 그럼에도 불구하고 그에게 취업하기보다 진학하라고 말한다면 그것은 교육자로서의 책임을 방기하는 것과 다름없다고 주장했다. 더구나, 대학 등록금이 그의 부모가 감당하기에는 너무 벅찬 것이라는 점도 고려해야 한다고 말했다. 따라서 자신이 권고한 바와 달리, 대학진학을 추천한다면 그것은 데니스에게 적정한 삶을 대비시키지 않는 것이 되기 때문에 오히려 부당하다는 것이었다. 나아가 그녀는 현재의 그러한 진로상담 프로그램이 이때까지 다른 많은 이민집단의 성공을 위한 훌륭한 통로가 되어 왔고, 그것이 현재 추구할 수 있는 가장 최상의 정책이기 때문에 결코 폐지되어서는 안된다는 점을 누누이 강조했다.

논의 주제

1. 이 경우에, 공정성에 대한 양쪽의 인식과 개념은 명백하게 상반되어 있다. 학교당국과 학부모는 현재의 상황을 완전히 다르게 인식하고 있는 것이다. 그러한 것이 과연 편견에 의한 것인가, 아니면 다양한 사회에서 이질적 요소를 조정해 나가는 데 필요한 불가피한 현실적 방안인가?
2. 이러한 원칙을 보다 확장하여 직업교육이나 고등교육의 기회에까지 확대 적용해야 하는가? 학부모인 크루즈와 상담교사인 케네디는 서로의 상반된 입장을 어떻게 합리화해야 할 것인가?
3. 학교가 사회의 선별기능을 수행하여야 하는가?

8. 가치관 교육의 문제

리차드 핸더슨은 대도시에서 멀리 떨어진 작은 신도시의 고등학교 교사이다. 이 지역은 오랫동안 현대문명으로부터 벗어나 있었던 한적한 시골이었으나, 인근에 위치한 대도시가 첨단기술 분야의 중심도시로 성장하며 팽창함에 따라 기술공학 중심의 위성도시로 변모해 가는 과정 중에 있다. 그래서 이 지역에서는 시골농장과 첨단 연구실험실이 공존하고 있으며, 주민들의 직업도 농부로부터 컴퓨터 프로그래머에 이르기까지 아주 다양하다.

리차드는 교과목과 관련된 몇 권의 책을 읽으면서 가치체계 분별 능력을 길러주기 위한 단원을 설정하여 가르치기로 결심했다. 그 강좌는 예상보다도 훨씬 많은 학생들의 관심을 끌었다. 학생들은 주어진 주제를 잘 파악해서 열띤 토론을 전개했으며, 시간이 갈수록 토론에 참여하는 학생들이 늘어났다. 그래서 리차드는 그 강좌를 아예 <의사결정론>이라는 한 학기 강좌로 확대 개편하여 학생들로 하여금 그들의 신념과 생활방식을 검토하고 스스로의 자율적 판단을 증진시킬 수 있는 계기로 삼도록 준비하였다. 이 강좌에는 역할놀이(role playing)나 감수성 체험 등을 실행하고 다양한 설문과 의사결정과 관련된 여러 문헌에서 추출한 여러 가지 실천방안들을 검토하는 것이 포함되어 있었다. 지방교육위원회의 교육과정위원회에서도 이 강좌를 승인했다.

이 <의사결정론> 강좌의 기본적인 관점은 인간이란 스스로의 선택을 통해 자신의 가치관을 정립해 나간다는 것이다. 우리는 권위라든가 조건화, 사회의 압력으로부터 벗어나 자유롭게 우리의 말과 행동에 따라 스스로의 가치관을 선택해 나가야 한다. 가치는 단지 이러한 방식을 통해서만 진정으로 우리 자신의 것이 된다. 상황을 미리 판단할 수 있는 방법이란 있을 수 없고, 다른 어떤 사람도 우리에게 정말로 무엇이 옳고 그른지를 얘기해 줄 수 없다. 리차드 선생님은 그의 관점을 쉽게 이해할 수 있도록 하기 위해 난파선이나 식량고갈의 상황에서의 윤리문제 등 실감나는 가치갈등 문제들을 예시하곤 했다. 그는 학생들로 하여금 즉석에서 적절한 대답을 찾아내기보다는 그들이 지금까지 지켜온 믿음을 검토하고 그를 통해 보다 바람직한 믿음을 발전시킬 수 있도록 문제상황에 몰입하기를 요구했다.

그 때문에 어떤 부모들은 자녀들이 저녁식사 시간에 내놓는 새로운 주제로 인해 당황했으며, 그래서 어떤 부모들은 그 강좌에 대해 공개적으로 비판하기도 하였다. 그들의 견해로는 그러한 교육은 가치관을 정립시키기는커녕 가치관을 혼란시키고 파괴시킬 것이라고 주장하였다. 그들은 그 강좌가 의미 있는 도덕적 훈육과는 정반대로 나쁜 것이라고 비난했다. 예컨대, 어떤 학부모는 그녀의 딸이 어떤 상황에서는 도둑질도 정당화될 수 있다고 말했다면서 한탄했다. 그래서 그녀는 학교 측에 대해, 만약 자신의 아이가 그러한 '자유로운 선택'에 따라 도둑질을 하다가 체포되어 감옥에 간다면 누가 책임질 것이냐고 따졌다. 결국, 이 문제는 성장과정에서 배우게 되는 아이들의 가치관에 대해 궁극적으로 책임져야 할 사람은 누구이고, 이러한 문제에 대한 학교 방침을 결정할 사람은 누구여야 하는가를 묻는 것이었다.

또 다른 비판은 일련의 게임과 문제해결과정에서 사소한 것과 심각한 것을 전혀 구별하지 않고 있다는 것에 모아지고 있었다. 예를 들어, 다음과 같은 설문조사의 내용은 그러한 문제의 심각성을 잘 보여주고 있다는 것이다.

당신은 텔레비전 보기를 좋아합니까?
당신은 예배당에 나가기를 좋아합니까?
당신은 시골과 도시 중에서 어디를 더 좋아합니까?
당신은 야구를 좋아합니까?

여기서 문제는 어떤 사람이 야구와 종교 중에서 어떤 것을 더 좋아하는가라는 단순한 질문이 아니라, 야구와 종교를 한 사람의 인생에서 거의 동일한 수준의 중요도를 가진 것으로 잘못 생각하도록 유도한다는 데 있다는 것이다. 어떤 것에 더 많은 관심을 가져야 하고 어떤 것에는 덜 가져도 된다는 생각을 할 수 있도록 제대로 교육하지 않는 것이 큰 문제라는 것이다. 이러한 문제들이 설문조사와 역할놀이에서 같은 수준의 주제로서 취급된다면, 학부모는 어떻게 인생에 있어서 보다 소중한 가치가 있다는 것을 아이들에게 가르치고 신념들 중에도 위계가 있다는 것을 어떻게 강조할 수 있겠느냐고 비판했다. 자신들이 살고 있는 켄턴시는 무엇이 옳고 어떻게 행동해야 하는지를 잘 알고 있는 사람들이 모여 사는 도시인데, 왜 그렇게 오래 전부터 이어져 내려온 도덕성을 심각하게 검토해야 되는지 도저히 이해가 가지 않는다는 것이었다.

그러한 많은 비판과 압력 때문에, 교무부장과 새로운 접근방식을 옹호하는 다른 몇몇 교사들은 사친회에서 학부모들의 거친 항의를 들어야 했다. 그에 대해 그들은 새로운 가치관을 주입시켜 전통적인 도덕률을 무너뜨리려는 것이 아니라 학부모들과 교회, 사회가 이미 중요하다고 인정한 가치관을 보다 분명히 인식시키고 학생들로 하여금 스스로 생각할 수 있는 능력을 길러 주려 하는 것이라고 자신들의 입장을 변호했다. 그럼에도 불구하고 학부모들은 도덕성을 계발시키는 적절한 장은 학교가 아니라 가정이기 때문에 그러한 강좌는 학교 교육과정에서는 배제되어야 한다고 하면서 여전히 그 강좌에 대해서는 반감을 표시했다.

이 사례는 윤리, 도덕교육, 그리고 학교의 관계에 대해 관심을 갖고 있는 사람들에게는 상당히 딜레마로 여겨진다. 많은 사람들은 학교교육이 그동안 도덕적 측면에 너무 무관심해 왔다는 점을 지적하면서 도덕교육에 보다 큰 관심을 기울여야 한다고 말한다. 그러나 이렇게 되었을 때 학교는 바람직하지 못한 도덕을 가르치게 될 개연성이 있다. 이렇게 되면, 사람들은 또 다시 학교가 도덕문제에 관여하지 말아야 한다는 주장으로 이어질 것이다.

논의 주제

1. 학교에서 도덕교육을 해야 하는가?
2. 학교에서의 도덕교육은 덕목을 가르치는 것인가, 가치관을 명확하게 하는 것인가, 윤리적 의사결정에서 합리적으로 사고하는 방법을 가르치는 것인가, 또는 배려와 정의로운 환경을 조성하는 것인가?
3. 당신은 어떤 방식으로 윤리교육을 할 것인가?

9. 부모의 아동학대

수업이 끝나고 메어리는 겁먹은 얼굴로 브로디 선생님을 찾아왔다. 메어리는 선생님에게 다른 친구에 대하여 고백할 게 있다고 말하였다. 메어리는 친구 킴과 함께 주말을 함께 보냈다. 킴은 메어리에게 팔에 있는 칼자국을 보여주며, 더 이상 참을 수 없다고 말하였다. 그것은 킴의 아버지와 관련된 것 같았지만, 킴은 이에 대해 더 이상 얘기하지 않았다. 메어리는 킴이 성추행이나 구타를 당할 수도 있고, 자살을 위해 자해를 할지 모른다고 걱정하고 있다.

브로디 선생님은 메어리에게 킴과 이야기하고 학교 상담사에게 이 상황을 알아보겠다고 하였다. 다음날 브로디 선생님은 킴에게 수업 끝나고 보자고 하였다. 선생님은 킴에게 집에서 어떤 문제가 있는지 물어보았다. 킴은 아무 문제가 없다고 대답하였다. 또한 선생님은 킴에게 아버지와 잘 지내는지 물어보았다. 킴의 아버지는 같은 교육청 소속의 초등학교 교장선생님이다. 킴은 얼굴이 빨개지며, "물론이죠."라고 대답하였다. 그러나 선생님이 킴에게 팔을 보여 달라고 하자, 그것은 사생활이니 신경 쓰지 말라며 거부하였다. 선생님은 킴의 양쪽 손목 안쪽에 밴드가 붙여져 있는 것을 보았으나, 킴은 그것은 옻이 올라서 그런 것이라고 대답하였다. 도움이 필요하냐고 묻자, 킴은 필요 없다고 대답하였다.

선생님은 의심이 들었다. 학교 정책상 아동 학대의 의심이 드는 경우 이 사실을 학교 상담사나 교장선생님에게 보고하여야 한다. 선생님은 머뭇거리지 않았다. 선생님은 상담사와 교장선생님에게 가서 이 사실을 이야기하였다. 교장선생님은 킴의 아버지를 동료 교장으로 알고 지내고 있었는데, 선생님의 이야기를 듣고 단지 웃을 뿐이었다. 상담사는 전문적인 의견으로 볼 때 관계 당국에 보고할 만큼 학대의 구체적인 증거가 없다고 말하였다. 상담사는 자신이 킴과 이야기 해보겠다고 말하였다.

일주일이 지났다. 킴은 학급에서 더욱 멀어지고 있으며, 어느 날에는 그의 뺨에 멍이 있었다. 선생님은 킴과의 상담에서 어떤 일이 있었는지 알아보기 위해 상담사를 찾아갔다. 지난번과 마찬가지로 상담사는 전문적인 의견으로 볼 때 관계 당국에 보고할 만큼 학대의 구체적인 증거가 없다고 말하였다. 상담사는 학부모를 불러서 집에 어떠한 일이 있는지 면담하였다. 어머니는 특별히 말이 없었고, 아버지는 킴이 현재 우울한 상태이며 조만간 극복할 것이라고 말하였다.

선생님은 교실로 돌아와 메어리를 만났다. 메어리는 울고 있었다. 메어리는 킴이 아버지가 자신을 학대하고 있다고 말하였다고 전했다. 킴은 점점 절망해갔다. 메어리는 킴이 자해할 것 같아 걱정하고 있었다.

논의 주제

1. 당신이 브로디 선생님이라면 어떻게 하겠는가?
2. 이 사례가 아동학대로 밝혀진다면, 이것은 방치의 사례로 볼 수 있는가? 킴의 부모가 킴이 심각한 문제에 직면하고 있다는 징후들을 간과하고 있는가? 방치와 학대의 차이는 무엇인가? 선생님이나 학교는 아동방치를 보고할 의무가 있는가? 어디에 보고하여야 하는가?
3. 아동학대 또는 방치와 같이 민감한 사안에 대해서 정당한 절차를 고려해야 하는가? 엄격하게 정당한 절차를 따르는 것이 학생에게 피해를 주지는 않는가?
4. 부모에게 아동을 체벌할 수 있는 권리가 있는가(또는 있어야 하는가)?
5. 교사에게 학생을 물리적으로 처벌할 수 있는 권리가 있는가(또는 있어야 하는가)?

10. 교사 사이의 친근함의 표현

다시 일이 일어났다. 그녀는 매우 불쾌함을 느꼈지만, 자신만 그렇게 느낄 수 있다고 생각하였다. 마리아 선생님은 보니빌 고등학교에서 수습교사로 3년째 일하고 있다. 마리아 선생님을 위해 정년보장 확정절차가 진행되고 있으며, 부장인 알솝 선생님은 그가 할 수 있는 한 최선으로 이와 관련된 정보를 선생님에게 주고 있다.

마리아 선생님은 조신한 사회과 선생님이다. 선생님의 담당과목인 유럽사에 대해서 깊은 지식은 없으나, 이를 개선하기 위해서 열심히 노력하고 있었다. 선생님이 맡고 있는 1학년 학급에서 학생 지도 관련 문제가 있었으나 그 역시 잘 마무리되었다. 2년 주기 평가에서 하나를 제외하고 모두 만족스러웠다. 선생님은 정년보장을 받을 수 있을 것으로 보았다.

마리아 선생님은 부장인 알솝 선생님의 강력한 지원이 필요하지만 문제가 있었다. 여자 선생님들은 알솝 선생님의 둔감함에 대해서 이야기하였다. 알솝 선생님은 뜬금없이 음탕한 농담을 하여 여자 선생님들을 당황하게 하였다. 공개적인 자리에서 알솝 선생님은 동료애의 표현으로 장난치듯이 남자 선생님이나 여자 선생님을 두 팔을 벌려 껴안았으나, 때로는 지나쳐 보였다. 소문에 의하면 그는 여러 여자와 잠자리를 한다고 한다. 일부 여자 선생님은 알솝 선생님을 보면 소름이 끼친다고 하였다. 그러나 알솝 선생님은 훌륭하고 유능한 사회과 부장이었으며, 행정가들은 그의 결정을 존중하였다.

마리아 선생님은 그에게 겁이 조금 났다. 아마도 이것이 선생님의 상상일 수 있으나, 올해가 시작된 이후로 알솝 선생님은 마리아 선생님을 교직원 회의나 학과 회의에서 바로 옆에 앉히고, 무릎으로 부드럽게 그녀를 치거나, 편안함의 표현으로 그녀의 손등을 만지거나, 그녀를 갈망하듯이 쳐다보며 미소를 보이곤 하였다.

3월에 알솝 선생님의 사무실에서 마리아 선생님의 정년보장 심사에 대해서 이야기할 때, 알솝 선생님은 이러한 일은 대외비이기 때문에 더 이상 말할 수 없다고 분명히 말하였으나, 좋은 저녁과 와인을 함께 한다면 그는 더 많은 정보를 줄 것으로 보였다. 알솝 선생님은 저녁을 함께 할 수 있는지 마리아 선생님에게 물어보았다. 유럽사, 교육 그리고 학교의 방침에 대해 논의하자는 것이었고, 정년보장과 관련된 것 이외에 개인적인 것은 이야기하지 않겠다고 말하였다.

그는 마리아 선생님의 손을 잡으며, "오늘 저녁은 어때?"라고 말하였다.

논의 주제

1. 당신은 마리아 선생님이 불쾌감을 가질만하다고 보는가? 성추행처럼 불쾌할 것으로 생각하는가?
2. 학교의 상황에서 어떠한 것들을 성추행으로 볼 수 있는가?
3. 모든 학교에서 성추행에 대한 규칙을 제정해야 한다고 생각하는가? 그렇다면, 무엇이 규정되어야 하고 어떠한 절차가 마련되어야 한다고 생각하는가? 아니라면 그 이유는 무엇인가?

11. 평가방침의 문제

레빈은 대도시 지역의 허드슨 고등학교 사회과 부장교사이다. 학생규모가 방대하기 때문에 어떤 교과는 매년 몇 강좌로 나뉘어져 개설되고 각각을 다른 교사가 가르친다. <미국현대사>라는 과목의 경우에는 3명의 교사가 수업을 분담한다. 학생들은 단지 알파벳 순에 따라 각 강좌에 배정된다. 이 단순한 배정체제가 레빈에게 복잡한 문제를 안겨다 주었다.

제1강좌는 폴리가 가르친다. 폴리는 젊은 교사로서 자발적인 학습경험이 교육에서 가장 중요하다고 믿는, 다소 이상주의적인 교사이다. 그는 신문과 텔레비전에 보도된 시사적인 사건들로 수업을 진행하면서 학생들에게 독자적인 학습과제를 수행해 보도록 권장한다. 그는 정확한 사실의 조망보다는 그 과목을 통해 학생들이 얻게 되는 개인적 의미들을 중시한다. 그는 이러한 방식을 통해 학생들이 건전한 시민정신을 배우게 될 것이라 믿는다. 그는 자유주제에 대한 과제물과 수업참여도만을 토대로 성적을 매긴다. 그래서 학생들 사이에서는 그의 강좌가 "전략과목"으로 알려져 있다. 대개 학생들 중

30%정도가 A학점, 또한 30%정도가 B학점을 받는다. 나머지는 대개 C학점을 받으며 특별히 심각한 경우에만 가끔 D학점을 받는다. 폴리는 학생들이 수업에 참가하기만 하면 학점을 주어야 한다고 말한다. 그는 성장하기에도 바쁜 10대의 학생들이 공부 때문에 스스로를 학대해서는 안 된다는 신조를 가지고 있었다. 이러한 방침을 통해 그는 학생들이 자존의식을 가지고 배우며 성장하게 되리라고 믿는다.

그와 반대로 제2강좌를 담당하는 샘슨은 "사실, 오로지 사실"이라는 신조를 가지고 있다. 그는 모든 교과내용이 중요하다고 믿는다. 무엇보다도 교과서를 신뢰하며 수업을 통해 매우 자세한 내용까지 전달하기에 바쁘다. 그는 학생들이 미국정부와 최근의 역사적 사건들에 관한 사실들만을 알아야 하고 확인되지 않은 사실에 대해서는 전혀 알 필요가 없다고 주장한다. 그가 보기에 건전한 시민정신은 확실한 지식에 기초를 두고 있는 것이다. 그는 학생들에게 미국사를 모조리 배워서 알아야 하고 그렇지 않으면 학점을 받을 수 없다고 말한다. 시험평가도 가장 정확한 객관적 지식을 평가하는 엄격한 객관식 시험을 치러 성적을 부여한다. 최근 40명의 학생이 수강한 이 강좌에서 3명이 A, 5명이 B, 18명이 C, 9명이 D였고, 5명이나 되는 학생이 F를 받았다. 그는 이러한 평가가 학생들의 지식을 측정하는 가장 정당한 수단이라고 주장한다. 학생들은 그를 "잔인한 샘슨"이라 부르고 있다.

제3강좌의 담당교사인 라이트는 인생이란 한정된 자원을 차지하기 위한 투쟁이라 믿고 있는 사람이다. 그녀의 그러한 신념은 강좌에 그대로 반영되어 나타난다. 그녀가 강좌를 운영하는 방식은 흡사 학생들이 인생이라는 식탁 위에 놓인 파이조각을 차지하기 위해 투쟁하는 모습을 연상시킨다. 그녀는 정상분포를 그리는 평가체계를 따르고 있기 때문에 학생들은 그 성적분포에서 좋은 자리를 차지하기 위해 경쟁해야 한다. 최근의 강좌에서는 A가 5명, B가 10명, C가 15명, D가 7명, F가 3명 등으로 성적 분포가 유사 정상분포를 이루었다. 이러한 성적분포는 그동안의 많은 교직경험을 통해 선호하게 된 평가관에서 비롯된 것이다. 그녀는 편향되지 않은 판단을 위해 과제물과 객관식 시험 둘 다를 이용한다. 그녀는 그렇게 성적을 분포시키는 것이 공정성에 대한 의문의 여지를 남기지 않으며, 다른 사람의 성적과 비교할 수 있기 때문에 각 학생의 성취도가 정확하게 드러난다고 믿는다.

사회과 부장교사인 레빈은 이러한 문제 때문에 학부모와 학생, 교사들로부터 많은 불평을 듣고 있다. 위에 서술한 각 교사는 평가의 객관성과 공정성이라는 점에서 모두 비판을 받고 있다. 비판의 요지는, 학생의 성적이 객관적이고 공정한 기준보다는 교사의 개인적 평가방침에 의해 좌우된다는 것이다. <미국현대사>를 수강한 많은 학생들의 성적은 그야말로 제비뽑기식 추첨의 배정 운에 달려 있지 않느냐는 것이다.

논의 주제

1. 이 사례는 교사에게 자신의 수업을 구성하고 평가체제를 운영하는 자유를 주는 일반적인 관행과 관련이 있다. 이러한 평가 방식에는 분명히 동일한 강좌에 대해 분반별로 또는 서로 다른 학년에 있는 학생들 사이에 불평등이 생길 수 있다. 성적평정절차가 표준화되어야 하는가? 성적평정 절차의 표준화에 대해서 찬성하는 논거와 반대하는 논거는 무엇인가?

2. 순서대로 이들 선생님의 입장에서 생각해보자. 성적평정방법에 대해서 어떻게 각각의 입장을 정당화할 것인가? 학과 부장교사가 당신의 수업방식이나 평정방식이 불공평하다고 지적한다면 어떻게 대응하겠는가?
3. 교사들이 각자 최선의 방법으로 수업을 설계하고 진행하는 것에 대해서 제한을 해야 하는가? 교사의 자율권이 제한될 수 있는 근거는 무엇인가? 어떤 원칙들이 정당화될 수 있는가?

심화학습 자료

Bricker, David. Classroom as Civic Education. New York: Teachers College Press, 1989.
자유사회의 목적을 달성하기 위해 협동학습과 공동체에 대한 강조가 필수적이라고 주장한다.

Brighouse, Harry. School Choice and Social Justice. New York: Oxford University Press, 2000.
자율성과 평등의 조화를 강조하는 학교선택제에 대한 규범적 논의를 담고 있다.

Callan, Eamonn. Creating Citizens: Political Education and Liberal Democracy. New York: Oxford University Press, 1997.
정치이론과 시민교육의 관계를 논의한다.

Curren, Randall. Aristotle on the Necessity of Public Education. Oxford, England: Rowman and Littlefield, 2000.
아리스토텔레스의 논의를 통해서 공교육의 윤리적 기초를 탐색하고 있다.

Curren, Randall, ed. A Companion to the Philosophy of Education. Oxford: Blackwell, 2003.
교육에서의 윤리적 이슈에 대해 다양한 논의를 담고 있다.

Fischer, Louis, David Schimmel, and Leslie R. Stellman. Teachers and Law. 6th ed. Boston: Allyn and Bacon, 2003.
교육의 맥락에서 적용되는 법에 대해 논의하고 있다.

Goodlad, John, Roger Soder, and Kenneth Sirotnik. The Moral Dimensions of Teaching. San Francisco: Jossey-Bass, 1990.
교육에서 도덕적 개념의 중요성을 강조하는 논문들을 소개하고 있다.

Hansen, David T. Exploring the Moral Heart of Teaching. New York: Teachers College Press, 2001.
가르침의 윤리적 핵심을 이해할 수 있는 역사적 · 철학적 설명을 담고 있다.

Howe, Kenneth R. Understanding Eqaul Educational Opportunity. New

York: Teachers College Press, 1997.
기회의 균등에 대해 치밀한 논의이다.

Nash, Robert J. "Real World" Ethics: Frameworks for Educators and Human Service Professionals, 2nd ed. New York: Teachers College Press, 2002.
일상적인 상황에서 윤리적 문제를 다룰 때 사용할 수 있는 세 가지 윤리적 언어를 기술하고 있다.

Peters, R. S. Ethics and Education. London: George Allen & Unwin, 1970.
교육적 관점에서 처벌이나 평등과 같은 몇 가지 윤리적 개념에 관해 훌륭한 논의를 전개하고 있는 저술이다.

Rawls, John. A Theory of Justice. Cambridge, Mass.: Harvard University Press, 1971.
사회정의에 관한 자유주의 이론 중에서 가장 현대적인 이론이라고 평가되는 저술이다.

Schulte, John M., and Donald B. Cochrane. Ethics in School Counseling. New York: Teachers College Press, 1995.
상담 상황에서 일어날 수 있는 윤리적 문제를 논의하고 있다.

Sockett, Hugh. The Moral Base for Teacher Professionalism. New York: Teachers College Press, 1993.
전문직으로서 교직의 윤리적 기초를 논의하고 있다.

Strike, Kenneth. Educational Policy and the Just Society. Urbana, Ill.: University of Illinois Press, 1982.
자유와 평등, 합리성의 개념을 교육 문제에 광범위하게 적용하여 토론하고 있는 책이다.

Strike, Kenneth. "The Ethics of Resource Allocation." In Microlevel School Finance, edited by David H. Monk and Julie Underwood, pp. 143-80. Cambridge, MA: Ballinger Publishing Company, 1988.
교육적 자원의 분배와 관련한 윤리적 문제를 다루고 있다.

Strike, Kenneth. "The Ethics of Educational Evaluation." In the New Handbook of Teacher Evaluation: Assessing Elementary and Secondary School Teachers, edited by Jason Millman and Linda Darling-Hammond. Newbury Park, CA: Sage, 1990.
교사 평가의 윤리에 대해 논한다.

Strike, Kenneth. "Against 'Values'." Educational Policy Analysis 1, no. 13(1993).
이 논문은 '가치'라는 용어가 중요한 구분을 어렵게 하고 윤리학에서 과도한 주관성을 내포하기 때문에 부적절하다고 주장한다.

Strike, Kenneth. "Discourse Ethics and Restructuring." In Philosophy of Education 1994, edited by Michael Katz, pp. 1-14. Urbana, IL: Philosophy of Education Society, 1995.
이 논문은 학교 관리에서 담화 윤리의 시사점을 논의한다.

Strike, Kenneth. "The Moral Responsibilities of Educators." In Handbook of Research on Teacher Education, 2nd Ed., edited by Thomas J. Buttery and Edith Guyton, pp. 869-92. New York: Macmillan, 1996.
시민의식의 함양에서 교사의 중요성을 논의한다.

Strike, Kenneth. Ethical Leadership in Schools: Creating Community in an Environment of Accountability. Thousand Oaks, CA: Corwin Press, 2006.
이 책은 공동체와 책무성을 강조하는 지도자의 윤리에 관하여 다양한 이슈를 소개한다.

Strike, Kenneth, Melissa Anderson, Randall Curren, Tyll van Geel, Ivor Pitchard, and Emily Roberston. Ethical Standards of the American Educational Research Association: Cases and Commentary. Washington, DC: American Educational Research Association, 2002.
AERA의 윤리강령에 내재하는 연구윤리를 논의한다.

Strike, Kenneth, Emil Haller, and Jonas Soltis. The Ethics of School Administration, 2nd ed. New York: Teachers College Press, 1998.

학교 행정에서 윤리적 이슈를 다룬 것으로, 가르침의 윤리학 저서의 모델 이다.

Strike, Kenneth and Pamela A. Moss. Ethics and College Student Life. Boston: Allyn & Bacon, 2003.
시험 부정행위, 관용, 성 등과 관련한 사례를 통해서 대학생의 윤리를 논한다.

Tamir, Yael. "Education and the Politics of Identity." In A Companion to the Philosophy of Education, edited by Randal Curren, pp. 501-8. Oxford, England: Blackwll, 2003.
교육에서 정체성 정치학에 대해서 논의하고 있다.

White, Patricia. Civic Virtues and Public Schooling: Educating Citizens for a Democratic Society. New York: Teachers College Press, 1996.
다원적 민주주의는 통합을 위하여 모종의 덕목과 가치관을 필요로 한다. White는 희망, 자신감, 용기, 자존감, 자기존중, 우정, 신뢰, 정직, 그리고 겸손을 함양하는데 학교의 역할을 기술한다.

Zubay, Bongsoon, and Jonas F. Soltis, eds. Creating the Ethical School: A Book of Case Studies. New York: Teachers College Press, 2005.
학교에서의 윤리와 관련한 사례를 소개하고 있다.

찾아보기

공역자 약력

조동섭

서울대학교 사범대학 교육학과 졸업

서울대학교 대학원 교육학과 졸업(교육학 석사, 박사)

경인교육대학교 교육학과 교수(역)

김성기

고려대학교 사범대학 교육학과 졸업

서울대학교 대학원 교육학과 졸업(교육학 석사, 박사)

협성대학교 교육대학원 교수(현)

김왕준

서울대학교 사범대학 교육학과 졸업

서울대학교 대학원 교육학과 졸업(교육학 석사)

Michigan State University(교육정책학 박사)

경인교육대학교 교육학과 교수(현)

가르침의 윤리학

초판인쇄　2016년 6월 27일
초판발행　2016년 7월 11일

지은이　Kenneth A. Strike · Jonas F. Soltis
옮긴이　조동섭 · 김성기 · 김왕준
펴낸이　안상준

편　집　배근하
기획/마케팅　이선경
표지디자인　조아라
제　작　우인도 · 고철민

펴낸곳　㈜ 피와이메이트
서울특별시 마포구 월드컵북로 400, 5층 2호(상암동, 문화콘텐츠센터)
등록　2014. 2. 12. 제2015-000165호
전　화　02)733-6771
f a x　02)736-4818
e-mail　pys@pybook.co.kr
homepage　www.pybook.co.kr
ISBN　979-11-87010-95-1　93370

정　가　19,000원